전주가 아내의 고향이기도 하고 한국누가회 회원들이 많아서 예수병원을 종종 방문한다. 그 덕분에 여성 의료선교사 마티 잉골드의 이야기를 접한 적이 있다. 그녀는 1897년 낯선 땅 전주에 와서 조선의 영혼들을 위해 선교와 치료 사역을 시작했다. 1929년 4월 20일까지 이어진 마지막 일기를 읽으며, 그녀가 믿음으로 준비하고 신실함으로 헌신하고 인내로 끝까지 놓지 않았던 의료선교사의 삶을 그려보게 된다. 아무것도 준비되지 않은 여건 속에서 의료사역을 시작하고 전주 예수병원을 세우고 또 환자들을 돌보고 복음을 증거한 자취를 일자별로 읽어나가면서 우리의 일상과 겹쳐 보게 된다. 선교에는 남녀의 구분이 없다. 재능의 많고적음이 중요하지 않다. 단지 하루하루를 신실하게 채워가고 아주 작은 일에도 충성으로 응답하는 것이 선교사의 미덕이다. 그 단순한 진리를 일깨워주는 귀한 책이다.

심재두 _한국누가회 이사장, 알바니아 선교사

이 책을 통해 마티 잉골드라는 또 한 분의 선교적 삶을 알게 되어 감사하다. 살아서 돌아오는 것조차 불확실한 복음의 미개척지를 향해 오직 하나님을 의지하며 나아갔던 젊은 그리스도인, 외지인에 대한 곱지 않은 시선과 열악한 환경 속에서 하나님의 함께하심과 공급하심을 의지하며 28년을 한결같이 걸었던 복음전도자이자 교육자, 가난과 미신과 비위생적인 일상에서 질병에 신음하는 사람들을 치료하고 돌보았던 의료선교사 마티 잉골드, 그녀의 삶과 사역 그리고 한강 이남 최초의 병원이 세워지는 이야기를 통해 오늘 우리는 큰 도전을 받게 될 것이다.

이종훈 _목사, 선교동원가, 세계선교공동체 국제대표

1897년, 서른 살의 싱글 여성이 조선 땅을 밟았다. 정든 가족과 공동체에 '달콤한 슬픔'이라 부른 이별을 선물하고, 낯선 땅과 어색한 문화 속에 스며들어 아픈 이들 곁에 머물렀고 복음 앞에 자신을 깨뜨려 복음을 살아냈다. 그녀의 걸음을 따라 많은 선교사가 이곳 전주 땅에 왔고, 묻혔다. 예수병원에서 수련을 받고 임상과장으로 일하고 있는 나는, 지금의 예수병원을 잉골드 여사에게 꼭 보여주고 싶다. 그녀가 심은 소망의 씨앗은 127년의 시간을 지나 기댈 만한 나무로 자라났고, 그녀의 헌신을 이어가기 원하는 많은 후배들이 이곳에 깃들어 성장하고 있다. 그녀의 일기를 통해, 그녀의 고백이 우리의 기도가 되기를, 그녀의 숨결이 오늘의 우리 안에서 살아 숨 쉬기를 기도한다.

김병선_소화기내과 전문의, 예수병원 선교국장

싱글의 몸으로 조선에 와서 전주에 첫 병원을 세우고, 예수님의 마음으로 환자와 복음을 함께 품었던 한 여성 선교사의 기록, 『잉골드 다이어리』는 꾸밈없이 담백하다. 그 평범한 기록 속에 담긴 고백에 집중하게 된다. "끊임없는 교제 속에서 아버지의 인도하심과 능력을 구하고 주님의 가르침을 더 깊이 알게 하옵소서. 한 순간도 이기적이지 않게 도우소서. 진실로 원하오니, 거저 받았으니 거저 줄 수 있게 하소서." 답답한 현실 속에서 복음을 살아내기 원하는 모든 선교인들과 타문화 선교사 지망생들이 이 책을 통해 그녀의 단순하고 분명한 영적 나침반을 발견하기 바란다.

최욥 _선교사, 선교한국 사무총장

잉골드 다이어리

The Diary of Mattie B. Ingold

by

Mattie B. Ingold

잉골드 다이어리

마티 잉골드 지음

좋은씨앗

저는 하나님의 돌보심 안에 있으며
그 어떤 것도 그분의 허락 없이는
제게 일어날 수 없기에
저에게 일어날 어떤 일도
두렵지 않습니다.
그분이 보내신 것은
언제나 옳고 선한 것입니다.

차례_ contents

이 책은 미국남장로교 선교부에서 조선 전주에 파송한 의사 마티 잉골드의 일기와 기고문을 정리해 편역한 책이다. 그녀는 30세가 되던 1897년 9월 14일 홀로 조선의 부산에 도착해 1년 후 전주 서문 밖 은송리에 초가 진료소를 세우고 가난한 환자를 예수의 손길로 돌보기 시작했다. 한강 이남 최초의 의사였던 마티 잉골드는 28년간 의료선교사, 전도사, 근대적 교사, 문서선교사 등 일인다역을 감당해 개신교 선교역사뿐 아니라 우리나라 근대역사에서 중요한 위치를 차지하고 있다. 그녀는 1925년 6월 17일 58세에 28년간의 조선 사역을 마치고 미국으로 귀국했고 1962년 10월 29일에 95세의 일기로 별세할 때까지 조선 선교에 지속적인 관심을 기울였다.

머리말

예수병원 병원장 신충식

주님이 허락하신 손길 하나가
가난한 이 땅에 와서
한 줄기 생명이 막 꺼질 듯한 순간
간절한 소망 하나가 되어 영원히 기억될 시간으로 남았습니다.

새로운 시대의 막이 오르고
주님의 명령에 의지해
격동하는 문명의 거대한 파고를 넘어 온
행동하는 청년 지성은
더 나은 아름다운 세상을 꿈꾸었고
우리의 작은 영웅은 언제나 도전에 맞서야 했습니다.

하지만 지난 시간을 돌아볼 때 비로소 깨닫게 됩니다.
주께서 밝히신 촛불은
밝고 너무 따뜻해
눈물은 아픈 이의 새 힘이 되었고
기도는 한줄기 빛이 되었다는 것을
서로가 서로의 친구가 되었고
고난을 딛고 다시 일어서 불굴의 희망이 되었다는 것을

가난한 천 년 고도 전주 땅에서
주가 명하신 사명 하나로 동행하며 전 생애를 바쳐 헌신한
바로 그 순간순간 모두가 진가의 사랑이었고
모든 것을 이기고 마침내 승리한 위대한 이야기 하나가 남았습니다.

영광스러운 예수병원 개원 120주년을 맞아
다소 늦은 감이 없지 않으나
첫사랑 마티 잉골드의 뜨거운 삶이 고스란히 담긴
아름다운 기록을 번역 출판하게 되어 기쁩니다.

들어가는 글

⟪ 어떤 기관의 역사든지 그것은 무로부터 시작되지 않으며 더구나 한 병원의 설립이 조선의 오래된 한 성읍의 성문 밖에서 초라한 진료소로 시작되었다 할지라도 그것은 광범위한 역사적 사건들과 관련지어 이해되어야 한다. 또한 전주에서 예수병원의 설립을 직접적으로 촉진한 사건들 뒤에는 언더우드와 아펜젤러가 1885년 부활 주일 조선에 첫 발을 딛기 오래 전에 한반도의 역사 속에 나타난 하나님의 섭리라는 말 외에 달리 표현할 수 없는 은밀한 움직임이 있었다(설대위 ; 꺼지지 않은 사랑의 불씨, 1998) ⟫

마티 잉골드가 조선에 오기까지

예수님 사후 예루살렘에 최초의 교회가 설립되고 팔레스타인에서 예수 그리스도를 증거하던 초대 교회는 팔레스타인을 넘어 소아시아 지방으로 영역을 확장했고 사도 바울은 3차에 걸친 전도여행으로 이방과 지중해 연안 유럽 일대에 복음을 전했다. 유대적 전통의 기독교는 바울에 의해 헬라문화와 만나 유대교와 구분된 기독교를 확립했고 주후 67년에 사도 바울이 로마에서 순교한 후 세계의 종교로 성장해 2세기에 헬라 문화권으로 확장됐다.

주후 392년 로마 제국 테오도시우스 황제가 기독교를 로마 제국의 국교로 채택하면서부터 기독교의 교세가 급격히 확장됐고, 428년 콘스탄티노플 대주교 네스토리우스는 페르시아로 망명한 뒤에 교회를 세우고 국왕의 보호를 받아 인도, 중앙아시아, 몽골, 중국에서 선교를 했다. 635년 동양 최초로 당나라 태종은 알로펜에게 기독교를 전해 듣고 포교를 허락해 장안에서 경교라는 이름으로 국가의 보호를 받아 융성했으나 당 말기에 쇠퇴했다. 875년 황소의 난 때에는 경교 신도들이 무참히 살해당했다.

유럽은 476년 서로마 제국이 멸망한 5세기부터 중세가 시작되어 르네상스를 거치면서 교회와 국가가 대립했으며, 이교적 요소들이 혼합된 기독교는 중세 유럽의 지배적인 종교로서 막강한 힘을 발휘하며 중세의 하나님은 사람들에게 대단히 두려운 존재가 된 반면 교회는 세속화되었다. 1253년에는 프란체스코 수도사들이 중심이 되어 중국 포교 활동을 하고 13세기 후반 페르시아를 비롯한 중앙아시아를 중심으로 크게 기독교를 융성시켰으나 그 후 선교 활동이 중단되었다. 6백 년 동안 신 중심의 세계관으로 교황 지상주의가 지배했던 중세 유럽은 14세기부터 16세기까지 인문주의를 근본으로 하는 르네상스가 이어졌다. 르네상스는 16세기에 로마 가톨릭 교계 내부에서 일어난 성경을 중시하는 순수한 신앙으로의 변혁 운동인 종교개혁과 함께 근대 유럽 세계를 형성했다. 18세기 중엽 산업화가 시작된 유럽 열강을 선두로 제국주의의 식민지 팽창이 이루어졌고 이와 맞물려 포르투갈과 스페인은 식민지 확장의 일환으로 남미 선교를, 영국은 동인도회사를 앞세워 인도와 중국 선교를 추진하며 선교가 제국주의의 창구 역할을 하기도 했다.

16세기 종교 개혁 이후 동방에서 재개된 기독교 선교는 이탈리아 예수회 소속 마테오 리치가 인도와 마카오를 거쳐 1582년 중국에 예배당을 건립하고 선교사로 활동하며 2,500명의 신자를 얻었다. 일본은 1597년 도요토미 히데요시가 금교령을 내리기 전까지 신도의 수가 20만 명을 넘었다. 성리학으로 당쟁이 그치지 않았던 16세기 조선의 천주교는 서학과 함께 전파되었으며 1592년 임진왜란 때 조선을 침략한 일본군 고니시 부대에 예수회 신부 세프페데스와 8천 명의 그리스도인이 있었으며 그런 이유로 조선인 포로 가운데에서 다수의 천주교인이 생겨났다.

1610년에 허균이 명나라 북경에 가서 천주교로 최초의 개종을 했고 1783년에는 이승훈이 청나라 연경에서 베드로라는 세례명으로 세례를 받고 돌아와서 초기 교회 공동체를 구성했다. 천주교 신자가 늘어나자 1791년의 신해교난, 1801년의 신유교난, 1839년의 기해교난과 1866년의 병인교난 등 박해가 거세졌다.

우리나라에 처음으로 내한한 개신교 교인은 1627년에 일본으로 항해하던 도중에 배가 난파되어 표류하다가 체포된 네덜란드 선원 벨트브레(박연)였다. 개신교 교인인 귀츨라프 선교사는 1832년에 영국 동인도 회사 상선의 통역관으로 우리나라 충청도에 상륙해 성경을 전달하고 복음을 전파하는 등 직접 선교를 한 최초의 개신교 신자다.

1774년 독립한 후 태평양 해안까지 서부를 개척한 미국은 동양으로 진출해 1844년에는 중국과, 1854년에는 일본과 수교했다. 1875년에 일본 군함 운양호 사건으로 1876년 일본과 강화도 조약을 맺은 조선이 개항을 했다. 스코틀랜드 연합장로교회에서 1872년 중국 선교사로 파송되어 만주에서 활동하던 존 로스 목사와 매킨타이어 선교사가 우리말 성경 번역에 착수해 1887년에 신약전서를 완역한 〈예수성교전서〉가 간행됐다. 1879년에 로스 목사로부터 세례를 받고 그의 성경 번역 사업을 도운 서상륜은 그의 동생 서경조와 함께 의주와 황해도에서 활동하며 1883년 최초의 자생적 교회인 소래교회를 세웠다. 1866년에 런던 선교회 소속 선교사 토마스 목사는 미국 상선 제너럴셔먼 호의 통상 강요와 양측의 무력충돌 과정에서 순교하고 1882년에 체결된 조미수호통상조약을 계기로 본격적인 미국 선교사 파송이 이루어졌다.

이수정은 1882년 고종황제가 파견한 신사유람단의 수신사 박영효의 수행원으로 일본에 가서 기독교 교리를 접하고 미국 선교사와 친분을 맺은 후 세례를 받아 조선 최초의 개신교 신자가 되었다. 언더우드 선교사가 조선에 들어올 때 가지고 온 마가복음과 누가복음이 이수정이 일본에서 번역한 성경이었다. 1884년 알렌 선교사는 미국 공사관의 공의(公醫) 자격으로 우리나라에 입국해 상주하게 된 최초의 장로교 선교사가 됐다. 언더우드와 아펜젤러는 1883년 미국 학생자원운동이 시작된 해에 열린 전국 신학생대회에 참석해 조선의 이야기를 듣고 2년 후인 1885년에 각각 미국 북장로교, 감리교의 정식 개신교 선교사로 조선에 왔다.

미국의 해외 선교는 1798년에 시작된 제2차 대각성 운동으로부터 시작되는데 미국 선교의 창시자 밀즈는 동양 선교의 비전을 가지고 형제단이라는 해외 선교운동 조직을 만들었고 이것이 미국 최초의 선교단

체인 미국해외선교회(ABCFM)가 됐다. 1888년에 세계적인 전도자 무디의 영향으로 학생자원운동(SVM)이 태동되어 "이 세대에 세계를 복음화하자"라는 표어를 가지고 이후 50여 년간 약 2만 명의 해외선교사를 파송했다.

1891년에 언더우드 선교사가 안식년으로 미국에 가서 유학 중이던 윤치호와 함께 시카고의 맥코믹 신학교에서 강연을 했는데 이 강연의 영향을 받은 테이트, 레이놀즈 두 사람은 1892년에 전킨, 마티, 볼링, 레이번, 데이비스 등 다섯 명과 함께 미국 남장로교 선교사로 임명을 받아 '7인의 선발대'로 조선에 왔다.

조선의 개척 선교사 7인의 선발대는 다음과 같다. 윌리엄 데이비스 레이놀즈(William Davis Reynolds, 조선명 이눌서) 선교사는 1867년 10월 11일 미국 버지니아주 노퍽 출신으로 처음에 중국 선교에 관심을 가졌으나 언더우드와 윤치호의 강연에 감동을 받고 선교사의 뜻을 같이 한 볼

미국 남장로교 선교사로 조선에 파송된 7인의 선발대

링 선교사와 결혼해 조선 선교사로 파송을 받았다. 1893년에 자신의 어학 선생인 정해원을 전주에 파송해 선교부로 삼을 집을 마련했다. 1893년에 조선에서 남장로교 선교회를 조직하여 회장으로 활동했고 북장로교와 공동으로 장로교 선교회 초대 회장, 대한예수교장로회 독노회 회장을 역임했다. 1895년에 성경번역위원회 남장로교 선교부 대표 번역위원으로 〈우리말공역신약전서〉(1906년), 〈구약전서〉(1910년)를 완역했으며 호남 최초의 교회인 전주서문교회 담임 목사로 시무했고 1900년 9월 9일에 호남 최초의 근대식 학교인 신흥학교를 설립했다. 그는 목사, 선교사, 신학자, 어학자이자 성경 번역가로 활동하며 여러 업적을 남겼다. 45년간 조선 사역을 마치고 1937년에 미국에 돌아가 1951년에 84세 나이로 별세했다.

팻시 볼링 레이놀즈(Patsy Bolling Reynolds) 선교사는 레이놀즈 목사의 부인이다. 1868년 9월 28일 미국 버지니아주 아멜리아 출신으로 선교에 열정적인 어머니의 영향을 받아 처음에는 아프리카 선교를 지망했으나 레이놀즈와 1892년 결혼 후 조선에 파송됐다. 남편이 45년 동안 서울, 전주, 목포, 평양 등에서 사역하는 동안 남편을 도와 조선 선교에 힘을 기울이고 1937년 은퇴 후 미국에서 1962년 94세 나이로 별세했다.

윌리엄 맥클리어리 전킨(William McCleery Junkin, 한글명 전위렴) 선교사는 1865년 12월 10일 미국 버지니아주 크리스천벅에서 태어났다. 처음에 중국 선교에 관심을 가졌으나 1891년에 전국 신학교 해외선교연합회 내슈빌 집회에서 언더우드와 윤치호의 강연에 감명을 받아 1892년 11월 3일에 테이트, 레이놀즈와 7인의 개척 선교사로 조선에 왔고 이후 10개월 간 서울에서 한글을 공부하고 1893년 9월에 정해원이 마련한 집에

미국 남장로교 파송 선교사들과 그 가족

서 선교를 시작했다. 전주로 오는 길에 홍수와 숯불 가스 중독으로 목숨을 잃을 위기에 처하기도 했다. 1896년에 군산에 선교부를 세우고 자신의 집에서 예배를 시작해 군산 구암교회와 개복교회를 설립했다. 군산 외에 옥구, 익산 남전리, 김제 등에서 열정적으로 전도하다가 건강이 악화됐고 군산에서 풍토병으로 세 명의 자녀를 잃었다. 1902년에는 그의 서재에서 소년들을 가르치며 군산 영명학교를 시작했다. 동료 선교사들은 전킨의 건강을 염려해 1904년에 그를 전주로 보내 5킬로미터 밖으로 나가지 못하게 활동을 제한했다. 이후 서문교회를 담임하며 6곳에 교회를 설립했으며 예수병원 포사이드 원장과 협력해 고아원을 설립하고 사회사업을 벌였다. 1907년에 폐렴으로 투병하다가 1908년 1월 2일 43세 나이로 별세했으며 전주 선교동산에 세 자녀와 그의 기념비가 있다. 동료 선교사들은 그를 기리기 위해 전주여학교를 "전킨을 기념하자"는 뜻으로 기전학교로 명명했다.

메리 레이번 전킨(Mary Leyburn Junkin) 선교사는 전킨 선교사의 부인이다. 1865년 1월 21일에 미국 버지니아주 프레드릭벅에서 태어났다. 레이번 선교사는 전킨 선교사와 결혼 후 조선에 와서 군산 선교부에서 사역하던 중 세 아들 시드니, 프란시스, 조지를 잃었다. 그 후 얼마 안 되어 남편까지 잃고 1908년에 귀국했다. 이후 남편의 사역을 기념해 서문교회에 큰 종을 헌납하고 30년간 사랑의 종소리를 울렸으나 일제 강점기 때에 전쟁 공물로 빼앗겼다.

루이스 보이드 테이트(Lewis Boyd Tate, 한글명 최의덕) 선교사는 1862년에 미국 미조리주 갤러웨이 오보스에서 태어났다. 1892년 11월 3일에 남장로교 선교사로 조선에 들어와 1893년에 전주로 내려왔다. 전킨과 함께 호남 최초의 선교사로 전주선교부를 세우는 데 공헌하고 호남 첫 번째 교회인 서문교회 제1대 담임 목사를 역임했고 1905년에 전주 예수병원 설립자인 마티 잉골드와 결혼했다. 그의 선교로 78개의 교회가 설립됐고 21명 장로와 5명의 목사가 세워졌으며 1,500명이 신자가 세례를 받았다. 1925년에 심장병과 동맥경화가 악화되어 33년간의 사역을 마치고 귀국했지만 이후에도 미국 각처를 순회하며 조선 선교를 위한 강연을 계속하다 1929년 2월 9일에 67세 나이로 별세했다.

마티 새뮤얼 테이트(Mattie Samuel Tate, 한글명 최마태) 선교사는 테이트 목사의 여동생이다. 1864년에 미국 미조리주 갤러웨이 오보스 태어났다. 오빠의 선교 권유로 미혼의 몸으로 선교사가 되어 테이트와 함께 1892년 11월 3일 조선에 도착했다. 서울에서 1년 4개월 동안 머물며 여성과 어린이 선교에 주력, 1894년 2월 호남 최초의 여성 선교사로 테이트 목사와 같이 전주에 도착했다. 그녀는 조선어에 능통해 1898년 여학교와 주일학교, 성경학교를 세우고 성경 교육에 헌신했다. 그녀가 세운 여학교는 랭킨 선교사가 이어받았고 전주기전여학교가 됐다. 평생 독신으로 살며 오직 조선 여성 선교와 교육에 헌신하며 44년간 사역했고 1935년에 은퇴 후 귀국해 1940년 77세에 별세했다.

리니 펄커슨 데이비스(Linnie Fulkerson Davis) 선교사는 1862년에 미국 버지니아주 아빙돈에서 태어났다. 그녀는 멕시코 선교를 권유 받았으나 너무 편한 곳이라는 이유로 거절하고 아프리카 선교를 희망하다가 조선 선교사 파송 소식을 듣고 선교사로 지원했다. 어머니가 중병에 걸려 조선으로의 출발을 고민하던 때 어머니는 자신의 죽음이 그녀의 선교에 걸림돌이 되어선 안 된다고 강력히 설득했다. 서울에 도착한 지 9일 만에 어머니의 별세 소식을 들었다. 처음에 서대문 옆에 거처를 정하고 아이들과 여성들과 교제하며 복음을 전한 결과 1년 동안 1,885명이 복음을 받아들였다. 1896년에 군산에서 선교하다가 1898년에 해리슨 목사

서울 빈톤 선교사 사택에서 열린 장로교 선교부 공의회 예양협정(1893년)

와 결혼 후 전주로 이사해 자신의 건강을 돌보지 않고 예수병원에서 복음을 전하다가 1903년 6월 20일에 41세 나이로 별세했다. 동료 선교사들은 그녀를 '생명을 바쳐 선교한 여장부'라고 애도했고 현재 예수병원 선교 동산에 그녀의 기념비가 있다.

1892년에 조선에 미국 남장로교 선교부가 조직되었고 1893년에 미국 남, 북장로교 선교사들이 모인 '장로교선교부 공의회'의 예양 협정에 의해 남장로교 선교부는 전라도와 충청남도 일부 지역을 선교지로 배정받았다. 1893년에 전킨, 테이트 선교사가 전주에 내려와 전주성 서문 밖 은송리의 초가집에서 첫 예배를 드리고 전주 선교부를 세웠으나 1894년 4월에 동학혁명이 일어나 서울로 일시 철수한 후, 1895년에 전주에서 선교 활동을 재개했다. 조선에 온 초기 개척 선교사들은 질병으로 고통받는 조선 사람들을 위한 치유사역의 필요를 느꼈고 1987년에 미국 남장로교부터 조선 의료선교사로 임명을 받은 한 의사가 전라 감영이 있던 전주에 도착했다. 그녀가 한강 이남 지역 최초의 의사이자 처음으로 근대 병원을 세운 예수병원 설립자 마티 바바라 잉골드(Mattie Barbara Ingold, MD, later Mrs. Tate, 1867-1962)다.

1부

마티 잉골드의 일기 1

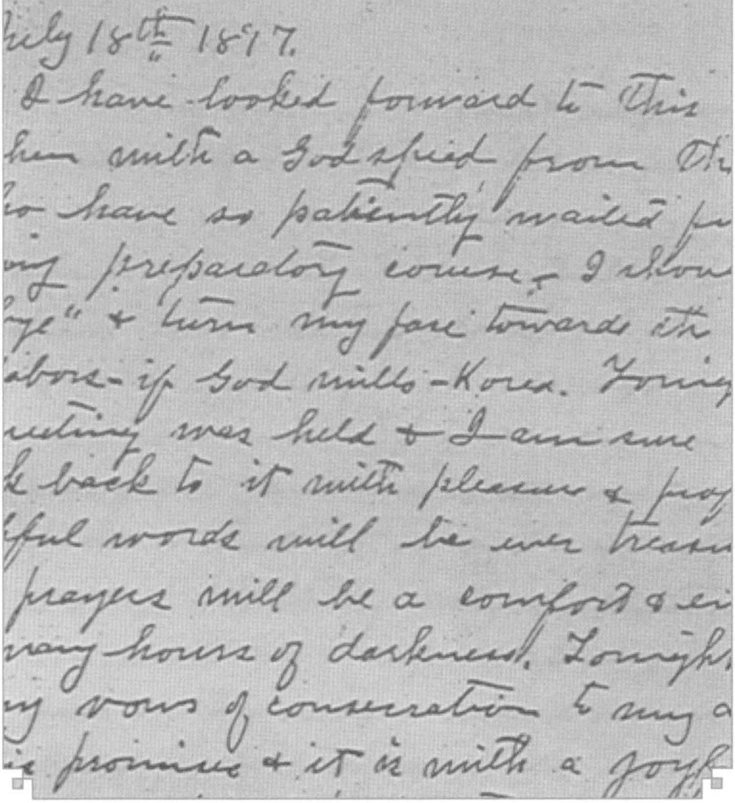

1.
이별, 조선을 향하여

≪ 저는 지난 5년간 오늘의 이 밤을 간절히 기다렸습니다. 주님의 시간표에 맞추어 제가 준비 과정을 마칠 수 있도록 사랑하는 친구들은 참을성 있게 기다려 주었습니다. 하나님의 뜻이라면, 이제는 정말 "안녕"이라고 말하고 저의 사역 현장인 조선으로 향해야 할 시간이 됐습니다. ≫

1897년 7월 18일 / 미국 사우스캐롤라이나 주 록힐 제일장로교회

저는 지난 5년간 오늘의 이 밤을 간절히 기다렸습니다. 주님의 시간표에 맞추어 제가 준비 과정을 마칠 수 있도록 사랑하는 친구들은 참을성 있게 기다려 주었습니다. 하나님의 뜻이라면, 이제는 정말 "안녕"이라고 말하고 저의 사역 현장인 조선으로 향해야 할 시간이 됐습니다.

저는 오늘 밤 열린 송별회를 언제나 기쁨과 유익한 시간으로 돌아볼 것입니다. 따뜻하고 유익한 말씀 하나하나를 소중하게 간직하겠습니다. 여러분의 진심 어린 기도는 기나긴 어둠 속에 있게 될 저에게 큰 위로와 힘이 될 것입니다. 오늘 밤 저는 주님 앞에 헌신의 서약을 새롭게 하고 그분의 약속을 의지하며 기쁜 마음으로 미지의 땅으로 떠날 마지막 준비

사우스캐롤라이나 록힐 제일장로교회 전경

를 해야 합니다. 저에게 그리하라 명하신 하나님께서 늘 저와 함께 하실 것을 알기에 주님의 종으로서 "나의 미래는 주님의 약속처럼 밝다"고 말할 수 있습니다. 저는 하나님의 돌보심 안에 있으며 그 어떤 것도 그분의 허락 없이는 제게 일어날 수 없기에 저에게 일어날 어떤 일도 두렵지 않습니다. 그분이 허락하신 것은 옳고 선한 것입니다. 제가 두려워하는 한 가지는 제가 자신의 힘을 지나치게 의지해 주님이 부여하신 사명을 감당하지 못하는 것입니다. 아버지, 제가 그렇게 하지 않도록 도우시고 오직 끊임없는 교제 속에서 아버지의 인도하심과 능력을 구하고 주님의 가르침을 더 깊이 알게 하옵소서. 한순간도 이기적이지 않게 도우소서. 진실로 원하오니, 거저 받았으니 거저 줄 수 있게 하소서.

송별회 답사

"이별은 달콤한 슬픔이다"라는 어느 시인의 말에 우리가 얼마나 동의할 수 있을지 모르겠지만 오늘 저의 감정을 정직하게 드러내는 표현이 아닐까 생각합니다. 적어도 제게 있어 이별이 슬픔인 것은 사랑하는 친구들로부터 멀리 떨어지고, 그리스도인의 삶을 사는 데 많은 도움을 주었던 여러분에게서 더 이상의 교제를 나눌 수 없기 때문입니다. 하지만 오늘의 이별이 달콤한 슬픔인 이유는 이 작별로 인해 우리 모두가 소망할 뿐 아니라 오랜 시간 노력하고 기도했던 일을 성취할 수 있기 때문입니다.

여러분의 해외선교 사역의 대표가 되는 특권을 제가 받았습니다. 지원과 지지를 보내주고 참을성 있게 기다리면서 저를 위해 기도해 주신 분들께 감사드립니다. 저는 여러분의 지지와 기도가 줄지 않고 오히려 멀어지는 거리에 비례해 늘어날 것이라고 믿습니다. 이곳처럼 여러 도움과 기독교의 영향력을 받는 곳에서도 일관되게 그리스도인의 삶을 사는 것은 힘든 일입니다. 하물며 이런 영향력이 사라진, 우리를 하나님으로부터 멀어지게 하는 환경에서는 얼마나 더 힘들까요? 그렇지만 우리가 그 속에서도 변함없는 그리스도인의 삶을 살지 않는다면 어떻게 다른 사람들이 우리의 증거를 듣고 예수 안에서 승리하는 것을 기대할 수 있을까요? 우리는 천 마일 밖의 선교사들의 삶을 바라볼 때 그 거리감에서 오는 착시에 눈이 가려집니다. 그리스도인 친구들과 멀리 떨어진 그들이 겪는 좌절이나 유혹의 위험뿐만 아니라 고국에서 보내는 지지와 기도의 필요성을 잘 깨닫지도 못합니다.

몇 해 전, 저는 두세 명의 친구들과 함께 노스캐롤라이나의 고층 빌딩 꼭대기에서 장엄한 산의 경치를 바라본 적이 있습니다. 우리는 해가

막 지평선에 닿는 순간 곱게 물든 노을을 보고 그 광경에 마음을 빼앗겨 마지막 빛이 사라질 때까지 아무 말도 하지 않았고 이 느낌을 적어 보자고 말했지요.

저는 이 기독교의 땅에서 주일의 축복과 특권을 누릴 수 있도록 우리를 깨우는 아침 햇살을 생각했습니다. 그것은 이른 아침에 주일학교 아이들을 깨워 함께 하나님을 찬양하며 기도하고 하나님에 대해 배우게 해줍니다. 교회의 종들은 주의 백성을 하나님의 집에 모이게 하며 '만복의 근원이신' 그 분을 찬양하고 경솔한 자들과 회개하지 않은 자들과 예배에 모이기를 소홀히 한 자들에게 경고합니다.

저는 이 빛이, 태양처럼 밝고 의로우신 분의 빛이 태평양 해안과 산꼭대기에 부드럽게 머무는 동안, 그와 반대로 완전한 휴식과 거룩한 고요의 주일 아침이 없는 곳, 행복한 기독교 가정에서 모인 아이들의 주일학교가 없는 곳, 하나님을 찬양할 교회가 없는 곳, 하나님의 존재와 죄 사하심과 죄인을 구원하신 그분의 사랑을 알지 못하는 곳, 혼란스럽고 슬프고 괴로운 마음에 평안과 안식의 말씀을 제공할 성경이 없는 곳, 죽어가는 자들이 죽음의 그림자가 드리워진 어둠의 골짜기로 들어갈 때 구주가 함께하지 않는 곳, 그 차가운 물을 건널 때 의지할 곳 없고 생을 마무리할 때 즐거움과 평안으로 마음을 가득 채워줄 빛으로 인도하는 손길이 없는 곳, 무덤 너머에 희망이 없는 그 땅으로 얼마나 속히 내려와 비춰줄 것인지를 생각했습니다.

이때 저의 마음속 생각을 다음과 같이 적었습니다.

우리는 고요한 밤이 내려앉는 창가에 서서

기쁨의 태양이 조용히 내려와 사라지는 것을 보았네.
사랑하는 이 땅 위로 널리 퍼지는 순수한 복음의 빛,
주님의 빛을 보는 우리는 너무 큰 기쁨을 맛보았네.
달콤한 안식일은 우리의 마음을 환희로 채우고
하늘에 계신 하나님을 경배하기 위해 모인 우리는
그분의 크신 사랑으로 받은 축복을 우리의 입술로 감사 찬양하네.
슬픈 내 마음은 그분을 따라 날아가는데
복음의 빛이 없는 먼 이방의 땅에는 언제쯤
어둠 속에서도 항상 빛나는 그분의 빛이 비출까?
내 마음은 바다 건너 먼 곳까지 복음을 전해야 할
태양의 밝은 빛이 내려앉을 그곳에
오랫동안 저주받은 우상 숭배가 사라지는 날이
속히 오기를 간절하게 바라네.

하나님께서 제가 갈 수 있는 특권을 주신 것은 기쁘지만 그러나 이것은 결코 쉬운 일이 아닙니다. 저에게서 하나님의 말씀인 성경과 그 말씀에 대한 믿음을 제외하면 제가 홀로 낯선 땅에 가서 생을 보내도록 강권할 어떤 동기도 찾지 못할 것입니다. 성경을 붙들게 해주십시오. 주님의 명령과 언약이 담긴 말씀을 통해 저의 분명한 의무를 보게 하십시오. 그러면 이곳에서 그곳으로 저를 가지 못하게 막을 어떤 유혹도 없습니다. 제 스스로의 힘으로 아무것도 할 수 없는 무력함과 무능함을 알고 있지만, 그곳에서 우리의 사역 위에 하나님의 은혜가 함께 할 때 복음 사역도 완수될 것임을 잘 알고 있습니다.

주님과 주님의 이름을 위해 냉수 한 그릇을 대접하는 것과 같은 모든 보잘 것 없는 노력에 하나님께서 복을 주시리라 믿습니다. 그분이 우리가 하는 이 일을 기뻐 받으실 수 있도록 있는 힘을 다해야 합니다. 순수한 동기와 겸손, 성령의 인도와 은혜를 힘입고 주께서 우리에게 보여주신 사랑으로 가득 찬 가슴으로 하나님께서 우리를 위해 예비하신 열린 문으로 들어갈 수 있는 생명의 면류관을 얻도록 죽기까지 충성을 다해야 하겠습니다. 예수 그리스도의 보혈로 우리를 구속하신 은혜와 영광을 찬양할 때마다 우리 앞에 펼쳐질 추수 때에 풍성한 알곡을 거두기 위해 여러분 모두가 이 사역에 대한 개인의 책임을 깨닫고 나누기를 바랍니다.

지금은 여러분이 직접 갈 수 없지만 그럼에도 여러분의 역할이 저보다 덜 중요하거나 필요치 않다고 생각하지 않기를 바랍니다. 선교지로 떠나는 저는 이제 여러분과 고국에 남은 모든 사랑하는 친구들에게 사랑의 하나님이 보시기에 합당한 축복과 헤아릴 수 없는 평화를 허락하실 뿐만 아니라, 마지막 때에 이르러 하늘에 있는 집의 문이 활짝 열리기를 간절히 바랍니다.

제가 이 세상에서 다시는 여러분을 만날 수 없을지 모르지만 여기에 모인 모든 사람들을 만나고 싶은 더 좋은, 마땅한 곳이 있습니다. 만약 아직 하나님을 만나지 못해 그곳에서 만날 확신이 없는 사람이 있다면 부디 오늘 밤에 그분을 만나시길 바랍니다. 당신은 당신이 죄가 있어 그곳에 들어갈 수 없지만 구원의 유일한 길이 예수 그리스도를 향한 믿음에 있다는 것도 알고 있습니다. 당신의 영원한 삶의 방향은 당신의 선택에 달려 있고 이 세상의 구원자를 거부한 책임도 당신에게 있습니다.

시카고 있는 병원에서 어느 환자가 제게 말했습니다. "우리는 의롭지 못한 이 세상에서 살아가지만 그것으로는 천국으로 갈 수 있는 표를 살 수 없어요." 당신은 표를 가지고 있습니까? 이 표는 돈으로도, 이 세상 그 어떤 것으로도 살 수 없습니다. 그러나 그리스도께서 당신을 위해 그분의 피로 값을 치르고 이 표를 사셨습니다. 지금 그분이 진실한 사랑으로 이 표를 당신에게 내밀고 계십니다. 오늘 밤 이 표를 받지 않겠습니까?

1897년 8월 5일 / 캘리포니아 샌프란시스코

지금은 새벽 1시가 넘었다. 12시 이전에 배를 타야 하기 때문에 편지 쓰는 것을 잠시 멈춰야 했다. 우리 일행인 체스터(Dr. Chester) 의료선교사와 무어(Dr. Moore) 의료선교사, 두보스(Mrs. DuBose) 부인과 그녀의 아들과 딸, 베어(Mr. and Mrs. Bear) 선교사 부부와 두 아이들 모두는 샌프란시스코에 잘 도착했다. 살아서 돌아올 수 있을지 모를 나의 조국에서의 시간이 몇 시간 남지 않았다. 만약 다시 돌아오지 못한다고 하더라도 나는 괜찮다. 나는 주님의 명령에 따라 그분의 뜻을 이루기 위해 그분의 택하심을 받아 보내심을 받았기에 무엇이든지 괜찮다. 나의 삶이 다하는 날까지 쓸모 있고 밝게 빛날 것으로 확신한다. 나는 오직 나와 함께 하시며 내게 필요한 모든 것을 공급해 주시는 주님을 의지해 떠난다. 안녕, 사랑하는 나의 조국, 나의 사랑하는 사람들. 하나님의 자비로운 보살피심이 영원히, 영원히 함께 하길 바란다. "우리 다시 만날 때까지 하나님이 함께 계시리라."

1897년 8월 6일 / 캘리포니아 샌프란시스코

7월 23일 아침에 록힐을 떠난 후 더위와 먼지로 다소 고생을 하긴 했지만 여행 내내 서부 노스캐롤라이나의 아름다운 산들이 펼쳐진 덕에 즐거운 여행을 할 수 있었다.

26일 토요일 아침 내쉬빌에 도착했다. 마침 선교부의 실행위원회 총무를 맡은 체스터 박사가 우리를 영접하러 나와 있었다. 그는 우리를 자기 집으로 데려갔고 그곳에서 우리는 주일까지 머물며 체스터 박사 부부의 따뜻한 환대를 받았다.

토요일 오전에는 록힐에서 온 친구들, 메이저 화이트(Major white)와 가족을 만나고, 그 날 저녁에는 중국에서 돌아온 두보스 부인과 그녀의 다섯 살 난 아들, 그리고 막 학교를 마치고 선교 사역을 위해 중국으로 돌아가려는 그녀의 딸 네티(Miss Nettie) 양과 함께 전시회에 가서 즐거운 시간을 보냈다.

주일에 우리는 교회에 갔고 월요일에는 선교부에서 실행위원들을 만났다. 그리고 같은 날 저녁, 체스터 박사와 함께 세인트루이스로 떠나 다음날 아침에 도착하여 그곳에서 하루를 보냈다. 체스터 박사가 우리의 여행과 관련하여 업무를 보는 동안 우리는 주로 휴식을 취했다. 그는 중국과 조선, 그리고 일본의 선교 기지들을 방문하고 연말쯤 돌아올 계획을 잡고 있다.

우리는 27일 저녁에 세인트루이스를 떠나 다음 날 아침 캔자스시티에 도착했고 이곳에서 중국으로 떠나는 무어 박사와 합류했다. 우리는 그곳에서 두보스 부인의 친구들을 만나 아침을 먹은 뒤 그들의 차를 타고 시내를 구경했다. 세 시간이 정말 즐겁게 지나갔다. 이곳을 떠날 때 우리는 이 친절한 친구들에게 받은 음식과 과일, 꽃 등을 양손 가득 들고 있었다.

캔자스시티에서 덴버까지 기차는 샤이엔과 오그던을 거쳐 시속 약 60킬로미터 정도로 달렸는데 내가 상상할 수 있는 가장 지루한 길이었다. 이후 이틀에 걸쳐 와이오밍과 유타, 네바다를 지나는 길은 척박한 사막과는 조금 다른 모습이었다. 강을 몇 개 건넜고 평원과 모래 언덕은 성장이 느린 식물들에 덮여 있었다. 날씨는 더운데다 평원에서 거세게 불어오는 먼지 가득한 뜨거운 바람과 햇볕을 정면으로 맞은 탓에 우리 얼굴이 검게 그을렸다.

10킬로미터 정도 떨어진 곳에서 사고로 화물 열차가 부서지는 바람에 우리는 시에라 네바다 사막에 있는 칼린이라는 작은 마을에서 약 11시간 가량 정차했다. 사고 소식을 모른 채 조금 더 갔더라면 우리 역시 사고를 당했을 것이고 그 생각을 하니 감사함이 몰려왔다. 사고 수습을 기다리던 우리와 다른 승객들은 기차에서 내려 함께 마을로 돌아갔다. 탈선한 화물 열차에 두 사람이 치였는데 한 사람은 죽고 다른 사람은 부상을 입어 우리 기차로 옮겨졌다. 둘은 형제 사이라고 했다. 그곳에서는 2-3일 전에도 사고가 있었다고 한다. 우리가 지나가는 동안 사고로 전복된 여객 열차가 널부러져 있었다. 기관차는 반대편으로 뒤집혔고 다른 편에는 끔찍한 충돌로 산산조각이 난 5량의 객차가 있었는데 이 사고로 플랫폼 위에 있던 8명의 인디언이 사망했다고 한다. 이 사고는 위험한 산악지대를 지나가는 우리에게 더 이상 편안함을 느끼지 못하게 했다.

캘리포니아주의 경계에 가까워지자 멀리 보이는 눈 덮인 산의 풍경이 지루함을 달래주었고 곧 하늘을 배경으로 벌거벗은 바위투성이의 시에라 네바다 산맥이 그 거대한 윤곽을 드러내며 '하나님'이라는 건축가의 지혜와 능력을 보여주었다. 산 자체의 아름다움은 두드러지지 않지만 그 광대함과 장엄함은 여행자에게 경외심을 갖게 했다.

캘리포니아 경계를 지나자마자 60킬로미터 길이의 눈사태 방지 설비가 나타나 웅장한 풍경은 그 사이로 언뜻언뜻 볼 수밖에 없었다. 산악지대를 지나자 처음과는 달리 비옥한 들판이 이어졌다. 우리는 31일 밤 9시쯤에 샌프란시스코에 도착했다. 예상보다 10시간가량 늦게 도착한 것이지만 우리는 사고 없이 여정을 이어가고 있음에 감사했다. 물론 우리는 먼지를 뒤집어쓰고 여로에 지치긴 했어도 적어도 나는 일주일 전 처음 여행을 시작했을 때만큼 피곤하지는 않은 것 같았다.

우리는 곧바로 옥시덴탈 호텔로 향했다. 그간 온몸에 쌓인 먼지를 씻어내고 하룻밤 충분하게 휴식을 취한 우리는 이 도시에 잠시 머물며 겪게 될 일들을 즐겁게 마주할 준비가 되어 있었다. 주일에 우리는 갈보리 장로교회(Cavalry presbyterian church)에서 두 차례 예배를 드렸고, 월요일과 화요일에는 여객선 표를 사고 필요한 물품을 구매하고 짐을 부치느라 바빴다.

화요일 오후에 금문교 공원에 갔고 오늘은 수트로 하이츠 공원에 갔다. 여기에 핀 꽃들은 지금껏 내가 본 어떤 것보다 아름다워서 말로 표현하는 게 불가능하다는 생각이 들 정도였다. 그 중에서도 제라늄과 후크시아는 2, 3미터 높이까지 자라 유독 눈에 띄었다. 수트로 하이츠 공원에선 바다가 내려다 보였는데 해변 근처 거대한 바위마다 빼곡히 물개들이 드러누워 일광욕을 즐기고 있었다. 그 수가 너무 많아 물개들은 조금이라도 넓은 곳을 차지하려는 듯 서로 밀치고 입씨름을 하며 몸싸움을 벌였다.

이곳 날씨는 우리를 놀라게 하는데 일행 중 어떤 사람은 망토와 긴 코트에다 심지어 모피 옷을 껴입어도 춥다고 한다. 객실은 항상 난방을 틀었고 우리가 여기 도착한 이후로 최고 온도가 섭씨 13.3도에 불과했는데 이 정도가 8월의 일반적인 기온이라고 한다.

우리는 함께 우리가 다음날 승선할 차이나 호를 살펴봤다. 증기선 아틀란틱호 만큼 시설이 훌륭하게 갖추어 있지도 않았고 그렇게 크지도 않지만 어쨌든 안전하게 우리를 데려다 줬으면 한다. 베어(Bear) 선교사 부부와 자녀들이 어젯밤에 도착했다. 이 배는 나를 일본 요코하마에 내려주고 우리 일행은 나를 제외하고 모두 중국으로 향할 것이다.

일행 중에서 나 혼자만 조선으로 가는 것이긴 하지만 요코하마에서 헤어질 일행들이 여정 내내 나와 함께할 것이므로 거의 마지막 순간까지 내가 혼자라는 것을 실감하기란 어려울 것이다. 우리가 승선할 차이나 호는 9일을 항해하여 14일에는 호놀룰루에 도착하고 거기서 하루를 머문 다음 다시 항해를 시작해 24일에 요코하마에 도착할 예정이다. 호놀룰루에 머무는 동안 거기에서 편지를 부치게 될 것 같다.

1897년 8월 10일

우리 배는 육지에서 2,700킬로미터 떨어진 태평양의 한 가운데를 항해하고 있다. 지난 8월 5일 1시에 증기선 차이나 호는 승객을 가득 싣고 증기를 내뿜으며 샌프란시스코 항구를 떠났다. 배는 금문교를 통과해 망망대해로 나갔고 육지는 우리가 알아채기도 전에 시야에서 멀어졌다.

날씨가 화창하고 바다는 잔잔했지만 3, 4시간이 되기도 전에 우리들 중 몇몇 사람에게는 어김없이 뱃멀미가 시작됐는데 나는 그중에서도 심한 편에 속했다. 이제 5일 밖에 안 지났고 거친 파도도 없는데 나의 멀미 증세는 점점 더 심해지는 것 같고 이제까지의 여정 및 항해의 즐거움은 어느새 사라지고 그저 그렇고 그런 항해가 되었다.

우리의 선박은 140미터 길이에 선원이 총 160명이었다. 여객선 승무원과 종업원 중 몇몇 일본인을 제외하고는 모두 중국인이었다. 그 중에서도 100명 가까운 승무원은 광동성 출신이었다. 우리 선교사들 중 누구도 그들의 사투리를 알아듣지 못했다. 그들은 업무가 끝난 뒤 대부분의 시간을 도박과 흡연에 사용했으며 때때로 우리는 그들이 한 손으로 쌀밥을 담은 그릇을 들고 입에 댄 채 다른 한 손에 든 젓가락으로 밥을 입 속으로 삽질하듯 쓸어넣는 것을 지켜봤다. 그들 중 지난 주일에 우리가 복음을 전하여 예수 그리스도를 영접한 승무원이 있었다. 그가 동료들 앞에서 성경을 읽고 복음을 전하는 모습을 지켜보았는데 어떤 사람은 귀기울여 듣기도 했지만 대부분은 그에게 시비를 걸고 비웃었다.

이 배에 승선한 23명의 선교사들 대부분은 중국과 일본에 있는 그들의 사역지로 돌아가는 길이었다. 주일 11시에 감리교 선교회의 볼드윈(Dr. Baldwin) 의료선교사가 예배를 인도했고 우리 모두는 함께 모여 기쁨으로 예배를 드렸다. 배에서 지내는 일상이란 게 며칠 내내 같은 풍경만 흘러가는 식이어서 가끔 갈매기나 날치가 보일 뿐 바다 항해의 단조로움을 깰 만한 것은 거의 없었다.

지난 달 샌프란시스코로 떠날 때는 우리는 온기를 유지하기 위해 담요를 둘러야 했는데 차이나 호를 타고 남서 방향으로 항해하는 지금은 매일 조금씩 따뜻해져 이제는 가벼운 옷차림으로도 충분하다. 우리는 하루 평균 570킬로미터를 항해하여 내일 아침이면 호놀룰루에 도착해 그곳에서 하루 동안 머무를 예정이다. 호놀룰루는 샌프란시스코에서 3,350킬로미터 떨어져 있고 우리는 6,400킬로미터 정도를 더 가야 요코하마에 도달한다. 우리의 남은 여정이 지금까지와 크게 달라지지 않는다면 우리는 분명 평안한 시간을 보낼 수 있을 것이다.

1897년 8월 14일 / 호놀룰루 오하우

아침에 우리 귀에 들린 첫마디는 "빨리 갑판으로 나가자. 호놀룰루에 입항하고 있어"였고 갑판 위로 올라가자마자 우리는 정면에 웅장하게 솟은 산을 볼 수 있었다. 이른 아침 햇살에 비쳐 노란색과 초록색 음영이 아름답게 드리워진 산을 보고 우리는 감탄했다.

부두 가까이에서 수영을 하는 12명의 원주민을 만났다. 승객들이 은화를 물속으로 던지자 가장 재미있는 자세로 다이빙을 했다. 우리는 그 동전이 물속 어디로 들어갔는지 보고 있었는데 다이빙해 들어간 몇몇이 잠시 후에 나왔다. 은화를 찾은 사람은 자랑하듯 그것을 높이 들어올려 우리에게 보여줬고 더러는 입으로 은화를 물고 미소를 지었다.

차이나 호는 10시에 선착장에 닻을 내려 승객들을 내려주었다. 마을에는 대략 2만5천 명의 주민이 살고 있었으며 화산 폭발로 생긴 높은 산과 사화산의 아름다운 배경이 펼쳐진 해변을 따라 길게 이어진 집들이 있었다.

점심 후에 우리와 같은 승객이었던 부유한 데이먼(Damon) 씨가 모든 선교사들을 위해 차를 보내주었고 우리는 그 차를 타고 4킬로미터 떨어진 시골에 있는 그의 저택을 구경할 수 있었다.

차를 타고 구경한 정원은 열대 식물인 로열 야자나무와 코코넛 야자나무로 장식되어 있었고 아름다운 '인도 자존심' 나무는 온통 화려한 꽃으로 덮여 있었다. 바나나, 파인애플, 오렌지, 커피와 많은 다른 열대 과일들이 여기에서 자란다. 로열 야자나무는 특히 아름다웠고 맨 위에 과일이 주렁주렁 달려 있는 코코넛 야자나무도 예뻤으며 무성한 반얀 트리도 돋보였다.

이곳 논밭에는 관개 수로가 모두 내어져 있었고 1월에서 4월까지 우기를 제외하고는 거의 비가 내리지 않는다. 여름에는 소나기가 내리는데 이들은 이를 '투명한 빛'이라고 부른다. 일년 내내 평균 기온이 22도이고 가장 더운 7월에도 평균 26도라고 한다. 그래서 특별히 언급할 만한 다른 계절은 없다. 우리는 하와이 왕국의 마지막 군주, 릴리오우칼라니 여왕이 한 때 살았던 궁전에 갔다. 그곳은 현재 관청으로 쓰이고 있는데 건물과 정원 모두 매력적이었다.

다음날 아침 우리 일행은 사방으로 흩어졌다. 32킬로미터 떨어진 사탕수수 대농장으로 간 일행도 있고 산으로 간 사람들도 있었다. 우리 중 몇몇은 여기에 주둔해 있는 해군 대장의 초대를 받아 독립 전쟁 때 필라델피아에서 싸웠던 미국 민병대 선박을 둘러보기로 했다. 여기에서 노스캐롤라이나 출신의 감리교인 애드먼슨(Mr. Edmondson) 목사를 만났는데 우리 둘 다 고향 친구를 만난 것 같은 기분이 들었다.

배로 돌아오는 길에 선박 등록이 문제가 되어 우리의 출항 시간이 지연되었다는 것을 알게 됐다. 미국에서 건조한 배만 미국에 등록되는데 이 배는 해외에서 건조한 것이어서 영국 국기를 달고 항해했고 그래서 출항에 문제가 생겼다는 것이다. 그곳에서 출항하려면 미국 깃발을 단

조건이어야 했는데 이를 해결하려면 하와이 주민에게 5실링에 배를 매각해 하와이 선박으로 등록하거나 합병이 되는 경우에 한해 다시 출항할 수 있다는 것이다. 결국 모든 건 이 지역 법정에서 해결할 문제겠지만 분명한 사실은 우리 배의 출항이 기약 없이 지연된다는 것이다. 승객들이 사업차 약속이 있거나 지인들이 기다리고 있는 경우에는 시간이 조금만 지체돼도 큰 문제가 생길 수 있다. 하지만 나는 출항이 지연되더라도 불편한 바다보다 육지에 있는 게 더 좋다.

그럼에도 이곳은 모기가 너무 많았고 극성이어서 우리는 모기를 피하기 위해 모기장을 마련해야 했다. 주변에는 외국인보다 원주민 수가 더 적어 보였다. 미국인, 중국인, 일본인들은 각각 그 수가 대략 비슷한 것 같다. 원주민들은 튼튼해 보였지만 참을성은 별로 없다고 들었다. 그들의 수는 매년 줄어들고 있다. 그들의 언어는 대략 200개의 단어로 구성되는데 약간의 억양 차이로 뜻이 달라진다. 하지만 원주민 대부분은 거의 모두 영어를 구사하고 미국식 옷을 입고 지내며, 여인들은 일반적으로 여성용 전통 의상인 허바드나 긴치마인 홀로쿠를 입는다.

즐거운 오후 시간에는 초기에 이 섬에 살았던 원주민의 풍습을 보여주는 진기한 유물이 가득한 비숍 박물관에서 시간을 보냈다. 한 가지 내 시선을 끄는 것이 있었는데 그것은 그들의 신에게 바쳐지는 인간 제물의 목을 조를 때 사용한 밧줄이었다. 그들은 결코 야만족은 아니겠지만 하층민 사람을 제물로 바치고 제물로 바쳐진 사람을 미끼로 써서 상어를 잡았다.

이곳 카와이한 교회(Kawaihan Church)는 1839년 11월에 원주민에 의해 지어졌는데 이 섬나라 최초의 교회다. 건축비의 절반을 왕이 부담한 이 교회에 대략 3천 명의 원주민 교인이 있고 원주민 언어로 원주민 목사가 예배를 드린다.

요코하마에서 온 콥틱(Coptic) 씨가 찾아왔다. 해변에서 거리를 좀 두고 닻을 내린 우리 배까지 찾아와 집에서 온 편지를 전해 주었고 콥틱 씨는 떠날 때까지 그곳에서 하루를 머물렀다.

다음 날 저녁 우리는 호놀룰루에서 사귄 친구들과 작별 인사를 나누고 다음 날 일본으로의 여정을 위해 부두에 정박 중인 증기선 350아시아티스 호에 올랐다. 국적 문제로 줄곧 지연되었던 일정 끝에 출항한 배는 26일 아침에 요코하마에 도착했다. 그곳에서 두보스 부인을 마중 나온 남편을 만났는데, 그는 딸 레이시 리틀(Mrs. Lacy Little) 부인이 우리가 서쪽으로 향하던 7월 25일에 몇 시간 동안 심하게 앓다가 사망했다는 소식을 전했다. 갑작스런 부음에 일행 모두는 마음 깊이 슬퍼했고 우리는 유가족을 위로했다.

우리는 증기선이 제시간에 도착했다면 열릴 예정이었던 두 번의 결혼식의 주인공과 하객들인 선교사들을 만났다. 블레인(Rev. J. M. Blain) 목사와 클라우드 그리어(Miss Claude Grier) 양은 24일 예정이었던 결혼식을 치르지 못했고 또다른 결혼식의 주인공 무어(Dr. Moore) 의료선교사는 뒤늦게 우리와 함께 왔고 신부 메리 토렌스(Miss Mary Torrance) 양은 우리가 도착한 날 저녁에 도착했다.

우리가 타고 온 배가 부두에 정박하지 못하고 근처 항구에 멈춰선 탓에 우리는 삼판이 있는 해변에서 인력거를 타고 숙소로 가야 했다. 숙소에는 고베에서 사역 중인 호프(Mr. S. R. Hope) 씨가 우리를 만나러 와 있었다. 그제야 나는 조선으로 가는 많은 선교사들을 태운 조선행 증기선을 놓쳤다는 것을 알게 되었다. 나는 고베로 가서 9월 15일에 출발하는 다음 증기선을 기다려야 했다. 미국에서부터 요코하마까지 긴 여정을 함께 했던 일행과 작별을 하고 홀로 남아 새로운 길을 개척하려니 다소 힘이 들었다. 낯설고 생경한 나라에서 거룩한 부르심을 따르는 데 같은 뜻을 품은 형제자매의 위로가 얼마나 큰 격려와 힘이 되는지 그 동안 뼛속 깊이 알게 되었기 때문이다. 하지만 홀로 있는 시간 속에서 주님은 내게 다가오셨다. 지금까지 나를 인도해 주셨음을 알게 하셨고 너무 많은 감사할 이유들을 떠오르게 하셨다. 그렇기에 나머지 일정에 대한 걱정도 주님께서 책임지고 해결해 주실 것을 믿고 안도했다.

나는 스코틀랜드 출신의 매우 사랑스러운 그리스도인인 발라드(Mrs. Ballard) 부인이 운영하는 멋진 여인숙에 짐을 풀었다. 발라드 부인은 마치 고향에 온 것처럼 편안하게 휴식을 취하도록 배려해 주었고 덕분에 나는 고베에 머무는 동안 일본이라는 나라의 아름다운 것들과 전통적인 것들을 느끼고 경험할 수 있어서 좋았다.

7, 8월의 날씨는 대체로 따뜻했지만 시시때때로 찾아드는 덥고 습하고 무더운 열기는 피로감을 주었다. 일본인들은 본성이 착하고 행복하고 깨끗한 것 같았고, 통이 좁은 특이한 옷을 입은 여성들의 모습은 그림 속 한 장면 같았다. 하지만 상당수의 남자들과 아이들은 옷이라 할 만한 충분한 천을 걸치지 않는다.

1897년 9월 8일-17일 / 일본 고베, 누노비키 / 우리 선교사에게서 온 편지

저녁에 맥 알파인(Mr. McAlpine) 씨 집에서 열린 결혼식은 아름다웠다. 신랑은 일본인 목사였고 기독교 결혼식이었음에도 일본 전통이 가미된 예식으로 치러졌다. 신부와 신랑은 결혼식 내내 손을 잡지 않았고, 식이 끝나고 나서도 모두가 앉은 채 결혼식에 참여하지 못한 친구에게서 온 편지를 낭독한 다음에서야 모두 일어나 막 탄생한 부부에게 허리를 숙여 인사했다. 나는 그들에게 기쁨의 날들이 가득하기를 축복하고 쌀과 밀가루, 설탕, 물로 만든, 외국인 입맛에는 맞지 않는, 예쁘게 장식한 과자 상자를 답례품으로 받아 숙소로 돌아왔다.

오사카에서도 유쾌한 시간을 보냈다. 오사카와 고베는 뉴욕과 볼티모어처럼 서로 여러 방면에서 경쟁하는 도시다. 나는 특별히 외과 용품과 의료 물품을 생산하는 공장에 관심이 많았는데 직접 방문해서 보니 그 회사와 직접 거래를 할 수 있다는 것도 알게 되었다. 그들이 제조한 물품은 일반적인 외국 제품에 비해 품질은 떨어졌지만 가격은 절반 또는 그보다 낮은 정도였다. 그들이 판매하는 약품 대부분은 직접 개발하거나 만든 것이 아닌 수입품이었다.

우리가 그곳 병원을 방문할 수 있는지 묻자 어느 약사가 자기가 알고 있는 내과 의사에게 편지를 보내 병원 방문을 추진해 보겠다고 했다. 그런 다음 날짜를 정해 약사와 함께 병원을 방문했지만 정작 병원 입구에서 기다려야만 했다. 한참이 지난 후에 의사는 우리가 자기 병원에 오는 것이 편하지 않다고 알려왔다. 약사는 갑작스런 일정 무산에 잠시 당황했으나 수소문하여 우리를 다른 병원으로 데려갈 수 있다고 했다. 그렇게 우리는 인력거를 타고 한참 동안 좁고 구불구불한 길을 가야 했다. 병원에 도착한 우리는 신발을 벗고 안으로 들어가 의사를 만났다. 그는 우리에게 차를 대접했고 잠시 동안 대화를 나눈 후 매우 흥미로운 시설들을 보여주었다. 만약 제대로 이해했다면, 그들은 그곳에서 상당히 많은 수술을 시행하는 것 같다. 넓은 병실에 침대는 없었고 환자들은 바닥에 자리를 깔고 누워 있었는데 원하면 환자 가족 전부가 와서 한 곳에서 지낼 수 있었다. 반면 내가 고베에서 방문했던 큰 종합병원에는 환자용 침대도 있고 흰색 유니폼을 입은 간호사도 있어서 서양식 병원 분위기를 많이 느낄 수 있었다.

이곳의 교통비는 저렴하다. 기차의 1등석은 1.6킬로미터 당 11센트이고 2등석은 1센트, 3등석은 0.5센트이다. 영국식으로 설계된 객차는 매우 좁고 진동과 흔들림이 심하고 침대칸은 없다. 인력거는 부드러운 도로에서는 편하고 좋지만 도로가 좋지 않으면 소리가 시끄럽고 타기에 너무 거칠다. 시간 단위로 고용하면 8센트인데 처음 한 시간은 5센트이고 그 이후는 시간 단위로 계산된다.

우리는 일본 신사를 방문했다. 그들이 신성시하는 백마가 문 앞에 있었고 표지판에 신성한 백마를 만지지 말라고 적혀 있었다. 우리는 사원 안으로 들어가지 않았지만 신상을 제외하고는 특별한 것이 없다고 들었다. 문 앞에는 신을 깨우는 종에 밧줄이 매달려 있다. 우리가 본 것과 선교사들의 보고서를 종합해 보면 일본은 기독교 선교가 상당히 필요한 곳이지만 복음을 전하기는 쉽지 않을 거라는 생각이 들었다.

1897년 9월 9일 / 일본 고베 누노비키

주님이 나에게 허락하신 지난 5주의 시간은 참으로 좋았다. 앞선 3주 동안은 호놀룰루를 경유하여 일본으로 향하는 즐거운 여정이었다. 일본에 머무르는 지금은 조선으로 떠나는 증기선을 기다리며 2주를 보낸 상태다. 이제 내일 조선으로 출발한다. 미국에서부터 함께 했던 좋은 친구들과 작별인사를 한 후 중국으로 떠나보냈다. 이곳에서 낯선 사람들 가운데 남겨져 나의 여정을 마무리하는 것은 하나의 시험이었다. 그러나 하나님께서는 약속대로 나와 동행하셔서 다시 친구들을 사귀게 해주셨고 조선행 증기선에서도 분명 새 친구들을 보내주실 것이다.

일본은 참으로 복음이 필요한 나라다! 여기 일본인들과 비교해 우리는 얼마나 큰 은혜를 누리고 살아가는가! 그들에게는 주일이 없고 교회는 적은 반면 절들이 많다. 그들의 삶에서 진정한 행복은 거의 찾아볼 수 없지만 그럼에도 그들은 나름의 방식, 곧 무관심으로 살아간다. 우리 주 예수 그리스도의 복음의 빛이 '태양이 뜨는 왕국'의 온 나라에 참으로 밝게 비치길 기도한다.

1897년 9월 14일 / 히고메루 호 승선

일본 고베를 떠나 지난 10일 정오에 나는 양편으로 산이 벽처럼 둘러 있고 그 사이에 내륙의 바다처럼 보이는 거대한 강을 통과했다. 물결이 잔잔해 여정은 내내 즐거웠고 다음날 아침 시모노세키 항에 도착했다. 내가 오를 여객선에는 승객들의 많은 짐이 실렸고 뒤이어 그보다 많아 보이는 석탄이 실렸다. 나는 저녁에 그곳을 떠나 주일인 다음날 아침 나가사키에 도착했다. 그곳은 아마도 내가 가본 가장 아름다운 항구라는 생각이 들었다. 내가 탄 여객선에는 또다시 많은 양의 짐이 실렸고 배는 9시까지 그곳에 머물렀다. 마침 에머슨(Miss Emerson) 양과 보드만(Miss Boardman) 양이 타고 있던 중국행 선박이 우리 배 근처에 닻을 내렸고 덕분에 두 사람이 나를 보러 왔다. 나는 그들을 만나 기뻤다.

2.
조선에 첫 발을 내딛다

«« 나는 두 번째 유년기를 겪고 있다. 새롭게 말하는 법을 배우는 흥미로운 성장 과정이다! 하지만 그 과정은 느리다. 나는 높임말, 낮춤말, 중간 정도에 해당하는 말들을 뒤죽박죽 섞어 쓰고 있다! »»

1897년 9월 14일 / 부산 도착

다음 도착지는 쓰시마 섬이었는데 배는 그곳에 한 시간만 머물렀다 조선의 부산으로 떠났다. 부산에서 처음으로 마주한 조선의 풍경과 조선인들은 말그대로 생경했다. 배가 점차 해안에 가까워지면서 내 눈에는 온통 흰 옷을 입고 걸어다니는 현지인들의 모습이 들어왔다. 마치 수많은 유령들이 돌아다니는 것 같았다.

해안에 도착해 부산 선교부로 올라갔고 나는 모든 선교사들이 서울에 있다는 것을 알았다. 나를 맞이한 조선인들 모두 예외 없이 헐렁한 흰 옷을 입고 있었다. 나는 조선식 인사를 해보는 모험을 했지만 그들은 미소를 짓기만 할 뿐 대답하지 않아 그들이 이해했는지는 알 수 없다. 그곳에서 나는 제법 많은 호랑이 가죽을 보았는데 이 동물은 이 나라 북쪽에 꽤 많다고 했고 가끔은 사람을 해치는 경우도 있다고 한다. 나도 가끔은 진짜 호랑이 털을 만져보고 싶긴 했지만 그 가죽을 뒤집어쓴 살아 있는 호랑이와는 결코 마주치고 싶지 않다!

나는 지금 서쪽 해안을 따라 많은 바위와 작은 섬들이 즐비한 황해를 거슬러 오르고 있다. 배는 제물포로 향하고 있다. 배 안에서 멀찍이 바라본 이 나라는 척박해 보였다. 진흙 집 근처에는 작은 밭이 있고 그 주변에 가끔씩 움직이는 하얀 형체가 보였다.

지금까지는 그래도 괜찮은 여정이었다. 이곳까지 오면서 나는 내 믿음과 신뢰의 부족에 대해 회개했고, 비록 그분이 인도하시는 길을 내가 알 수 없다고 해도 그곳이 어디든 또는 어떤 부르심이든 불안과 의심 없이 가야 한다는 다짐을 새롭게 했다. 혼자 하는 여행 내내 너무 두려웠지만 그럴 필요는 없었다. 일본인 선장과 승무원들은 친절했고 몇몇 외국인 승객 모두 나에게 도움을 주려 했으며 그 덕분에 실제로는 만족스

1880년대 제물포항의 전경

러운 여행이었다.

승객 중 한 명은 조선의 북쪽에 있는 금광에서 책임자로 일하고 있었는데 그는 현지인을 높게 평가했다. 그는 이 나라에서 진행되는 기독교 선교 사업에 대해서도 잘 알고 있었고 비록 그리스도인은 아니지만 선교를 위한 일이면 필요한 도움을 주겠노라고도 했다. 대화 끝에 놀랍게도 그는 우리가 병원을 시작하게 된다면 자기가 병원 침대 하나를 지원하고 싶다고 말했다. 진료소를 세울 사역지에 도착하기 전부터 이런 호의를 받는다는 것이 하나님께서 우리의 전주 사역을 축복하시는 것처럼 보이지 않는가!

1897년 9월 16일 / 조선 서울

어제 제물포에 도착해 오늘은 서울로 이동했다. 두 달에 걸친 길고도 오랜 나의 여정이 마침내 끝났다. 모든 나쁜 것으로부터 나를 지키시고 힘든 여정 중에도 친구들과 즐겁고 행복한 시간을 갖게 하신 주님께 감사를 드린다.

부산에서의 첫 기억도 생경했지만 어제 제물포에 내려서 목격한 첫 광경을 잊지 못할 것이다. 내가 배에서 내리자마자 어디서 나타났는지 많은 무리들이 승객들의 짐을 차지하려고 격한 몸싸움을 벌이기 시작했다. 소망이 없고 가여운 그 사람들을 바라보는데 눈물이 흘렀다. 소망 없는 삶을 살게 두지 않으시고 나를 불러 소망을 전하게 하신 하나님께 감사를 드림과 동시에 이 사람들에게 하나님의 사랑을 나누고 축복과 구원을 전할 수 있도록 능력의 하나님께 간구했다. 내게 맡기신 큰 사명에 충성을 다할 수 있기를 기도한다.

전부터 알고 있던 여러 선교사들이 미리 나와 나를 맞아주었다. 그들의 반가운 미소와 보살핌 덕분에 나는 오랫동안 고대하던 집에 도착한 것 같은 편안함을 느꼈다. 가능한 한 빨리 사역을 시작하기 위해 바로 한글 공부를 시작해야겠다.

1897년 9월 17일 / 조선 서울

내가 드디어 조선에 도착해 여기서 글을 쓰고 있다는 것이 믿기지가 않는다. 긴 여정이 끝이 났고 오랜 기다림은 하늘에 닿았다. 하늘에 계신 아버지가 그동안 얼마나 나에게 좋은 분이셨는지를 생각하는 내 마음은 기쁨과 감사가 넘친다. 당신도 나와 함께 기뻐해 주리라 믿는다.

오늘 아침은 내가 록힐(Rock Hill)을 떠난 지 8주가 되는 날이다. 15일에는 제물포에 도착했고 거기에서 테이트(Mr. Tate) 선교사를 만났다. 다음날 아침 3시 30분에 서울로 출발해 증기선을 타고 작은 강을 따라 천천

테이트 양과 마티 잉골드(가운데 선 사람)

히 올라갔다. 거리는 직선으로 대략 42킬로미터 정도 되지만 강을 따라 구불구불 올라가느라 90킬로미터로 늘었고 오전 10시에 여기에서 4.5킬로미터 정도 떨어진 곳에서 내렸다.

거기서 이곳 숙소까지는 하층민 가마꾼이 드는 양쪽에 대나무 작대를 낀 가마를 타고 이동했다. 처음 가마를 탔을 때 나는 마치 소설 속 주인공이 되어 신기한 경험을 하는 것 같은 느낌이 들었다. 하지만 이 묘하게 생긴 것에 곧 익숙해지자 별로 놀랍지도 않고 오히려 편안해졌다. 짐가방은 다른 하층민이 운반했는데 그들이 얼마나 많은 짐을 운반할 수 있는 건지 알 수 없었다. 오는 도중에 나는 테이트 양(Miss Tate)과 미국 북장로교에서 파송한 여성 선교사 두 사람을 만났다.

그렇게 일행이 된 우리는 꽤 긴 행렬을 이루었다. 우리는 볏짚으로 낮게 지붕을 이은 진흙 집 사이를 지나 꽤 넓은 길이 있는 마을들을 여러 차례 지나갔다. 간혹 어떤 집에선 "또드락 똑딱" 하는 소리가 울려나왔지만 안에서 무슨 일이 일어나는지 볼 수는 없었다. 테이트 양은 그것이 여자들이 집에서 빨래한 옷이나 이불에 풀을 먹여 두드리는 다듬이질 소리라고 알려주었다. 조선식 다리미질이었다. 그러고 보니 사람들은 대체적으로 내가 예상한 것만큼 더럽지는 않았다. 신사들의 흰 옷은 얼룩도 없고 깔끔했다. 여성들은 한번쯤 당신이 책에서 봄직한 초록색 겉옷으로 모자 대신 머리를 둘러 감싼 후 그 안쪽을 한손으로 잡는다. 그러면 살짝 밖을 볼 수 있을 정도의 좁은 공간 밖에 남지 않는다. 양쪽 소매는 길게 늘어져 있어 실용성이 떨어져 보였다.

벨(Mrs. Bell) 선교사 부인은 내가 서울에 있는 동안 그녀의 집에 머물도록 초대해 주어서 여기에서 아마 한 달 정도 지낼 것 같다. 말할 나위 없이 즐거운 곳이다. 8월에 열릴 예정이던 선교 모임은 체스터(Dr. Chester) 의료선교사와 내가 도착할 때까지로 연기되어 있었다. 나는 그가 올 때까지 여기에 머물렀다가 함께 내려갈 계획이다. 벨(Mr. Bell) 선교사는 나주에 내려가 있고 군산에는 드류(Dr. Drew) 의료선교사 부부와 자녀들이 있다.

며칠 뒤 테이트 선교사는 전주로 돌아가고 나는 테이트 양이 올 때까지 기다리기로 했다. 어젯밤 이곳에서 선교사들을 위한 선교부 기도회가 있었고 꽤 많은 사람들이 참석했다. 모두가 나를 진심으로 환영해 주어서 집에 온 것 같은 편안함을 느꼈다. 어학 선생을 구해 가능한 한 다음 주부터 언어 공부를 시작해야겠다.

1897년 10월 / 조선 서울 / 첫인상

처음 선교 지역에 도착하면 첫인상부터 적게 된다. 첫인상은 일반적으로 오래 지속된다고 하지만 이 나라 사람들과 밀접한 관계를 맺다 보면 자연히 생각도 달라질 수 있기 때문에 분명 바뀔 것이라 예상한다. 그러

당시 농촌 풍경

니 여기서 한 달 이상 머무르는 동안 나의 첫인상을 적어 놓는 것이 좋을 것 같다.

제물포에서 육지에 내렸을 때 나는 눈앞에서 몸싸움을 벌이던 사람들과 통제가 되지 않는 일꾼들을 보면서 정말 이들에게 복음이 필요하다는 생각을 했다. 의심의 여지없이 가장 귀한 선물을 받지 못한 사람들에 대한 가여움과 그것을 소유하지 못한 삶에 대한 슬픔을 느낀 것이다. 하루하루 지나면서 그들이 어떻게 살아가는지 조금씩 더 보게 되었고 복음이야말로 그들에게 필요한 단 한 가지라는 사실을 점점 더 알게 되었고, 그와 달리 기독교 나라에서 복된 삶을 누리는 우리의 특권이 얼마나 대단한 것인지 새삼 깨달았다. 나는 복음을 들고 그들에게 보내진 것에 큰 감사를 느낀다. 나는 내가 믿고 따르는 나의 주 하나님이 베푸시는 구원에 대해 오랫동안 무지했던 사람들을 직접 만나게 될 것을 기대하고 있다.

며칠 동안 믿음직한 어학 선생을 구하기 위해 공을 들였다. 나는 두 번째 유년기를 겪고 있다. 새롭게 말하는 법을 배우는 흥미로운 성장 과정이다. 그 과정은 아주 느리다. 나는 높임말, 낮춤말, 중간 정도에 해당하는 말들을 뒤죽박죽 섞어 쓰고 있다! 아침에 어학 선생에게 조선말을 배우고 오후에는 감리교 또는 장로교 병원에 가서 이곳에 맞는 의학 용어를 찾고 여기에서 어떻게 사역해야 하는지를 배웠다.

감리교 선교부는 멋진 새 벽돌건물 교회를 거의 완성했다. 교회 내부는 조선 관습을 존중해 중간에 천을 드리워서 남자와 여자의 자리를 나눈다. 그들은 서로 볼 수 없지만 호기심이 많은 여자들은 천의 틈 사이로 보려고 할 것이다. 만약 칸막이가 종이로 되어 있다면 그들은 혀로 침을 묻혀 구멍을 뚫고 볼 것이다. 이곳 사람들은 항상 바닥에 앉기 때문에 의자가 없고 신발은 문에 벗어두거나 손에 들고 있는다. 만약 예배 중에 갑자기 움직이고 싶거나 친구를 찾아 얘기를 하고 싶으면 그들은 주저 없이 그렇게 한다. 그들은 항상 위아래나 앞뒤로 몸을 흔든다. 교회 오는 것에 익숙해진 사람들은 조금씩 옷차림이 단정하고 깨끗해진다. 자신을 그리스도인으로 여기는 이들은 다른 사람들과 비교해 외모와 표정이 다르다. 기독교는 그들의 삶에 많은 변화를 가져다주고 있다.

여기에서는 우리 고향과 거의 모든 것이 반대다. 어느 누구도 웃어서는 안 된다. 이곳의 여자는 전혀 모자를 쓰지 않는 반면 남자들은 꽤 다양한 모자를 쓴다. 가장 흔히 쓰는 형태는 '갓'인데 서양 여자 선원의 모자와 같다. 관은 높지만 얇고 거의 투명해서 정수리의 상투를 분명하게 보여 준다. 물론 머리를 따서 등 뒤로 길게 늘어뜨린 남자들도 있다. 그들은 모자를 쓸 수 없는 결혼하지 않은 총각들이다. 결혼한 후에는 머리 위를 조금 밀고 머리를 틀어 올려 머리띠를 이마에 두른 다음에 단단하게 묶는데 처음에는 아프다. 그렇게 한 뒤 머리카락을 가운데 모아 모자를 쓴다.

생김새가 다른 외국인에 익숙하지 않은 지방으로 가는 것은 어려운 일이기 때문에 나는 전주로 함께 내려갈 수 있는 어학 선생을 구했다. 그들은 여자를 가르치는 것을 굴욕적으로 여긴다. 나는 어학 선생을 김서방이라 부르는데 김(Mr. Kim) 씨라는 뜻이다. 그는 내가 생각한 것보다 어린 스물두 살밖에 안 되었고 이전에 외국인을 가르쳐본 적이 없었다. 하지만 그리스도인인 그는 밝고 영민하기 때문에 우리는 서로 잘 지내리라는 희망이 보인다.

성경에 나오는 에스겔과 다르게 어려운 언어를 배우려고 노력하는 나를 위해 기도하는 것을 잊지 말아주길 바란다. 나는 "언어가 다르거나 말이 어려운 백성에게" 보내졌고, "언어가 다르거나 말이 어려워 네가 그들의 말을 알아듣지 못할 나라들에게"(참고 겔 3:5-6) 보내졌다.

1897년 10월 28일 / 조선 군산

이번 달 19일 드류 선교사 부인과 아이들 그리고 테이트 양과 함께 군산으로 내려왔다. 26일에는 체스터(Dr. Chester) 의료선교사가 도착했고 다음날 선교부 연례 회의가 개최되었는데 몸이 좋지 않아서 6주 동안 병상에 누워 있는 벨(Mrs. Bell) 선교사 부인과 전킨(Mr. Junkin) 선교사를 제외한 모든 회원들이 참석했다.

나는 지금 우리 선교회의 모든 회원들을 만나게 되어 기쁘다. 나는 우리 선교부에 속해 함께 사역하는 것이 항상 기쁘고 하나님께서 주신 축복이라고 믿고 신뢰한다. 우리는 체스터 의료선교사와 함께 사역할 수 있는 영광을 누렸고 욥과 같은 고통을 겪는 그의 슬픔을 함께 나누었다.

윌리엄 전킨, 메리 전킨 선교사 부부

그는 부스럼을 앓고 있다.

선교부 연례 회의가 열리기 전까지 나는 어학 선생과 한글 공부를 했다. 어제 선교부에서 어학 선생을 전주로 내려보내기로 결정했는데 우리보다 앞서 내려가서 선교사들을 위한 여러 가지를 미리 준비하고 관리하라는 지침을 받았다. 지금은 주로 말하기를 배우고 있는데 조선말이 예전에 생각했던 것보다 훨씬 어렵다는 것을 점점 더 알아가고 있다. 가능한 한 빨리 유창하게 말을 하고 싶은 생각이 간절하지만 간단한 단어를 익히는 것도 쉽지 않다. 이번 겨울에는 더 열심히 공부할 생각인데 내게 가장 중요한 시간이 될 것이다.

이곳은 아름다운 땅이다. 강과 바다가 만나는 지점으로 바다의 조수가 있지만 다른 지역에 비하면 바닷물이 그다지 많이 밀려 나가지는 않는다. 마을은 작고 강 건너편에 오밀조밀 모여 있는 집들이 보인다. 데이비스(Miss Davis) 양은 강이 내려다보이는 언덕 위에 집이 있다. 내가 만

드류 선교사 병원선

나본 그녀는 세상의 소금이다. 어느 날 오후에 여기서 2킬로미터 떨어진 마을에 아픈 여성이 있다고 해서 데이비스 선교사와 함께 방문했다. 그녀의 상태를 보고 필요한 약을 조금 주고 왔다. 이후에 그녀에게서 어떤 소식도 듣지 못했지만 나아졌을 것이라 생각한다. 요즘 이곳 날씨는 너무 완벽해서 온종일 맑고 시원하다. 마치 고향에서 즐기는 인디안 썸머와 비슷하다.

1987년 10월 31일 / 군산

오늘 오전에는 조선말 예배를 드리고 오후에는 전킨 선교사 부부의 집에서 드리는 영어 예배를 참석했는데 체스터 의료선교사가 예배와 성찬식을 인도했다. 그날 전킨 선교사 부부의 아기를 위해 드류 의료선교사가 성찬식을 집례하고 예배를 인도한 체스터 의료선교사가 세례를 주었다. 모든 성례 순서가 평소보다 더 엄숙해 감동적이었다. 체스터 의료선교사는 아브라함이 어떻게 본토 아비 집을 떠나 낯선 땅으로 가라는 명령을 받았는지, 그리고 그가 보여준 믿음과 순종은 어떠했는지에 대해 설교했다. 그는 우리도 이와 같은 부르심을 받아 이 낯선 땅에 하나님의 약속을 붙들고 와 있음을 강조했다. 우리는 하나님이 우리와 함께 하실 것에 대한 약속뿐만 아니라 마침내 이 낯선 땅의 사람들이 하나님나라의 백성이 될 것에 대한 약속을 안고 살아가는 사람들이라고 했다.

나는 하나님 앞에서 새롭게 서원을 했다. 하나님을 섬기는 일에 나의 삶을 드리고 오직 주님의 영광을 위해 살기 원하며 더 열심히 노력할 것이다. 나는 없고 주님만 계십니다. 나의 주님, 저는 너무 연약하고 자주 쓰러지오니 저의 육신을 붙들어 주소서.

당시 전주 모습

3.
기나긴 여정의 종착지, 전주

《《 마침내 나는 전주에 자리를 잡았다. 아직 정착하지는 못했지만 적어도 나는 지금 여기에 있고, 주님이 허락하신다면, 이곳에 몇 년간, 어쩌면 내 평생을 여기에서 보낼 것이다. 우리는 육로로 가마를 타고 65킬로미터를 이동한 후 11월 3일 저녁에 이곳에 도착했다. 》》

1987년 11월 11일 / 조선 전주

마침내 나는 전주에 자리를 잡았다. 아직 정착하지는 못했지만 적어도 나는 지금 여기에 있고, 주님이 허락하신다면, 이곳에 몇 년간, 어쩌면 내 평생을 여기에서 보낼 것이다. 우리는 육로로 가마를 타고 65킬로미터를 이동한 후 11월 3일 저녁에 이곳에 도착했다. 여행은 대체로 괜찮아서 그렇게 많이 피곤하지는 않았다.

전주는 매우 아름다운 곳이다. 도시는 높은 산들로 에워싸여 있고 그다지 높지 않은 성벽이 둘려 있다. 듣기로는 성벽 밖도 성안과 마찬가지로 많은 집들이 있다고 하는데 주로 남동쪽에 있다. 우리 선교부 건물은 전주성 밖의 남쪽 언덕 위에 지었는데 성 안의 조선 사람들과 꽤 거리는 있지만 성 밖 조선 사람들과는 멀리 떨어져 있지 않다. 우리가 바라는 전망 좋은 곳에 두 채의 건물을 지을 계획인데 우리가 간절히 바라던 두 가지 조건, 즉 건강에 좋고 경치도 아름다워야 한다는 조건을 모두 갖추고 있다.

현재 우리는 모두 6명이다. 레이놀즈(Mr. and Mrs. Reynolds) 선교사 부부, 테이트(Mr. and Miss Tate) 남매, 해리슨(Mr. Harrison) 의료선교사와 나. 나는 지금 한 사람이 쓰기에도 충분하지 않은 작은 초가집에서 테이트 양과 같이 살고 있다. 그녀는 사람이 많은 것을 좋아하는 성격이어서 자신의 불편함보다 오히려 동료가 있어서 더 기쁘다며 나를 안심시켰다. 레이놀즈 가족이 새 집으로 이사하게 되면 나는 그들이 사는 집의 방 하나를 쓰게 될 것이다. 날씨가 더 추워지기 전에 그곳으로 이사할 수 있었으면 좋겠다. 상당히 많은 여성들이 우리를 구경하려고 여기에 오는데 나는 아직 그들과 많은 대화를 할 수는 없다. 나는 어학 선생과 오전과 오후에 한글 공부를 하고 있다. 곧 몇몇 여성들과 대화하고 그녀들에게서 직접 조선말을 배울 수 있게 되면 좋겠다.

윌리엄 레이놀즈, 팻시 레이놀즈 선교사 부부

짐꾼들이 군산에서 이곳까지 운반해 온 우리의 짐이 어제 도착했다. 여기는 교통수단과 운송 수단이 그다지 빠르지 않다. 전킨(Mr. Junkin) 선교사의 몸 상태가 점점 호전되고 있는데 하루빨리 일본이나 다른 어디든지 여행할 수 있을 정도로 회복되길 바란다. 자전거를 타고 나주에 간 레이놀즈 선교사가 돌아올 때까지 당분간 나는 레이놀즈 선교사 부인과 함께 지내게 될 것이다.

1897년 11월 20일 / 전주 / 마지막 한 걸음

서울을 떠나기 직전에 글을 쓰고 한 달이 지났다. 제물포에서 작은 증기선을 타고 해안선을 따라 우리 일행, 즉 드류(Mrs. Drew) 부인과 자녀들, 테이트 양, 그리고 나는 14시간을 내려와 10월 18일 군산에 도착했다. 증기선에서 육지로 내리기 위해 다시 작은 배로 갈아타야 했다. 많은 짐까지 싣고 해변으로 들어가는 그 짧은 순간 갑자기 폭우가 내렸다. 데이비스(Miss Davis) 양의 집에 도착했을 쯤에는 우리뿐 아니라 배에 싣고 온 모든 짐들이 흠뻑 젖어 있었다. 온 몸이 젖은 채로 오들오들 떨면서 우리는 사람들의 따뜻한 환대를 받았다.

테이트 양과 나는 2주간을 함께 지냈다. 몇 주 전부터 심하게 앓았던 전킨(Junkin) 선교사는 조금씩 회복되고 있다고 한다.

군산은 바다에서 약 5킬로미터 떨어진 강둑에 위치한 작은 마을이다. 근처에 다른 몇몇 작은 마을이 있었다. 데이비스 양과 그 중 한 곳에 가서 아픈 여성을 진찰했다. 그 여성은 내가 진찰하면 반드시 나을 것 같다며 확신 있게 말했다. 나는 그 사람에게 약을 좀 주었지만 회복되었는지는 알지 못한다. 데이비스 양은 강에서 그리 멀지 않은 곳에 사는데 밀물이 들어올 때마다 철벅거리는 소리가 요란하다. 정작 견디기 힘든 건 어부들이 내는 소음이다. 귀신을 쫓기 위한 거라는데 바다로 나가기 전 배에서 양철 그릇 같은 것을 두드려 요란스럽게 소리를 낸다. 강에 접한 집에서 사는 일종의 세금인 셈이다.

군산에서 드류 의료선교사가 펼치는 사역은 성공적이어서 그를 만나려고 멀리서도 환자들이 찾아왔다. 군산에 도착하고 일주일이 지났을 때 체스터 의료선교사가 벨(Mr. Bell) 선교사와 함께 서울에서 육로로 전주를 거쳐 이곳에 도착했다.

우리는 중국에서 오는 체스터 의료선교사가 제물포에서 우리를 만나 함께 배를 탈 수 있기를 바랐지만 우리가 제물포를 떠날 때까지 그가 탄 배는 나타나지 않았다. 정작 그가 탄 배는 약 7.5킬로미터 떨어진 바깥쪽 항구에 닻을 내려 우리는 그의 배가 도착한 사실을 알 수 없었다. 우리는 밤이 될 때까지 그를 기다렸지만, 설령 그의 배가 바깥쪽 항구에 도착한 사실을 알았더라도, 정작 우리가 탄 배가 기다려주지 않았을 것이다. 체스터 의료선교사는 건강이 좋지 않은 상태임에도 약 270킬로미

루이스 보이드 테이트(최의덕), 마티 새뮤얼 테이트 선교사(최마태) 남매

터의 육로 여행을 감행해 군산에 당도했다.

전주 선교부의 모든 회원들은 그가 도착하자 선교부 연례 회의를 갖고 환영하는 시간을 가졌다. 특히 나에게 이 모임이 반가웠던 것은 전에 만난 적 없는 선교부의 회원들을 두루 만나 교제할 기회가 생겼다는 것이다. 올해 나에게 어학 공부 외에 주어진 다른 일은 없지만 그것만으로도 나의 모든 시간과 힘을 쏟아야만 한다. 그런 차에 이렇게 선교사들을 한꺼번에 만날 수 있는 건 큰 기쁨이다.

선교부 연례 회의에서는 사냥으로 잡은 동물을 함께 요리해 먹는 전통이 있다. 신사들은 사냥과 요리 두 과정 모두를 좋아하지만 숙녀들은 후자만 좋아했다. 야생 거위, 오리, 꿩 요리는 맛도 좋았다. 물론 이런 행사가 샌프란시스코에도 열린다면 그곳의 가정주부들은 메뉴가 결코 충분하다고는 하지 않을 것이다. 하지만 이곳은 사냥감이 다양하거나 많지 않다. 오리, 꿩, 비둘기, 메추리 요리가 식탁에 올라온다면 그날은 잔

윌리엄 데이비스 레이놀즈(이눌서) 선교사

칫날이나 마찬가지다.

11월 3일에 나는 긴 여정을 마무리하는 50킬로미터의 '마지막 걸음'을 내딛었다. 우리는 날이 밝자마자 이른 아침에 출발해 날이 어두워지기 전에 전주에 도착했다. 레이놀즈 선교사와 해리슨 의료선교사는 조랑말을 타고 테이트 선교사는 자기 자전거를 타고 레이놀즈 부인, 테이트 양과 나는 각각 가마꾼 4명이 드는 가마를 타고 그다지 힘들지 않은 즐거운 여행을 했다.

조선의 상류층 여성들은 사람들에게 자기 모습을 드러내 보이는 것은 매우 천박하다고 생각한다. 그렇기에 테이트 양은 현지인들에게 부정적인 인상을 주지 않기 위해 지붕이 있는 가마를 탔었다. 테이트 양은 이번에는 처음으로 지붕이 없는 열린 가마를 탔다. 전주까지 작은 마을들을 여럿 지나는 동안 가마꾼들은 잠시 쉰다든가 요기를 하기 위해 자주 멈추었다. 그때마다 우리는 금세 호기심 많은 여성들과 아이들에게 둘러싸였다. 그들은 우리를 뚫어지게 쳐다보고 옷을 만지고 이것저것 물어보면서 재미있어 하거나 반대로 시큰둥한 반응을 보였다.

한 마을에는 남편이 죽은 후 자살한 부인을 기념하는 비석이 두 개나 세워져 있었다. 남편을 따라 아내가 스스로 목숨을 끊는 행위는 이 나라에선 남편을 향한 최고의 존경을 드러내는 것으로 간주되어 칭송을 받는다. 그러나 아마도 남편과 사별한 여성으로 하여금 자살을 감행하게 만드는 동기는 남편을 향한 사랑 때문만은 아닐 수 있다. 오히려 그녀의 마음에 쌓인 다른 것들이 스스로 목숨을 끊어야겠다는 생각을 강하게 했을 것이다.

지금은 남편과 사별한 여성의 재혼을 허용하는 법이 있다. 하지만 대부분의 여성은 이 법이 있다는 것을 알지 못한다. 옛부터 내려오는 관습은 아니라지만, 종종 가난한 사람들이 남편과 사별한 여성을 데리고 가 종으로 팔아버리더라도 부모는 그녀가 다시 돌아오는 것을 원치 않는다. 불법은 아니라지만 법이 지켜지고 있지도 않다.

만약 남편과 사별한 상류층인 경우 자녀와 자신을 위해 돈을 벌려고 해도 나갈 수가 없어 실제로 굶어 죽는 경우도 있다. 세상으로 나오는 것이 허락되어 있지 않기 때문에 당연히 세상물정을 모르고 무엇을 해야 할지도 모른다.

어떤 경우에는 그녀를 원하는 남자가 밤에 여자를 그의 집으로 데려가는 경우도 있는데 그녀를 위해 이를 막아주는 사람은 없다. 나는 대부분의 현지인 남편들이 그리 바람직하다고 생각하지는 않지만 그래도 이곳 여성들의 유일한 보호막은 남편이다.

간혹 마을 입구나 길가에 한 줄로 세워진 나무기둥들이 있는데 장승

예수병원 초기 진료소

이라 부르며 위에는 사람 얼굴이 새겨져 있다. 이것은 길의 수호자로 악한 귀신을 쫓아 안전한 여행을 하게 한다고 알려져 있다. 때때로 그곳을 지나가는 행인들이 이 수호신 앞에서 소원을 빌거나 절을 한다.

우리는 강가에 도착해 작은 배를 타고 강을 건넜다. 강둑에는 개의 사체로부터 막 벗겨낸 가죽이 펼쳐져 있었고 한 남자가 더러운 강물에 그것을 씻고 있었다. 조선 사람들은 식용으로 쓰기 위해 개를 기른다. 그들은 경제적인 민족이어서 때로는 병에 걸려 죽은 동물의 고기도 먹으며 심지어 썩은 달걀마저 버리는 것을 아까워해서 그것을 먹는다.

전주는 규모는 적어도 도시를 둘러싼 언덕이 아름다운 곳이다. 자세한 것은 나중에 편지에 쓰기 위해서 남겨 둔다.

두 곳의 선교 구역에서 공사를 하고 있다. 레이놀즈 선교사 가족과 테이트 선교사 남매를 위한 주택이다. 현재 나는 테이트 양과 함께 작은 초가집에 머물고 있다. 한 사람이 지내기에도 충분하지 않은 공간이라 갑작스레 나와 함께 지내게 된 테이트 양에게는 무척 불편할 것이다. 곧 완공될 선교사 주택에 레이놀즈 선교사 가족이 입주하면 내가 그 빈 집으로 옮겨갈 계획이다. 어쩌면 그 집이 내가 평생 머무를 곳이 될 수도 있다는 것이 아직 낯설다. 여기에 오기까지 나그네로 살았던 나의 모습을 돌아보니, 앞으로는 오직 나를 위해 안정되게 거주할 곳이 허락된다는 것이 감사하다. 하나님께서 그분의 섭리로 이끄신 집에 애착을 갖게 될 것이라는 데 의심의 여지가 없다. 계속해서 기도하고 관심을 가져주기 바란다.

1987년 11월 25일 / 첫 번째 추수감사절

조선에서 처음 맞는 추수감사절이다. 주께서 은혜를 허락하신다면, 그리 내가 나의 삶을 소중하게 살아간다면 내년, 내후년, 그리고 그 다음 해도 이곳에서 추수감사절을 맞게 되리라. 올 한 해 동안 받은 축복을 생각해 보면 감사 제목이 많고 주님은 내게 정말 선한 분이시라는 고백을 하게 된다. 여기에 오기까지 많은 준비가 필요했음에도 주님은 때마다 잊지 않으시고 적절한 도우심과 기회를 베푸셨고 그 덕분에 참으로 멋진 여행을 할 수 있었을 뿐 아니라 그토록 긴 여정을 안전하고 건강하게 마치도록 하셨다. 그렇다. 모든 것이 주의 은혜다. 내 마음은 감사와 찬양으로 가득 차 있다. 오늘 이 순간까지 나의 모든 필요를 공급하신 주님의 손길을 결코 잊지 않을 것이고 내 인생과 사역 모두를 계획하시고 인도하시는 주님의 뜻에 불평하지 않을 것이다.

우리 다섯 명은 레이놀즈 선교사 부부와 같이 근사한 추수감사절 저녁 만찬을 함께 하고 즐거운 시간을 보냈다.

1897년 12월 21일

오늘은 나에게 있어서 기념할 만한 날이다. 주님께서 내게 작은 조선식 집을 허락해 주셨다. 집으로 이사하는 내내 주님께 감사드렸다. 이 집은 가로 2.4미터, 세로 3.6미터 크기의 방 두 개가 연결된 형태다. 지난 한 주 동안 어학 선생, 레이놀즈 선교사, 테이트 양의 도움을 받아 부지런히 도배를 하고 집을 꾸몄다. 내부가 깨끗해져서 보기 좋다. 이곳에서 나는 행복할 것이고 남은 겨울 동안 한글 공부를 잘 할 수 있을 것이다. 나를 도와줄 현지인 여성을 아직 찾지 못했지만 테이트 양이 가까이에 살고 있어 혼자여도 두렵지는 않다. 그들이 곧 완공될 새 집으로 이사할 즈음에는 나를 도울 적당한 사람을 구할 수 있을 것이다.

오는 23일이면 록 힐을 떠난 지 5개월이 된다. 돌이켜보면 긴 시간 같지만, 내겐 그리 오래라는 생각이 들지 않는다. 안정된 곳에 정착했다는 사실 때문인지, 지나온 시간도 좋았고 이제 나에게는 평안함이 있다. 주님께서는 지난 몇 달의 모든 순간을 놀라울 만큼 인도해 주셨다. 오히려 내가 주님을 위해 더 많은 것을 이루지 못한 것이 부끄럽다. 이곳 사람들을 더 잘 이해할 수 있도록 더 열심히 공부하는 것만이 나의 최선이리라. 그들에게는 복음이 정말 필요하고 나는 그들을 가르치고 도울 수 있기를 간절히 바라고 있지만 그들은 우리가 전하는 말씀을 주의 깊게 들으려고 하지 않는 것 같다. 예배 참석자는 매우 적고 어떤 이들은 우리가 왕조의 땅을 훼손해 집을 지었다며 위협하기도 한다. 하지만 아직까지 우리 선교사들은 현지인 누구에게서도 폭력을 받은 적은 없다. 하나님께서 그들을 막아주실 것이라고 확신한다.

1897년 12월 25일 / 첫 번째 성탄절

오늘은 조선에서 맞는 첫 번째 성탄절이다. 즐거운 날이지만 너무 조용하고 작년에 번화한 미국 뉴욕에서 보낸 성탄절에 비하면 훨씬 더 그렇다. 어제 테이트 양이 '할머니들을 위한 잔치'(Old Women's Party)를 열었는데 10명의 할머니가 왔다. 그들은 접대를 받는 내내 즐거워했고 특히 테이트 양이 직접 준비한 음식이 맛있다며 좋아했다. 나는 그들을 데려가 내가 사는 집을 구경시켜 주고 직접 오르간 소리를 들려주었다.

오늘은 사진들을 벽에 전부 걸었더니 서재가 근사해졌고 고향의 집처럼 편안하게 느껴졌다. 하지만 이런 것들에 내 생각을 너무 많이 뺏기거나 또 아름다운 것을 주위에 두는 기쁨으로 내 사역이 방해 받지 않아야 한다. 이곳 사람들의 집은 장식을 거의 하지 않는다. 조선 사람의 집은 거의 텅 비어 있고 오래된 탓인지 지저분하고 냄새가 고약한 경우가 많다. 그에 비하면 이 집은 그들에게 멋지게 보일 것이다.

1898년 1월 1일 / 신년

왜 그런지 모르겠지만 내 일기장에 적을 것이 너무 없다. 오늘은 새해의 시작이니 어쨌든 날짜라도 적어 놔야 한다. 지난해에 받은 축복을 기록하자면 너무 많아서 시작조차 할 수가 없다. 오늘 아침에 내게 주신 말씀은 신명기 28장 12절이다. "여호와께서 너를 위하여 하늘의 아름다운 보고를 여시사 네 땅에 때를 따라 비를 내리시고 네 손으로 하는 모든 일에 복을 주시리니 네가 많은 민족에게 꾸어줄지라도 너는 꾸지 아니할 것이요." 내가 모든 필요한 것을 공급해 주실 주님을 신뢰하면 올해도 근심할 필요가 없다. 올해는 작년보다 예수님을 더 가까이 하고 그분을 더 신실하게 섬기는 삶을 살기로 결심한다.

어제 저녁 레이놀즈 선교사 부부가 새로 이사한 집으로 우리를 초대했다. 우리 모두는 가장 좋은 옷을 입고 축제를 하듯 즐거운 시간을 가졌다. 어학 선생이 오늘 새해 인사를 왔는데 예상치 못한 손님의 방문이어서 대접할 것이 일본 오렌지 밖에 없었다. 우아한 옷을 입은 손님들 앞이라 당황해서 내가 아는 짧은 조선말조차 충분히 말하지 못했다. 이사해서 잘 정착했고 성탄절 기간도 끝났기 때문에 남은 겨울 동안에는 한글 공부를 더 열심히 해야겠다.

1898년 1월 23일

내가 일기를 적게 쓰는 것인지 아니면 쓴다는 생각을 아예 하지 않는 것인지 잘 모르겠지만 너무 조금 쓰고 있는 것 같다. 작은 나의 집으로 이사 온 지 한 달이 되었다. 이 작은 집이 주는 편안함 덕분에 나는 내 삶이 유익할 뿐만 아니라 더 행복해졌다고 생각한다. 이곳 사람들은 곧 다가올 새해맞이 준비로 바빠서 아직 방문자가 많지 않다. 설날을 보낼 여유가 있는 사람들은 모두 이 날을 위해 새 옷이나 깨끗한 옷을 입는다. 그래서 여인들이 바느질을 하고 빨래를 하느라 너무 바쁜 것이다. 전날에는 많은 불과 딱총, 폭죽들이 도시를 밝히고 북을 비롯한 무엇이든 시끄럽게 소리를 내는 것들이 동원된다. 이 소음이 비슷한 시기에 고향의 대도시에서나 나는 소리와 똑같다는 게 믿어지지 않는다. 소음 중 일부는 아마도 귀신을 쫓는 목적인 것 같다.

짐꾼과 아이들이 테이트 양의 집 마당에서 공연을 하고 우리에게 복을 빌어 주었다. 춤을 추고 북을 치며 괴상한 옷을 입고 머리를 흔들어 댔다. 설날에는 서로의 집을 방문하고 푸짐한 음식을 대접했다. 나를 찾아온 유일한 방문객은 테이트 양의 요리사였는데 밝은 청색의 두루마기를 입은 모습이 멋있었고 잘 어울렸다.

오늘 오후에 처음으로 치아 치료를 했다. 환자를 위해 더 숙련된 치료가 필요했는데 그 점이 아쉽다. 계속 이런 식이면 차라리 사역을 그만두는 게 낫겠다 싶었다. 치통에 시달리던 해리슨 의료선교사가 찾아왔었다. 이를 뽑아달라고 했는데, 나름대로 신중하게 시도했지만, 그러나 아아, 치아는 뽑히는 대신에 깨져버렸다. 하지만 다행히도 통증은 멈췄고, 나는 해리슨 씨가 이 일로 더 이상 아프지 않기를 바라고만 있다.

1898년 1월 24일

테이트 선교사 가족이 오늘 새 집으로 이사를 갔다. 새 집은 훨씬 멀어서 나는 이전보다 혼자 있는 시간이 많아졌다. 그들이 가까이 있을 때가 그립고 앞으로 더 외로울 것 같다. 심지어 식욕마저 줄어들었다. 하지만 나에게는 더 잘된 일이다. 이번 기회에 나와 함께 하시는 하나님을 더 깊이 경험하고 혼자 사는 것의 두려움에서 벗어나야겠다. 다만 나를 도와줄 현지인 여성과 함께 지낼 수 있으면 좋겠다. 곧 그렇게 될 것 같다. 지난 며칠 낮 시간 동안 나와 함께 머물렀던 여성은 지난주에 병에 걸렸다. 그녀가 다시 올 수 있을지 잘 모르겠다.

1898년 2월 1일 / 전주 / 전주선교부 / 첫 번째 세례

1892년에 미국남장로교 선교부에서 개척 선교사로 파송된 7명의 선교사 일행이 조선에 도착했다. 그들은 서울 본부에서 지내는 동안 조선말을 배우면서 선교부 개설에 적합하고 영구적인 장소를 물색했다. 조선장로교위원회는 남장로교가 사역할 지역을 조선의 서남쪽에 위치한 전라도와 충청도로 지정했다.

첫 번째 방문은 전주의 전령에 의해 이루어졌고 그런 후에 때때로 이 지역을 순회했으며 1893년 가을에는 테이트 선교사와 전킨 선교사가 전주에 2주간 머물렀다. 레이놀즈 선교사도 앞서 서울에서 전주로 현지인 그리스도인을 보내 집을 구입한 후 그 집에 머물렀는데, 거기서 현지 사람들에게 성경을 가르치기 시작했다. 그 집은 지금 우리의 예배 장소로 쓰이고 있고 우리는 이곳을 교회라 부르고 있다. 한 달 만에 서울로 돌아온 테이트 선교사는 다시금 전주로 내려가 두 달간 머물렀고 다음해

유진 벨, 해리슨 선교사 전도여행(1898년)

봄에는 테이트 선교사 남매가 현지인 그리스도인과 함께 내려가서 1894년 5월까지 머물렀다. 그러다 이 지역에 동학혁명이 일어나자 미국인 선교사들은 전부 서울로 호출됐다.

다수의 미국인 선교사들이 서울에 모이자 수백 명의 사람들이 파란 눈과 노란 머리카락의 외국인들을 보겠다며 몰려왔다. 조선 사람들은 모두 검은 머리카락과 눈동자를 가지고 있어서 그들의 큰 호기심의 대상이 되었다.

이 시기에 드류 의료선교사와 레이놀즈 선교사는 더 멀리 남쪽으로 전도여행을 하면서 이곳에서 현재 우리가 지내는 선교부 개설을 위한 부지를 정해 허가를 받았다. 레이놀즈 선교사와 테이트 선교사는 1895년 봄에 다시 이곳을 방문했고 테이트 선교사는 다음해 여름에 이사를 와서 정착했다. 1896년 1월에 테이트 양이 현지 그리스도인 여성과 내려왔는데 지난 12월 선교지에서 사진으로 봤던 그 여성이다. 1897년

이른 여름에 의사 해리슨이 선교사로 그들과 합류하고 6월에는 레이놀즈 선교사 부부가 내려왔다. 지난 11월에 마지막 한명이 추가로 도착하고 이제 세 살이 된 볼링 레이놀즈(Bolling Reynold)를 포함해 지금 '우리는 7명'이다.

처음 사역이 시작되었을 때에 많은 사람들이 새로운 종교에 관심을 보였다. 이들은 종교에서 물질적인 무언가를 얻을 수 있지 않을까 하고 기대했지만 이내 그렇지 않다는 것을 알고 나자 많이 떠나갔다. 그들은 아마도 여기 있는 천주교인들로부터 이런 생각을 갖게 됐을지도 모른다. 그들은 우리의 종교와 선교 방식이 천주교와 같을 거라고 생각했다. 우리를 향한 폭력적인 반대는 없었고 이런저런 협박이 있기 했지만 결코 실행하지는 않았다.

예배에 참석하는 사람은 많지 않다. 예배에 오는 사람들은 진리를 열정적으로 탐구하는 사람들일 거라고 믿는다. 남쪽 사람들은 북쪽 사람

호남 최초의 교회인 서문교회

들에 비해 정직하지 못하며 믿을 수 없고 부지런하지 않다는 일부 선교사들의 의견이 있는데 이것은 양쪽과 거래하는 외국 상인들이 갖고 있는 편견이다. 북쪽의 선교 사역, 특히 평양에서의 선교 사역은 매우 큰 결실을 맺었다. 이곳은 사역을 막는 여러 요인들이 있었는데 그 중 하나는 전쟁으로 인해 국가가 불안한 상태라는 것이다. 지난 해 남자들이 여름과 가을 내내 모든 부담을 안고 수고한 집의 건축이 완성되어 새집으로 입주했다. 앞으로 강력한 전도의 시대가 오기를 고대하고 있다.

1897년 봄에 여섯 명의 세례 신청자가 세례를 받았고 눈으로 볼 수 있는 하나님의 교회에 들어왔다. 지난주에는 다섯 명의 신청자가 세례를 받았으나 단 한 명만 입교했고 나머지 네 명은 좀 더 훈련을 받도록 했다. 지난 주일 성찬식에 머리가 하얀 76세 할머니가 세례를 받았는데 인상적이었다. 그녀는 내가 처음으로 본 현지 세례 교인이었다. 그녀의 딸과 손자도 그리스도인이다.

레이놀즈 선교사는 이곳 교회의 담임 목사로 주일 아침에 남성 주일학교를 맡고 있고 남성과 여성 모두를 위한 정기 예배를 인도한다. 레이놀즈 부인은 아침에 집에서 소년 주일학교 맡고 있고 테이트 양은 오후에 교회에서 여성들을 가르친다. 밤에는 우리 모두가 선교부에 모여 우리의 언어로 예배를 드리는 시간을 갖는다. 이것이 우리가 대략 주일을 보내는 방식이다. 교회 내부는 남자와 여자 공간으로 나누어 사용하고 있는데 큰 천이 설교하는 사람이 앉는 자리 가까이에 있는 문을 가로질러 드리워 있다.

우리 교회는 설교단이나 의자가 따로 없고 목사도 교인들과 같이 바닥에 앉는다. 나는 오전과 오후 예배에 모두 참석해 보았는데 우리 예배와는 많은 면에서 다르고 어떤 것들은 이해하기가 어렵다. 그래도 그 안에서 내가 예배를 도울 만한 부분이 있었다. 나는 찬송가를 조화롭게 부르는 일을 도울 수 있다. 조선 사람들은 음악 이론에 대해서는 거의 아는 바가 없지만 모두가 열심히 부르려고 하고 몇몇 사람은 잘 부른다. 찬송가를 잘 아는 사람들은 다른 사람들보다 약간 먼저 부르고 찬송가에 익숙하지 않은 사람들은 한참 늦게 부른다. 지휘자는 찬송가 곡조를 충실하게 유지하려고 애쓰며 적절한 타협점을 찾아 지휘봉을 휘두르지만 아무도 그를 따르지는 않는다.

일부 프랑스인 천주교 신부들은 우리보다 10년 정도 앞서 여기에 왔다. 사실인지 아닌지는 알 수 없지만 2천 명 정도의 교인이 있다고 한다. 남부 지역에 천주교구가 있어 아마 교인들은 꽤 많을 것이다.

1월 22일은 조선의 음력 설이어서 현지 여성들은 그 전부터 며칠 동안 그 날을 위해 새 옷을 만드느라 분주하다. 새 옷을 지을 여유가 있는 사람들은 누구나 새 옷을 입는다. 만약 그렇지 못하다면 최소한 깨끗한 옷을 입어야 한다. 새 옷을 짓거나 새로 빨고 다림질하는 방망이질 소리가 밤낮으로 끊이지 않는다.

음력 설 전날에는 이런 소리들은 사라지고 북을 치고 딱총과 '폭죽'을 쏘며 무엇이든지 요란한 소음을 낼 수 있는 것을 두드리는 소리가 들리기 시작한다. 그들이 요란한 소리를 내느라 들이는 모든 노력에도 불구하고 대도시에서 열리는 축제와 비교할 수는 없다. 일부분은 귀신을 쫓기 위한 것이지만 대부분의 경우는 축하를 위한 행사일 것이다.

우리를 위해 일하는 가마꾼들과 아이들로 구성된 일행이 와서 우리를 위해 '축하 공연'을 했다. 그들은 횃불 옆에서 북을 치고 괴상한 춤을 추며 공연을 하며 우스꽝스런 그림을 보여준다. 불빛은 온 도시를 비추어 평소의 어두운 밤과 상당한 대조를 이룬다. 새해에는, 미국의 대부분도 그렇듯, 남자들은 친구들을 불러 술과 음식을 대접한다.

이 축제는 15일 동안 계속된다. 일은 거의 하지 않고, 빠져들게 하는 여러 가지 운동 시합을 벌인다. 그 중 하나가 보름달이 뜬 밤에 하는 돌싸움이다. 뭐가 재밌는지 알 수 없지만 그들은 언덕을 오르내리면서 서로에게 돌을 던지며 즐거워한다. 어떤 경우에는 심하게 다치거나 죽기까지 하는데 말이다. 그들은 개울가 양편에 두 줄로 늘어서서 서로에게 돌을 던진다. 그리고 한 편이 다른 편에게 항복하거나 양쪽이 멈추기를 동의할 때까지 던지고 피한다. 수많은 관객들은 그들과 함께 이 놀이를 즐기는데 간혹 빗나간 돌을 맞기도 한다. 시합은 처음부터 끝까지 화기애애하다. 많으면 2-3백 명이 이 돌싸움에 참여하기도 하며 때로는 대나무 막대기를 가지고 서로에게 돌격하기도 한다. 만약 이쪽 편에서 누군가가 맞은편의 특정 상대와 대결하고 싶다면 둘이서 단독으로 돌싸움을 벌이는데, 진짜인지 아닌지는 모르지만 여기에서 우리는 한 남자가 죽었다고 들었다.

예전부터 내려온 이런 풍습은 적으로부터 스스로를 방어하기 위해 사람들에게 싸움을 가르치고 용기를 갖게 하려는 것이라고 한다. 내가 글을 쓰고 있는 이 순간에도 한 무리가 이 돌싸움을 벌이며 고성을 지르고 있다. 짐작컨대 그들은 매우 즐거운 시간을 보내는 것 같다.

15일이나 계속되는 휴일 동안 사람들은 호랑이의 날, 뱀의 날과 같이 하루하루마다 동물 이름을 붙인다. 이 각각의 동물은 미신과 관련이 있다. 미국에서는 '성촉절'(2월 2일, 우리의 경칩에 해당함)이 이와 비슷한데 마멋이 겨울잠에서 깨어나는 날이다. 만약 겨울잠에서 깨어난 마멋이 자기 그림자를 볼 경우에 다시 겨울잠에 든다고도 알려져 있다.

15일의 마지막 날은 '대보름'이다. 이 날에는 남자들이 자신의 액운을 쫓기 위한 일종의 희생 제물로 지푸라기를 엮어 인형을 만든 다음 그것을 길가에 놓아둔다. 그 안에는 돈이 들어 있다. 이미 큰 불행을 많이 겪었기 때문에 작은 불행을 또 당하더라도 달라질 게 없는 가난한 사람들이 그것을 주워간다. 그들이 그 지푸라기 인형을 가져가면 그와 더불어 악한 귀신도 함께 따라가게 된다는 주술적 의미가 있다. 그런데 아무도 그 지푸라기 인형을 가져가지 않는다면 어떻게 되는가? 인형을 만든 사람에게 많은 불행이 닥칠 것인데 그럴 경우 도시를 가로지르는 시내에 쌀을 뿌려 귀신을 달래는 의식을 행한다.

조선에서 지내는 새해의 또 다른 특징은 제사인데 가끔은 무덤에서 행해지기도 한다. 많은 무덤들이 이런 이유로 산기슭에 있고 대부분 그 앞쪽에 석판이 놓여 있다. 또한 그들은 집 안에 있는 위패 앞에서 제사를 지낸다. 가끔 여러 사람이 무덤으로 가서 특이한 방법으로 애도를 하는데 우리는 밤까지 그 소리를 종종 듣는다. 혼령을 위해 묘비 앞 석판 위에 음식을 차려 놓지만 정작 먹는 사람은 그들 자신이다. 혼령들이 이것을 어떻게 생각할지 상상해 보라.

오랫동안 어둠 속을 헤매며 스스로도 이해하지 못하는 것을 숭배하게 하는 대신, 하나님은 사람들이 구원의 기쁜 소식을 깨닫고 마음으로 받아들일 수 있게 복음을 허락하셨다. 사람들은 예수 그리스도 안에 계시된 진리에 이르는 지식으로 구원에 이를 수 있다. 이 민족을 위해 기도해 주기를 바란다.

1898년 2월 5일

오늘은 이곳의 새해 연휴 15일 중 마지막 날이다. 이제 현지인들이 밤마다 격정적으로 벌이는 돌싸움과 온갖 축제로 인한 소음이 그칠 것이다. 어젯밤에 레이놀즈 선교사가 나의 한글 실력을 점검한 후에 잘 배우고 있다며 격려해 주었다. 내 실력은 작은 언덕을 넘는 정도였는데 다행스럽게도 나의 무지가 다 드러나지 않았다. 나를 도와주는 여성은 이번 주부터 낮 시간에 나와 함께 지낸다. 나는 그녀를 '할머니'라 부르는데 그녀는 너무 작고 연약해 보인다. 그래도 집에선 꽤 편안하게 지낸다. 테이트 양은 홍역에 걸렸다가 이제는 차츰 회복을 하는 중이다. 그녀를 제외하면 나머지 사람들은 모두 잘 지내고 있다.

1898년 2월 12일 / 첫 번째 진료비

나의 어학 선생이 일주일 전에 서울로 올라가 한 달 이상 이곳을 떠나 있게 되었다. 그래서 지금은 '교재 공부'는 줄이고 더 많은 왕진 회화를 해야 한다. 레이놀즈 선교사는 매일 1시간 이상 친절하게 나를 가르쳐 주었고 어떤 때는 해리슨 의료선교사와 공부하기도 한다. 이번 주에는 테이트 양과 자주 전도를 나가고 있다. 오늘 오후에는 여기서 2킬로미터 떨어진 마을에 레이놀즈 선교사와 아내인 볼링 선교사와 함께 다녀왔다.

며칠 전에 한 여성 환자의 귀에 있는 상당한 양의 귀지를 제거해 줬는데 고맙다며 달걀 한 꾸러미를 선물로 가져왔다. 나는 그 달걀을 테이트 양에게 이곳 시세에 맞춰 미화 3센트에 팔았다. 이것이 나의 첫 번째 진료 수입이다. 소리를 잘 듣게 된 이 여성은 꽤 성품이 좋은 편이어서 앞으로 친구로 잘 지낼 수 있기를 바란다. 그녀를 따라온 열 살쯤 되는 소녀는 나를 보자 겁을 먹고 도망을 쳤다. 소녀는 도시에 살지 않아 외국인을 처음 봐서 그럴 것이다.

어제 저녁에는 전주 선교부에서 나를 초대해 만찬 대접을 받았다. 그들과 함께 즐거운 저녁 시간을 보냈다.

1898년 3월 1일 / 조선의 가정 방문

어학 선생이 서울로 올라가 자리를 비웠기 때문에 이전에 테이트 선교사와 함께 현지인들을 방문할 때보다 나만의 시간을 더 많이 가지고 있다.

내가 이렇게 말한다고 해서 어쩌면 당신은 내가 현지인들의 집에 들어가서 꽤나 깊은 친분관계를 맺을 수 있을 것으로 상상할 것이다. 그렇지 않다. 지금 우리가 찾아가는 사람들은 이 도시에서 고작 4백 명에 불과한 양반이라 불리는 상류층도 아니고 다수를 차지하는 중산층도 아니라는 것이다. 복음은 처음에는 낮고 가난한 집으로 들어가고 그 중에서도 여성들 사이에서 좁은 길을 발견한다. 높은 계층의 여성들은 은둔과도 같은 삶을 살기 때문에 거의 마주칠 수 없는 반면 낮은 계층의 여성들은 거의 매일 우리에게로 온다.

조선 사람들의 집에 들어갈 때 주의할 점이 있다. 신발을 벗어야 한다는 점이다. 조선 사람들은 실내에서 신발을 신지 않지만 우리는 그렇지 않다. 그들은 실내에서도 신발을 신고 지내는 우리를 보며 지저분한 사람들이라고 생각할 정도다. 그렇기에 고무 덧신을 준비해야 한다. 자, 그럼 어떻게 해야 하는가? 당신이 만약 그들의 집에 들어간다면 모든 사람들이 신발 벗기를 원할테니, 신발에 미리 고무 덧신을 신는 게 좋다. 고무 덧신을 신고 있다가 실내로 들어갈 때 벗는다면 당신이 신고 있는 다른 신발은 실내용이라고 생각해 당신의 명성에 어떤 흠집도 가지 않게 될 것이다.

도시가 있는 언덕 아래로 내려가면 지나가게 되는 첫 번째 거리의 한 집에 우리가 아는 그리스도인 여성이 산다. 그녀는 우리를 만날 때마다 반가워한다. 하지만 그녀의 남편은 우리와 만나는 것을 못마땅하게 여길 뿐만 아니라 교회도 가지 못하게 한다. 그녀의 시어머니는 그녀가 남편 말에 복종하는지 줄곧 감시할 정도라고 한다. 그것은 그녀가 겪는 많은 고통과 시련 중 하나일 뿐이다. 평소에도 그녀는 남편의 구타와 시어머니의 매정한 취급을 일상으로 당한다. 고통과 시련은 그녀에게 낯선 일이 아니다.

그녀는 이 모든 것을 인내로 견디면서 항상 밝고 긍정적으로 살아간다. 세상이 주지 못하고 빼앗아 갈 수 없는 그리스도인의 삶에서 평화와

군산 여학교 전킨 선교사의 부인 메리 레이번 선교사와 여학생들

행복을 찾는다. 다정하고 조용한 그녀는 매일 그리스도를 만난다. 우리는 그녀의 남편과 시어머니가 그녀의 삶으로부터 영향을 받아 더 나은 길을 찾기를 희망한다. 그녀의 사랑스러운 생후 18개월 된 딸은 우리와 마루에서 놀며 우리를 전혀 겁내지 않는다. 그녀의 시어머니는 우리에게는 상냥하게 대하고 가끔 교회에도 나오는데 이 여성이 무슨 이유로 며느리에게 그런 행동을 하는지 우리는 알 수 없다.

어제 볼링 선교사와 테이트 양과 함께 한 여성의 집으로 갔다. 그녀는 아버지 없이 두 딸을 홀로 키우고 있다. 올해 여섯 살이 된 큰 딸은 나를 무척 좋아한다. 아이는 홍역을 앓고 있었고 상태가 매우 좋지 않았다. 아이의 엄마가 없어 우리는 집 안으로 들어가지 않고 할머니와 딸이 살고 있는 다른 집으로 갔다.

가는 도중에 본 집들은 비슷하게 생겼다. 대부분은 진흙으로 쌓은 담을 둘러놓아 밖에서 집 내부나 방 안을 들여다볼 수 없게 했다. 갈대나 덤불로 울타리를 두른 집도 많다. 그런 경우에도 집 앞이나 방 앞에 갈대나 대나무로 발을 내려 사생활에 신경을 썼다. 집의 좁은 마당에는 넓적한 돌로 쌓고 뚜껑을 덮지 않은 얕은 우물이 있고 그 옆에는 쌀 등을 씻는 데 사용하는 다양한 종류의 질그릇들이 놓여 있다.

우리는 집 앞에서 안에 들어가도 좋은지 물었다. 마침 그 집의 딸이 인근 개울가에서 막 빨래한 옷을 마당에 널고 있었다. 할머니는 마루에 앉아 머리를 빗다가 우리를 맞이했다. 그녀는 우리가 보는 앞에서 조선식 나무 빗으로 머리를 부드럽게 빗어 정확하게 반으로 가르마를 타고 머리카락에 기름을 발라 윤기가 나게 하는 것을 직접 시연해 주었다.

딸이 곧 안으로 들어왔고 이웃 사람들도 우리가 거기에 있는 것을 알고 찾아왔다. 딸은 남편에게 버림을 받고 친정으로 와서 할머니와 함께 살고 있었다.

조선말에 익숙하지 않은 우리는 대화의 상당 부분을 이해하지 못했지만 그럼에도 상대방이 말할 때 흥미 있게 듣고 있는 것처럼 행동했다. 그러면서 이따금 우리가 귀기울여 듣고 있다는 점을 보이기 위해 고개를 끄덕이거나 한두 마디를 건넸고 정말 말해야 할 때는 상대방이 잘 알아들을 수 있게 가능한 또박또박 말하려 애썼다. 하지만 테이트 양이 몇 마디를 하고 상대방이 잘 알아듣지 못하자 몇 번을 반복해서 말했지만 결국 소용이 없다는 걸 알았다. 우리는 현지인들이 말하는 것에 귀를 기울이고 발음을 정확하게 흉내냈다고 생각했지만 실제로 효과가 있었는지는 잘 모르겠다. 그들이 우리 말을 제대로 이해했을까? 장담할 수 없다. 우리는 더 오래 머물 수 없었기 때문에 테이트 양이 성경 말씀을 전하고 예배에 오도록 그들을 초대한 후 길을 나섰다.

너무 늦지 않은 시각이라 2킬로미터 정도 떨어진 작은 마을에 우리가 알고 있는 한 가족을 만나러 갔다. 레이놀즈 선교사의 부인인 볼링 선교사는 가마를 타고 우리는 걸어서 언덕을 넘었다. 우리가 작은 마을이나 민가를 지날 때마다 당연하게 일어나는 일이 있다. 집에 있던 남자들은 우리를 뚫어지게 쳐다볼 것이고 아이들은 밖에 나와 그들의 엄마를 부른다. 어서 나와서 저기 지나가는 '저것'을 보라고 재촉한다. 간혹 우리가 아이들에게 조금 가까이 다가가면 아이들은 지레 겁을 먹고 울기도 한다. 그나마 예의 있는 남성이라면 등을 우리 쪽으로 돌리고 우리를 쳐다보지 않지만 그런 경우는 소수다. 대부분의 남자들이 우리를 빤히 쳐다본다. 다행히 우리가 방문할 집의 남성은 점잖은 사람이었다. 그는 우리가 집에 오는 것을 알아차리고 우리가 보이지 않는 곳으로 얼른 자리를 피해 주었다. 집에 있던 여성들은 문 앞으로 나와 우리를 맞아주고 방으로 안내했다.

집은 우리가 방문했던 다른 어떤 곳보다 크고 좋았다. 말하자면 중산층에 속한 집안이었다. 어머니는 우리를 대접하겠다며 식사를 준비하려 했지만 우리는 정중하게 사양했다. 이웃 사람들은 평소처럼 집 안으로 들어오기도 하고 밖에 서 있기도 했으며 모두가 볼링 선교사를 보고 싶어 했다. 우리는 볼링 선교사를 문 쪽으로 이끌고 가서 그들 모두가 볼 수 있게 했다. 그녀는 사람들에게 부드럽게 말을 건넸고 그들은 볼링 선교사에게 곶감과 볶은 콩을 주었다.

이 마을에 사는 사람들은 매우 친절했고 우리가 마을길을 따라 천천히 걸어가자 몇몇 사람들이 자신의 집으로 우리를 초대를 했다. 우리는 새로운 사람들과 교제를 나누고 그 가정에 복음을 전했다.

하지만 우리가 전하는 복음은 그들에게는 너무 생소하고 이상한 이야기였기 때문에 이해하기 힘들어 했다. 일부는 빈정거리기도 하고 몇몇은 "그 이야기를 다시 듣고 싶어요"라고 반응하긴 했는데 우리가 믿는 것처럼 믿는 이들은 적었다.

1898년 3월 14일

마지막으로 기록한 지 거의 한 달이 지났다. 시간은 쏜살같이 흘러가고 이룬 것은 아무것도 없는 것처럼 느껴진다. 레이놀즈 선교사는 지난 몇 주 동안 나에게 언어를 매일 가르쳐줬고 내가 훨씬 더 정확하고 바르게 생각을 정리하고 조선말로 표현할 수 있도록 도와주었다.

최근에는 우리를 찾아온 방문객이 거의 없었다. 내일은 테이트 양과 그녀를 돕는 현지인 여성과 함께 여기에서 35킬로미터 떨어진 마을로 가서 주일을 보낼 예정이다. 테이트 양과 그녀를 돕는 여성은 사람들에게 복음을 전하고 가르칠 예정이고 나는 예화 전도를 하면서 동시에 언어를 더 많이 배우고 연습할 수 있기를 바란다.

1898년 3월 23일

테이트 양과 나는 매우 즐겁고 유익한 주말을 보내고 어제 익산에서 돌아왔다. 사람들도 우리를 만나서 기쁜 듯했고 몇몇은 테이트 양과 그녀를 돕는 여성이 그들에게 들려주는 이야기에 큰 관심을 보였다. 나는 그다지 말을 많이 하지 않았다. 주님께서 그곳에 뿌리신 씨앗이 풍성한 결실을 거둘 수 있도록 복 주시기를 기도한다. 집에 돌아왔더니 내 가구와 책들이 모두 도착해 있었다. 밤이 될 때까지 부지런히 짐을 풀고 정리했더니 너무 피곤하다.

1898년 4월 1일 / 전주 / 전도여행

3월 중순 즈음, 테이트 양과 그녀를 돕는 이 씨 부인과(이 씨 부인이 누구인지 기억해 보시길) 나는 35킬로미터 떨어진 익산으로 전도여행을 갔다. 이곳에서 테이트 선교사도 주일마다 설교를 한다. 익산은 여기만큼 산골은 아니고 넓은 평야와 논이 펼쳐져 있다. 집 한 채만 홀로 있는 경우는 없고 각각 이웃 동네라고 불리는 단위의 마을로 이루어져 있으며 여기 사람들은 논으로 나가 농사를 짓는다. 그 날 우리는 전주 밖으로 나갈 수 있어 즐거웠고 네 명이 드는 가마를 타고 밤이 되기 전에 목적지에 도착했다.

우리가 저녁 식사를 하러 들른 여관집 여자는 온 몸에 매우 심하게 멍이 들어 있었고 잘 걷지도 못했다. 그녀는 넘어져서 생긴 상처라고 했지만 그렇게 해서 생길 수 있는 상처가 아니라는 것은 알 수 있었다. 지난 밤 남편의 폭행에 의해서인지 아니면 우리가 모르는 다른 싸움이 있었는지 알 수는 없었다. 오후 내내 가마꾼들은 더 자주 쉬었고 더 많은 막걸리를 들이켰는데 어쩌면 우리보다 그들의 즐거움이 더 컸을 것이다. 막걸리는 쌀을 발효시켜 만드는 서민의 술이었고 몇 잔 마시면 취하기에 충분했다.

우리 일행이 익산의 한 집 앞에 멈추자 기다렸다는 듯 안에서 한 무리의 사람들이 나왔다. 모두 한 가족이었고 심지어 모두 세례를 받은 그리스도인이었다. 젊은 아내는 서울에 있는 기독교 학교에서 공부하기도 했다. 아직은 이 가족만이 이 마을의 유일한 그리스도인이지만 열두 명 넘는 사람들이 세례를 받을 예정이므로 곧 이 지역에 교회가 세워질 것 같다. 우리는 가로세로 3미터 가까이 되는 사각형의 방에서 요리하고 먹고 자면서 손님을 맞이하고 설교를 했다. 나는 그다지 적극적인 역할을 맡지 않았다. 내 역할은 현지인들의 말을 듣고 억양을 이해하고 할 수 있는 몇 마디 말을 하는 것이 전부였다.

지금까지는 조선 사람들의 생활을 직접 보고 이해할 기회가 없었다. 잠시 동안이지만 익산에서 현지인 가족과 함께하며 그들의 가정 및 일상생활을 볼 수 있었다. 시어머니인 서 씨 부인은(조선 대부분의 어느 가정에나 시어머니가 있다) 그녀가 이전부터 믿어온 미신을 여전히 포기하지 못하고 있다. 평생 미신과 더불어 그 나이까지 살아온 서 씨 부인이 이것을 포기하는 것은 무척 어려운 일이다.

우리가 그 집에 머무는 동안 젊은 아내는 시어머니 몰래 숨어서 틈틈이 바느질을 했다. 그녀가 들려준 사연은 이랬다. 마을에서 누군가 죽으면 사흘 동안은 아무 일도 할 수 없다고 한다. 물론 이는 시어머니가 미신 때문에 며느리에게 강요한 일이었다. 우리가 그 마을에 있을 때 이웃 남자가 죽었고 그녀의 시어머니는 사흘간 바느질을 못하게 했다. 그녀는 생계를 위해 바느질을 하는 사람이었다. 우리는 그녀에게 잘못된 미신을 따라 행동하지 말고 하던 바느질을 계속하라고 격려했다.

가까이에서 본 그녀의 손가락은 온전치 못했다. 남편이 앓아누웠을 때 손가락을 베어 자신의 피를 먹였다는 것이다. 이런 행위는 여기에서 매우 효과적인 치료법으로 인식되고 있었다. 몇 번이나 자신의 손가락을 베었는지 그녀의 손가락은 보기 흉한 기형이 돼 있었다. 아내와 자식이 병든 남편이나 부모에게 자신의 손가락을 베어 피를 나눠주는 것은 흔하게 있는 조선의 풍습이다.

어느 날 밤 우리는 옆 집에서 들려오는 큰 소리를 듣고 밖으로 나갔다. 장례식 절차에 따라 그들의 방식대로 시신을 산에 매장하기 위해 운구하는 중이었다. 매장은 항상 밤에 이루어졌는데 그것이 내가 본 첫 번째 장례식 장면이었다. 그들은 여러 가지 깃발과 횃불을 들고 시신이 담긴 상여를 뒤따르며 모두 큰 소리로 통곡했다.

시신을 묻고 돌아온 후에는 죽은 사람이 입었던 옷을 불태웠다. 망자의 옷을 입으면 그 혼령이 그들의 몸으로 들어와 죽는다는 미신이 두려움을 일으켜 아무도 그 옷을 입으려 하지 않았다. 대신 옷을 혼령에게 돌려준다는 의미로 옷을 태워버린다. 태우지 않는 경우에도 그 옷을 무당이나 거지에게 준다. 집으로 돌아오는 길에 큰 나무에 여러 벌의 옷을 걸어둔 것도 보았는데 그들은 이 나무에 귀신이 살고 있다고 믿는 것 같았다.

우리가 머문 마을과 이웃 마을의 여인들은 낮 동안, 일부는 밤에 우리를 보러 왔지만 그다지 많이 오지는 않았다. 한 여자는 너무 취해 방에 들어올 수가 없는 상태여서 그녀의 친구가 그녀를 계단에 앉아 있게 했는데 잠시 후 무슨 소리가 나서 밖으로 나가 살펴보니 그녀는 인사불성이 되어 얼굴을 땅에 박고 있었다.

함께 세례를 신청한 사람들 중에 양 씨와 그의 부인이 있다. 그들은 상류층인 양반이었다. 양반인 사람들은 대개는 돈 버는 것에 별 관심이 없으며 살림이 어려울 정도로 가난하다고 해도 그들의 아내가 생계를 위해 일을 할 망정 남자들은 일을 하지 않는다. (중략)

양 씨 부인은 매우 사랑스럽고 아담하고 매력적인 여인이었지만 우리가 전한 복음에는 흥미나 열정을 보이지는 않았다. 그래도 그녀는 저녁 식사에 우리를 초대해 주었다. 우리가 둘러본 그 집의 모든 것이 근사하고 깔끔해 보였고 내가 본 조선 사람 가정 중 가장 좋았다.

주일 아침 테이트 선교사는 자전거를 타고 나가 예비 신자들에게 설교하고 가르친 뒤 저녁에 돌아왔다. 여성 반에는 마을에서 2.5킬로미터 떨어진 곳에 사는 몇몇 양반 출신도 있었다. 그들은 최근 서울에서 온 감리교 신자들로 그곳의 선교사들 중 몇 사람이 우리에게 쓴 소개 편지를 가지고 왔다. 그들과 함께 온 한 나이든 여성은 '그들의 집에서 들었던 좋은 말씀'을 직접 듣고 싶어 왔다고 했다. 심지어 더 자주 듣고 싶다고 하면서 테이트 양이 그녀에게 복음을 전하는 동안 집중해서 들었다.

그녀는 다음날 우리를 집으로 초대했고 테이트 양과 이 씨 부인, 서 씨 부인과 나는 저녁에 그녀의 집을 방문했다.

방문을 마치고 우리가 두 마을 사이에 있는 장터로 갔을 때 남자들이 그리로 지나갈 수 없게 길을 막고 있었다. 하는 수 없이 우리는 다른 장터 거리로 돌아가기 위해 언덕을 빠르게 올랐다. 그러자 이번에는 아이들이 그 쪽으로 뛰어들어 길을 막았고 우리는 다시 원래 길로 돌아가야만 했다. 아이들보다 훨씬 더 많은 남자들 무리가 우리를 따라왔다.

우리의 다급한 처지를 본 한 현지인 신사가 고맙게도 나서 주었다. 그는 서 씨 부인에게 남자들이 우리를 곤란하게 하는 것에 대해 한탄했다. 그는 우리가 다시 큰 길로 들어서자 우리 일행보다 앞서 가면서 남자들 무리를 향해 그들의 무례함을 꾸짖어 물러나도록 했다. 그런 다음 우리에게 가야 하는 방향을 상세히 알려주고 우리와 헤어진 뒤에도 이따금씩 우리가 제대로 가고 있는지 슬쩍슬쩍 뒤를 돌아보았다. 그는 양 씨라고 자신을 소개했으며 지금까지 여기에서 겪어보지 못한 현지인 남성의 친절에 기운이 났다.

당신은 우리가 왜 어떤 자리에서든 남자들과 한 자리에 있지 않고 애써 피하려 하는지 이해하지 못할 것이다. 하지만 조선에서 오래 살지 않아도 그것을 쉽게 이해할 수 있다. 우리 여성 선교사들은 가능한 한 사람들에게 덜 드러나려고 노력하지만 그렇다고 집에만 틀어박혀 있다면 우리의 사역을 완수할 수 없을 것이다. 지혜롭게 방법을 찾아야 한다. 사람들은 머지않아 여자들도 밖에 나갈 수 있고 한 사람으로서 마땅히 존중받아야 함을 점차 알게 될 것이다.

우리의 여정은 계속됐다. 우리가 마을에 들어가 목적지에 다다를 때쯤 여우처럼 생긴 겁이 많은 조선의 강아지들이 한 번도 들어본 적 없는 소리로 짖으며 우리가 온 것을 온 동네에 알렸다. 이곳 강아지들은 항상 최고 경계 태세를 취하다가 우리가 더 가까이 다가서면 재빠르게 도망을 친다.

입구에 들어섰을 때 한 사람이 집에서 나와 우리를 정중히 맞이했고 집 안에는 여러 사람이 우리를 기다리고 있었다. 그들은 우리를 오랜 친구처럼 환영했고 우리가 앉을 수 있게 의자를 내어주었다. 하지만 우리는 친구들보다 높은 곳에 앉기를 원치 않았기에 거절했다. 우리를 맞이했던 사람은 우리가 온 것을 이웃 마을까지 알렸고 곧 우리가 있던 곳은 사람들로 가득해졌다.

그때 한 여성이 집으로 빨리 들어오라는 호출을 받았는데 그녀는 개울에서 빨래를 하는 중이라는 말로 돌아가기를 거부했다. 이 씨 부인이 그녀에게 거짓말을 하면 안 된다고 하자 모두들 소리 내어 웃었다. 호출을 받았을 때 빨래를 하고 있다고 둘러대는 것은 아마도 그녀들이 만들어낸 그들만의 새로운 방법인 듯했다.

예배 후 여성들과 잠시 담소를 나누고 아이들에게 성경 구절이 적힌 카드를 나눠주면서 집으로 가져가 아버지에게 읽어드리라고 한 다음 우리는 그 집을 나왔고 몇몇 친구들이 배웅을 했다. 이제 우리는 마음씨 고운 그녀들과 깊은 사랑에 빠졌다.

마을 밖에 나오자 앞서 만났던 신사 양 씨가 우리를 기다리고 있었다. 우리가 마을에 왔다는 소식을 들은 양 씨가 전처럼 우리를 위해 길을 열어줄 마음으로 나선 것이었다. 우리가 큰 길로 들어섰을 때 역시나 처음 만났던 많은 남자들이 있었고 그 신사는 우리가 지나갈 때까지 그들을 막아 주면서 길을 안내했다.

다음날 아침 우리는 그곳에 더 오래 머물고 싶다는 아쉬움을 안고 마을을 나와 우리의 집으로 향했다.

가마꾼들이 아침 식사를 위해 멈췄을 때 우리 앞에 사람들이 줄을 서서 기다리고 있는 한약방이 있었다. 자연히 홍미가 생긴 나는 안에 들어가 살펴보고 싶어졌다. 그곳에는 약이 든 두툼한 종이봉투가 천장에 매달려 있고 가구의 작은 서랍마다 한약재가 들어 있었다. 이 씨 부인은 한의사에게 나를 내과 의사라고 소개하면서 그곳의 약재들을 보고 싶어 한다고 말했다. 한의사는 말린 뿌리, 열매, 버섯 등이 들어 있는 서랍들을 열어 보여주었다. 약재들의 보관 상태는 훌륭했고 몇 가지는 맛이 괜찮았다. 나는 그에게 약으로 말린 지네나 뱀 등을 쓰는지 물었다. 그는 "그렇소"라고 대답하며 그 중에서도 녹용은 귀한 약재로 간주되며 특히 이끼가 있는 것은 더 그렇다고 했다. 깜박 잊고 그가 쓰는 의료용 기구들에 대해서는 물어보지 못했다. 모든 질병 치료에 사용되는 환자의 몸에 찔러 넣는다는 침을 보았다면 더 좋았을 것이다. 그에게 전문 의학 지식을 어느 학교에서 배웠는지 묻자 그는 "책 한 권"이라고 대답했다. 병명이 한문으로 써 있고 아마도 간단하게 질병과 치료법에 대해 적혀 있는 단 한 권의 책이 그의 도서관 전부였던 것이다. 내가 그 책이 중국 책인지 묻자 조선 사람이 쓴 것이라고 말했다. 그는 지적이고 점잖은 친절한 남자였다. 우리는 그에게 군산에 오면 드류 의료선교사를 방문해 보라고 권유했고 그에게 군산 약도가 그려진 소책자를 주고 다시 여행을 계속했다.

이번에는 가마꾼들이 술을 많이 마시지 않았고 일부는 아예 마시지 않았기 때문에 여행이 순조로웠고 오후 3시에 집에 도착할 수 있었다. 집에 다시 와서 얼마나 좋은지 모른다. 조선식 바닥에서 할 수 있는 모든 자세로 어떻게든 편하게 앉은 것처럼 보이려고 일주일 간 헛된 시도를 한 끝에 의자에 앉는다는 것이 얼마나 큰 호사인지 깨달았다.

지난 겨울은 북 캐롤라이나의 겨울과 크게 다르지 않았다. 그래도 봄은 꽤 더디게 오고 있다. 나는 겨울 동안 비할 데 없이 잘 지냈고 돼지(조선 돼지!)처럼 살이 쪘다. 내 조선에서의 첫 6개월에 대해 하늘에 계신 우리 아버지께 진심으로 감사를 드린다. 무척 행복한 나날이었고 향수병에 대한 생각은 조금도 들지 않았다. 며칠 전 어학 선생이 돌아와서 기뻤다. 그가 없는 동안 너무 편안한 시간을 보내긴 했지만 말이다.

모든 우편물은 스튜어드(E. D. Steward) 선교사가 관리하는 '아시아 조선 제물포'로 보내주시기 바란다. 전주에는 외국 우편물을 받을 우체국이 없고 벨 선교사가 서울로 떠난 후 내 우편물을 챙겨줄 사람이 없어 다른 방법으로 보내야 한다. 가장 오랫동안 편지가 오지 않았던 기간은 6주였지만 내가 아는 한 분실된 우편물은 하나도 없었다.

1898년 5월 2일 / 전주 / 잔치 / 젓가락 쓰기

얼마 전 현지 그리스도인 집에서 열리는 잔치에 선교부의 숙녀들이 초대를 받았다. 76세 어르신의 생일을 축하하는 자리였는데 얼마 전 언급했던 그 세례를 받은 여성이다.

우리는 그날 아침 식사를 하지 말라는 연락을 받았다. 나는 우리를 초대한 주인이 차린 음식에 대한 기대감으로 가득 차서 그 말을 그대로 따랐다. 하지만 이전에 조선의 잔치를 경험했던 다른 사람들은 나보다 지혜로워서 평소처럼 아침을 먹고 집을 나섰다. 우리는 9시 30분에 그녀의 집에 도착했다. 그녀는 친척, 이웃, 친구들과 함께 분주하게 우리를 위한 식사를 준비하고 있었다. 조선 사람들은 보통 9시나 10시쯤에 아침 식사를 한다.

나는 열려 있는 문 쪽에 자리를 잡고 앉아서 마당이나 마루에서 음식을 준비하는 모습을 흥미롭게 지켜보았다. 보통 부엌에는 식탁이 없고 마루에 다리가 짧은 식탁을 놓고 음식을 차렸다. 미리 준비된 음식들은 작은 놋그릇이나 대접과 접시에 최대한 눌러 담았다. 거의 모든 음식에 고춧가루가 빠짐없이 들어갔는데 조선 사람들은 고춧가루가 넉넉히 들어가지 않은 음식은 맛이 없다고 여긴다.

접시들이 무릎 높이의 작은 식탁 위에 놓이고 커다란 무쇠 솥에서 조리된 쌀밥이 놓인다. 약 1쿼트(1리터) 정도의 놋그릇에 뜨거운 쌀밥을 한가득 담아 놋숟가락으로 퍼 먹는다. 손님 두 명이 식탁을 하나 썼고 밥그릇은 각 사람 앞에 두었지만 다른 음식(반찬)들은 함께 먹는다. 현지인 친구들은 예의 바르게 젓가락으로 모든 것을 집어 먹는데 젓가락으로 집어 먹는 방식은 식욕을 더욱 돋운다. 누구나 예외없이 작은 삽처럼 평평하게 생긴 놋숟가락과 놋쇠나 나무로 만든 젓가락 한 쌍으로 식사를 해야 한다.

이 씨 부인이 식사 기도를 한 후 우리는 젓가락을 들고 무슨 맛난 음식이 있는지 살폈다. 젓가락을 사용하기 위해 온 정신을 쏟은 나의 시도는 친구들에게 유쾌하고 큰 웃음을 주었다. 결국 그들은 젓가락 대신 사용할 뾰족한 막대기를 가져다주었지만 나는 나도 젓가락을 능숙하게 다룰 수 있다는 것을 보여주기 위해 끝내 그것을 사용하지 않았다. 음식을 젓가락으로 집으려는 나의 노력은 다행히 성공했다. 하지만 내 입맛이 조선 음식에 충분히 적응하지 못했다는 것을 깨달았다.

밥 주변에는 최소 열 가지의 다른 음식이 있었다. 순무 볶음, 작은 해조류, 순무 김치는 충분히 먹을 만했다. 기름에 볶은 다양한 종류의 맛있는 다진 고기와 말로 표현하기 어려운 맛의 말린 생선, 젤리 같은 '묵'과 삶은 콩나물이 있었다. 소금이나 버터, 그레이비소스 없이 밥을 먹는 것에 익숙하지 않았지만 나는 많이 남기지 않도록 노력했다. 나는 젓가락으로 힘들게 집어 온 음식을 알고 지내는 현지인 이웃에게 슬쩍 건네주었고 그녀는 나를 위해 대신 먹는 것을 즐거워했다. 내 이런 행동은 마치 이웃들과 음식을 나누어 먹는 조선식 예의범절을 이미 알고 있는 것처럼 보여서 처음으로 사람들의 이목을 끌게 되었다. 전에는 알지 못했는데 이런 관습을 배우게 되어 기뻤고 그 식사 자리에서 나에게 음식 나누기는 절실하게 필요한 일이었다.

이날 이후로, 고춧가루가 많이 들어가서 절대 환영할 수 없는 두려운 음식도 있었지만, 현지 음식을 몇 차례 더 경험하면서 나는 젓가락을 훨씬 능숙하게 다룰 수 있게 됐다. 최근에도 한 여성이 나를 집으로 초대했는데 그녀는 내가 배가 고플까 봐 걱정했지만 나는 이전의 경험에 비추어 출발하기 전에 미리 식사를 든든히 해두었기에 그리 힘들지 않았다.

감기에 걸린 한 여인이 재채기를 하고 나서 "저리 가, 저리 가"라고 외쳤다. 그녀에게 누구에게 소리치는 것인지 묻자 그녀는 재채기가 나올 때마다 감기 귀신에게 물러가라고 외친다고 했다. 그녀는 이웃 친구네 집도 귀신에 시달린다고 했다. 그 집에 아이가 열 명 있었지만, 귀신 때문에 앓다가 여덟이 죽었다고 했다. 무당이 귀신을 잡아서 병에 넣어 땅에 묻은 후에야 비로소 남은 두 아이를 살릴 수 있었고 그 후로는 한 번도 아픈 적이 없다고 했다. 이 씨 부인은 "진리가 여기 있습니다. 여기에 복된 말씀이 있습니다"라고 말한 뒤 그녀에게 복음을 전했다.

집으로 돌아오는 길에 한 집에 형형색색의 질은 술이 달린 두 개의 하얀 천이 걸려 나부끼는 것을 보았다. 그것은 천연두라는 고귀한 손님 귀신이 왔다는 표시였다. 그러니 사람들에게 병문안을 오지 말라거나, 다른 병이 있는 사람도 집에 들어오지 말라는 경고의 표시이기도 했다. 그들은 천연두를 '손님'이라고 불렀다. 그러므로 아이의 몸에 들어간 천연두 귀신을 매우 정중하게 대해야 한다고 믿었다. 그들은 귀신 앞에 절을 하면서 참 곱다라고 말하면 귀신이 아이에게 심한 흉터를 남기지 않을 거라고 말했다. 마침 이 귀신이 활동할 시기가 되었기에 나로서는 곧 충분한 경험을 할 수 있을 것 같다.

우리가 지나가는 다른 집에선 익숙한 요란한 소리가 흘러나왔다. 귀신을 쫓기 위해 북을 치며 굿을 하는 중이었고 우리는 그 집에 천연두 환자가 아닌 다른 환자가 있다는 것을 알았다. 이곳 사람들의 믿음에 따르면 거의 모든 질병은 귀신이 사람 몸으로 들어와 생기는 것이었다. 그러므로 치료법은 큰 소리를 내고 귀신에게 제사를 드려 환자의 몸에서 내보내는 것이었다. 굿을 지내던 무당이 그 집에서 우리가 가족 중 누군가에게 빌려준 성경책을 발견하고 그것이 병의 원인이라고 단정했다. 물론 우리는 성경책을 즉시 돌려받았고 환자의 병은 나았다.

나로서는 아직 필요한 약품도 준비된 것이 없고 진료 장소도 마땅치 않으며 의료사역을 감당할 만큼 조선말도 능숙하지 못해 도저히 거절할 수 없는 환자의 치료를 제외하고는 어떤 진료 사역도 하지 못했다. 내가 제대로 의사로서 사람들에게 인정을 받은 경우는 한 여인의 묵은 귀지를 제거해 주었을 때다. 청력을 거의 회복한 그녀는 매우 고마워하며 며칠 후 선물로 달걀 한 꾸러미를 들고 찾아왔다. 달걀은 열 개 단위를 짚으로 엮어 마치 꼬투리에 들은 완두콩 같았는데 들고 다니기 매우 좋은 방법이었다. 깨질 염려가 없어 장작처럼 팔 한 가득 안고 가거나 소에 실어 나를 수도 있다. 어쨌든 나는 나의 첫 진료비인 선물을 받아 시세대로 테이트 양에게 팔았는데 미국 돈으로 3센트 정도였다.

그녀는 열 살 정도의 어린 손녀와 함께 왔다. 나는 아이에게 잠깐 말을 건넨 후에 아이에게 줄 그림 카드를 가지러 일어났다. 그 순간 아이는 기다렸다는 듯 집 밖으로 뛰쳐나갔다. 그 가여운 어린 소녀에게 나는 생전 처음으로 마주친 서양 사람이었다. 생김새가 희한한 여성이 자기 눈앞에서 알아듣지도 못할 괴음을 냈으니 그녀가 겁에 질려 산 아래로 내달린 것도 이상한 일은 아니다. 나는 할머니에게 선물로 그림 카드를 주면서 놀라게 해서 미안하다는 말을 꼭 전해 달라고 했다. 그 후로 아이를 몇 차례 더 만날 기회가 있었고, 이제 아이는 나를 두려워하지 않는다. 나를 볼 때마다 수줍게 웃는다. 며칠 후에는 할머니가 앞을 잘 보지 못한다는 자기 친구를 데려왔는데 도와주지 못했다. 노화에 의해 '눈이 보이지 않는, 내가 치료할 수 없는' 증상 외에 다른 질환은 없었기 때문이다.

복음을 전하거나 의료 사역을 제대로 하려면 사람들을 지금보다 더 자주 그리고 많이 만나야 하는데, 우리를 집으로 초대하는 사람은 거의 없고 대부분은 우리가 오는 것도 원치 않았다. 우리를 자기 집으로 초대한 사람은 이웃에게 조롱을 당했고, 우리를 구경하러 몰려든 군중들로 집 주인들을 힘들게 했다. 그나마 우리가 묵고 있는 집 인근의 이웃들은 우리를 간혹 초대하지만, 전주성 안에 사는 사람들은 조금의 틈도 보이지 않는다.

우리를 구경하려는 사람들은 주일을 제외하면 일주일 내내 특히 오후 시간에 몰려든다. 한 무리의 사람들이 우리를 구경하러 오면 그들이 갈 때까지 다른 구경꾼 무리가 밖에서 기다린다. 구경하러 몰려드는 무리는 끊이지 않는다. 기다리고 구경하고 기다렸다가 구경하는 사람들이 계속 이어진다. 그나마 오전에는 구경꾼이 없어서 어학 선생과 한글 공부를 하며 시간을 보낼 수 있다.

아직 조선의 여러 관습에 익숙하지 않은 나는 특별히 여성들이 입는 의복을 이해하는 데 어려움이 있다. 그들이 옷을 입는 방식을 보면 어떤 계층에 속했는지 알 수 있다는 것이다. 그들이 입은 옷은 대체로 오래되어 닳고 해진 부위를 여러 번 기운 표시가 난다. 그들은 위아래로 꽤 여러 벌의 옷을 겹쳐 입는다. 왜 그렇게 입는지, 무슨 용도인지는 잘 모른다. 소재는 흰 무명천(순면), 밝은 볏짚 색의 옷이나 명주(실크)다. 젊은 여성들은 다양한 색상의 윗도리 겉옷을 입고 때로는 고급스러운 파란색 치마를 입는다. 춤을 추는 여인들은 보통 명주옷을 입는데 대체적으로 고급스러운 색감이지만 간혹 너무 두드러져서 오히려 거부감이 들었다. 하지만 대다수는 순백색의 옷을 입었고, 적어도 위아래 중 한 가지는 순백색의 옷을 입는다.

여성들은 발목까지 덮는 바지를 입고 그 위에 치마를 둘러 다발처럼 짧게 올려 입는다. 바깥의 치마는 그냥 놔두면 너무 길게 드리워서 앞치마 같았고 몸 전체를 한바퀴 두르는 방식이어서 한 쪽은 길게 트여 있었다. 이 치마를 겨드랑이 아래쪽까지 올려 몸에 둘렀고, 치마는 짧아질 때까지 다양한 방법으로 끈에 말아 넣어 위에 언급한 것처럼 독특한 다발 모양이 되었다. 이 치마를 입는 방법에 따라 계층이 나뉘었다. 하층민 여성은 한 방향으로 말아 올리고 양반집 여성들은 다른 방향으로 올린다. 이 옷들은 모두 약 15센티미터 너비의 천으로 바느질했으며 끈으로 묶어 맸다. '저고리'라고 부르는 상의는 겨드랑이 바로 아래까지 올 정도로 짧으며 치마의 끈과 이어지는 것처럼 보인다. 나이 든 여성들은 허리까지 오는 훨씬 더 긴 저고리를 입었고 나한테는 그게 훨씬 나아 보였다. 흰 버선을 신으면 외출용 복장의 완성이다. 도시와 달리 이곳에서는 머리 위로 녹색 겉옷을 덮지 않았다. (중략)

손빨래를 하고 햇볕에 바짝 건조한 옷의 주름을 없애기 위해 다듬이질을 한다. 길고 납작한 돌 위에 옷을 놓고 둥근 막대기로 두드리는 것이다. 한참 다듬이질을 하고 나면 주름졌던 옷이 어느새 새것처럼 아름다운 윤기가 난다.

비가 오는 날에는 나막신을 신고 평소에는 가죽신이나 짚신, 끈이 있는 미투리를 신는다. 물론 집에 들어갈 때마다 벗기 쉽도록 모두 낮고 굽이 없다. 가죽신은 보통 흰색으로 배 모양이고 이곳에서 가장 좋은 신발로 간주된다. 짚신은 내구성이 떨어지지만 한 켤레에 3-4센트 정도로 저렴하다는 장점이 있다. 이번 여름에 한 켤레에 10센트 정도하는 짚신보다 좋고 튼튼하다는 미투리를 신어볼 생각이지만 그다지 편할 것 같지는 않다.

1898년 5월 31일 / 생일

내가 마지막으로 기록한 것이 3월이었다는 사실에 놀랐다. 정신없이 시간을 보내느라 기록할 여유가 없었다. 하지만 내 생일 만은 알리지 않고 그냥 보낼 수 없다. 5월 31일. 내 서른한 번째 생일이다! 인생의 중요한 순간들이 얼마나 빠르게 지나가는지! 우리의 여정이 언제 끝나고 우리의 사역이 어떻게 마무리될지, 영원히 미완으로 남게 될지, 작년 나의 생일 이후로 1년간 너무 많은 게 변하고 빠르게 흘러갔다. 그 때는 볼티모어였지만 지금은 조선에 있다. 그것 말고도 주변 모든 환경이 달라졌다. 눈에 보이는 모든 것이 변했지만, 신실한 약속 가운데 영원히 변치 않으시는 그분 안에 살 수 있음에 감사드린다. 주님이 내 곁에 계시지 않고 주님이 주신 약속이 없다면 이곳에서의 삶은 외로움과 적막함으로만 설명할 수 있을 뿐이다. 아버지, 제 곁에서 매순간 도우시고 당신의 모든 약속으로 보장하시니 광야 같은 이땅 한가운데서도 제가 안식을 경험할 수 있습니다. 제 믿음이 흔들리거나 약해지거나 기쁨이 사그라지지 않도록 신실함으로 붙드소서. 제가 살아낸 지난 1년보다 더욱 주님과 친밀해지는 올 한해가 되게 하소서.

레이놀즈 선교사 가족은 4월 1일에 서울로 갔다가 5월 1일에 돌아왔다. 볼링 선교사는 돌아오자마자 성홍열을 앓았지만 레이놀즈 선교사와 함께 있어 그나마 다행이다. 하지만 레이놀즈 선교사도 온전치는 않다. 그는 얼마 전에 류마티즘을 앓았다가 빠르게 회복되었지만 지금 또 이질에 걸려 고생하고 있다. 그의 건강이 염려되기는 하지만 곧 회복되리라 믿는다.

최근에 환자들이 많이 찾아왔다. 하지만 나는 그들을 치료할 준비가 되어 있지 않았다. 이것은 나에게 상당한 시험이다. 약 두 달 전에 턱이 탈구된 여성이 찾아왔다. 마취를 하지 않고 치료를 할 수가 없어서 테이트 양의 도움을 받아 클로로포름을 썼고 턱은 원상태로 복구됐다. 전주에서 처음 시행한 마취 시술이어서 당연히 결과를 걱정을 했는데 성공적이어서 너무 감사했다.

1898년 6월 2일

어제 테이트 선교사 남매와 나는 1.5킬로미터 떨어진 산에 올라갔다. 그곳에 나들이객을 위해 만들어진 조선식 정자에서 쉬며 즐겁고 유쾌한 하루를 만끽하고 상쾌해진 마음으로 돌아왔다. 오늘 두 신사, 해리슨 의료선교사와 레이놀즈 선교사는 자전거를 타고 서울로 떠났다. 해리슨 의료선교사는 결혼식에 참석할 것이고 레이놀즈 선교사는 성경번역위원회의 사역을 위해 한 달간 서울에 머무를 것이다.

테이트 양, 맥커첸, 해리슨, 잉골드 선교사

1898년 7월 1일 / 전주 / 지게로 나르는 돈

이곳에서 쓰이는 돈을 그 무게나 조악한 것으로 가치를 매긴다면 조선 사람들은 큰 부자가 되었을 것이다. 이곳 화폐는 동전이다. 우리네 25센트 크기이고 구리로 만들어졌다. 어떤 방식으로 제작되는지 크기가 고르지 못하고 다른 것보다 작거나 큰 것들이 있다.

조선말로 작은 동전 하나를 '한 푼'이라고 하고 10푼이 '한 돈'의 가치를 가진다. 10돈이나 100푼은 '한 냥'과 같다. 이 동전은 가운데에 새끼줄로 꿸 수 있게 정사각형 모양의 구멍이 나있다. 100개 이상의 동전은 한 줄로 꿰어 세기 쉽게 100개마다 매듭을 짓는다. 한 푼은 미국통화로 약 1/10 센트의 가치를 가지기 때문에 1냥이나 100푼을 환산하면 10센트다. 5달러는 여기 돈으로 5,000푼이 되는데 이것은 남자가 있는 힘껏 들어야 하는 무게다.

여기에서 쇼핑을 하려면 돈을 '짊어지고' 나서야 한다. 말그대로 돈을 싸서 들고 다녀야 하고 지갑은 사용할 엄두를 못낸다. 우리가 여기서 쇼핑을 하지 않는 이유다. 그래도 중요한 거래가 있을 때는 지게로 돈을 나르기 위해 짐꾼을 고용한다. 이럴 때는 지갑 대신 돈을 보관할 넉넉한 크기의 튼튼한 궤짝이 필요하다.

현지인들은 그들의 돈이 무겁고 불편하다는 것을 모른다. 심지어 더 높은 액면가의 동전이 있다는 것을 아무도 모르는 것 같다. 몇 년 전 조선 정부에서 5푼, 25푼, 100푼, 그리고 500푼에 해당하는 새로운 동전을 발행했다. 항구나 서울 및 그 주변에서 사용되고 있지만 여기 전주에서는 한 번도 본 적이 없다.

서울에서는 일본 돈을 더 많이 사용한다. 은화로 제작되어 '엔'이라 부르는 작은 동전이다. 우리 돈은 서울에 있는 일본 은행에 예금되어 있고 필요할 때 은화로 인출한다. 우리는 이곳에서 환전하는데 어려움을 겪고 있으며 일본인을 통하거나 물건을 사러 서울로 올라가는 이 지역 상인에게 환전을 부탁한다. 1엔은 500푼과 바꿀 수 있다. 그러나 여기에서 환전을 하려면 1엔을 420푼 정도 밖에 안 쳐준다. 그 은화를 서울에 가져가서 환전하면 500푼이 되기에 환전상들은 이런 식으로 이익을 남긴다. 80푼의 손해가 아까워 굳이 서울에서 환전하려면 오히려 왕복 교통비가 추가되므로 여기에서 환전하는 것보다 손해가 크다.

앞서 말한 대로 우리는 여기서 쇼핑할 기회가 그리 많지 않고 필요한 것 대부분을 현지인을 보내 대리 구매하게 한다. 외국인들이 뭔가를 직접 사려고 하면 값을 시세보다 2배 또는 3배 비싸게 받기 때문이다. 조선 사람은 그들이 자주 쓰는 관용 표현에 따르면 엄청난 대식가여야 한다. 그들은 종종 "귀를 먹는다"고 말하고 무언가를 바르게 하려고 할 때 "좋은 마음을 먹는다"고 한다. 마찬가지로 그들은 '돈을 먹는' 탁월한 능력도 있다. 만약 당신의 하인에게 어떤 물건을 사오라고 하고 돈을 맡기면 그 중 일부를 '먹는' 것은 일상적인 관행이다.

여기는 5일마다 어김없이 시장이 서는데 이를 '장날'이라고 한다. 그날은 상인들이 물건을 가져와 펼쳐놓고 장사를 한다. 사람들은 저마다 닭, 달걀, 숯, 나무, 바구니, 울타리, 목재, 소 그리고 모든 종류의 곡식들을 등에 지거나 머리에 이거나 소에 싣고 나와 하루 종일 장사한다. 장터에는 짚으로 헛간 같은 공간을 만들어 햇볕과 비를 피할 수 있게 한다. 그날 다 팔지 못하면 남은 것은 집에 가지고 가거나 다음날 열리는 다른 마을의 장터에 가지고 간다.

장터는 한곳에만 열리는 것이 아니다. 근처 다섯 마을에서 번갈아가며 서로 다른 '장날'이 열리므로 상인들은 매일 물건을 팔 수 있는 셈이다. 그리고 5일째 되는 날 첫 번째 마을로 가서 다시 물건을 펼쳐놓는다. 나무, 종이, 신발 등과 같은 필수품들은 굳이 장날이 아니어도 아무 때나 살 수 있지만 그 이외의 것들은 대부분 장날에만 살 수 있다. 나는 이곳 장터에 실제로 가보지 않아서 말할 수 있는 것이 많지 않다.

여기서 가장 유용한 재료 중 하나는 짚이다. 이곳의 많은 물건들이 짚으로 만들어졌다는 것이 놀랍다. 조선 가옥 지붕의 90퍼센트는 짚으로 엮은 지붕으로 돼 있는 것 같다. 모든 일꾼들은 거의 언제나 짚신을 신고 다닌다. 외국인이라면 결코 생각지도 못할 다양한 방법으로 현지인들은 밧줄을 사용하는데 이것 또한 짚으로 만든다. 달걀들도 짚으로 묶어서 시장에 팔려 나온다. 집 안팎에서 곡식을 말리는 등의 다양한 용도로 쓰이는 멍석도 짚으로 만든다. 곡식을 담는 가마니와 다양한 크기의 바구니도 같은 소재로 만든다. 시내를 건너는 다리도 커다란 돌이 아닌 자갈과 흙을 넣은 짚 가마니를 쌓아 올려 만든다.

대나무는 또 다른 유용한 재료인데 대나무로 정말 예쁜 바구니와 발을 만든다. 가장 일반적으로 남자들이 쓰고 다니는 갓도 실처럼 가늘게 쪼갠 대나무로 만든다. 봄에는 죽순을 요리해 음식으로 먹는다. 내가 살고 있는 집은 거의 대나무로 둘러싸여 있어 죽순이 자라는 것을 보면 신기하고 재미있다. 대나무는 빠르게 위로 자라는데 다 자라면 지름이 커진다. 3미터 또는 6미터까지 잎이 나지 않은 상태에서 날씬한 줄기가 곧장 높이높이 자란다. 그것은 잎이 벗겨진 옥수수 대와 많이 닮았다. 줄기가 다 자라면 가지와 잎이 나와서 제법 우아한 모습을 갖춘다.

미국 노스캐롤라이나 록힐에서 큰 화재가 발생해 많은 피해가 있었다는 소식을 읽고 가슴이 아팠다. 우리나라가 겪고 있는 끔찍한 고통에 관한 글을 읽으면 슬픔이 몰려온다. 모든 상황 속에서 주권자로 임재하시는 능력의 주님께서 이 어려움을 해결해 주시길 간절히 기도드린다.

1898년 7월 18일

미국을 떠나기 전에 보냈던 마지막 날들이 이제는 기념일로 다가온다. 1년 전 오늘 밤에 록 힐에서 마지막 송별 예배가 있었고 나는 하나님 안에서 한 백성된 이들의 기도와 축복 속에 선교의 첫 발을 내딛었다. 그 기도와 축복은 이후에 닥쳐온 모든 형편과 시련을 견딜 수 있게 했다. 그들도 그날에 드린 이곳 사역과 사역자들을 위한 기도를 기억할 것이라 확신한다.

레이놀즈 선교사는 마가복음 번역을 위해 서울에서 6주 동안 머물렀다가 이틀 전에 돌아왔다. 지난주부터 날씨가 너무 덥다. 우리 모두가 기운이 빠지는데 특히 테이트 양과 볼링 선교사, 내가 더 그렇다. 그래서 거의 한 주 동안 어학공부나 다른 일을 많이 할 수 없었다. 언제쯤 다시 시원한 날들이 찾아올지, 꽤 오랫동안 이 더위가 계속될까 봐 걱정이다. 며칠 전까지 기분이 좋았는데 무더위 때문에 갑자기 내 자신이 무너지는 것에 놀랐다.

1898년 7월 23일

친구들과 친지들에게 마지막 작별 인사를 하고 조선으로의 여정을 시작한 게 1년 전 오늘이다.

어제 우리 모두는 이른 아침부터 남고산성에 올라가 거기서 하루를 보냈다. 내내 불어오는 산들바람 덕분에 모두에게 심신 회복의 시간이 됐을 것이다. 하지만 오늘 오후에는 몸이 무겁다. 어제 하루종일 바깥 나들이를 한 후유증인 듯하다. 나의 몸상태가 이곳 환경에 제대로 적응하지 못하고 있는 것 같다.

1898년 8월 1일 / 조선에서 여름 나기 / 아무짝에도 쓸모없는 인간

사람을 무기력하게 만드는 동양의 태양은 나에게 좋지 않은 영향을 미쳐 최근에는 편지조차도 거의 쓸 수가 없었다. 나는 이곳에서 맞는 첫 번째 여름에 적응하지 못하고 있다. 온도계만 보면 록힐의 여름과 크게 차이가 없기 때문에 그렇게 더운 것은 아니라지만 그래도 이곳 여름은 다르다. 습한 대기는 묘하게 사람에게 영향을 미쳐 모든 에너지, 식욕, 힘, 의지를 빼앗아간다. 이에 적응하지 못한 외국인을 아무짝에도 쓸모가 없는 인간으로 만들어버린다. 현지인 노인이 말했다. "저런! 다들 첫 번째 여름에는 그렇게 고생을 하지요." 이 말은 내게 작은 위로가 되었고 내년 여름은 조금 수월하게 보낼 수 있겠다는 희망이 생겼다.

조선의 장마철에 대해 들어봤을 것이다. 올해는 장마가 빨리 시작됐는데 보통 6월에는 3주 정도 매일 비를 퍼붓는다. 시냇물은 넘쳐흐르고 다리는 떠내려가 버리는데(사람들은 매년 유실될 것을 예상하고 다시 다리를 놓는다) 반면에 논 주인들은 논에 물이 가득 차기 때문에 이 시기를 좋아한다.

조선에서는 이런 날씨에 집을 건조하게 하려고 불을 때는데 그러면 사람이 오븐 속에서 구워지는 것과 같고 그러지 않으면 집안 곳곳에 곰팡이가 피어난다. 나는 두 재앙 중에서 후자를 선택했더니 벽이 푸른곰팡이로 덮이고 벽과 바닥에서 수년 간 쌓인 악취들이 괴로울 정도로 새어나왔다. 그제야 뒤늦게 불을 때기 시작했지만 결국 방은 포기해야 했다. 나는 집안일을 도와주는 여성에게 집을 맡겨두고 나왔다. 지금 나는 다른 이의 집에 머물고 있다.

이곳에서 경험할 수 없는 서양식 집의 안락함과 신선한 공기를 떠올릴 때마다 현지인 집에 대한 불만이 커진다. 평소에도 그렇지만 장마철이면 더욱 힘들어지는 불편한 구조물에서는 아무 것도 할 수 없기 때문이다. 피할 수만 있다면 뭐라도 해야 한다는 확신이 들 정도다.

3주 동안 이어진 우기 끝에 2주 동안 가장 격렬한 햇볕이 모든 것을 말려버리고 다시 더 많은 비가 온다. 이번 달은 몇 주 동안 이럴 것이다.

이 시기에 조선 사람들이 논에서 잡초를 뽑는 굉장히 흥미로운 장면을 볼 수 있다. 아랫마을 논에서는 20여 명의 남자들이 부지런히 일을 한다. 처음에 그들은 논 가장자리에서 용이 그려진 큰 깃발을 들었다. 용은 조선 문화에서 중요한 의미를 가지는 상상의 동물이다. 큰 깃발 옆에는 두 개의 작은 깃발이 있는데 이 두 깃발의 용도를 알아보려고 했지만 아무도 모르는 것 같았다. 그들은 비의 신에게 여기에 있는 논에 충분한 양의 비를 내려 풍년이 들게 해달라고 신호를 보내는 것으로 보였다.

각각 다른 종류의 악기를 든 4-5명의 남성들이 음악을 연주하면 활력을 북돋는 음악 소리에 맞춰 농부들은 논 사이를 일렬로 나아가며 잡초를 뽑는다. 이곳에서 쌀은 매우 귀한 식량이기 때문에 그 광경을 바라보던 나도 논의 곡식들이 잘 자라 풍년이 들기를 희망했다.

농부들의 수고에도 불구하고 많은 쌀이 일본인에 의해 나라 밖으로 밀수출되어 나간다. 일년 내내 농사를 지은 농부는 물론 조선 사람들은 정작 쌀을 구하기가 쉽지 않다. 백성들은 굶어 죽느니 어떤 값을 치르더라도 쌀을 사겠다고 하기도 하는데 그러면 그들은 대량의 쌀을 소유하고 있는 부자와 관리들의 손안에 있게 되는 것이다.

무더운 여름철에는 방문객의 수가 거의 없다시피 한다. 마찬가지로 우리도 그들을 방문할 수가 없다. 여름은 우리 모두가 어느 정도 쉬어 가는 계절이다. 마을에 환자가 많이 발생할 수 있고 나는 효과 좋은 약들을 구비하고 있다. 너무나 비위생적인 환경에서 살고 있으니 그들이 아픈 것은 놀라운 일이 아니고, 그렇게 걸린 많은 병을 또 이렇게 약만으로 성공적으로 치료할 수 있다는 것이 더 놀라운 일이다.

물리적인 형편상 많은 질병이 발생하는 것은 그렇다고 하더라도 더 불쌍한 것은 그들이 앓고 있는 영적이고 도덕적인 질병이다. 몸이 아프면 병이 있다는 것을 알게 되고 치료법을 찾는데 이들은 영혼에 병이 들었지만 걱정하지 않는다. 그들은 귀신이나 부처를 숭배하는 것으로 평안을 찾는다. 그들은 우리가 전하는 새로운 신앙을 궁금해 하거나 받아들이려 하지 않으며 조상으로부터 물려받은 종교를 포기할 마음이 없다. 그들의 마음 문이 열려 예수 그리스도의 구원을 받아들일 수 있도록 기도를 부탁한다.

한 나라가 다른 나라와 전쟁을 벌이는 것은 끔찍한 일이다. 수천의 생명이 희생되고 수천의 집이 부서지고 그 결과는 전쟁을 겪는 사람들에게 치명적으로 따라온다. 마음속 깊이 슬픔이 몰려온다. 의인이 필요하다면 누군가 기꺼이 희생을 치를 수 있어야 한다.

여기 우리가 잊어서는 안 되는 또 다른 전쟁이 있다. 사탄과 죄의 견고한 진을 파하는, 영적 어두움에 맞서는 전쟁이다. 적은 우리보다 강하기 때문에 우리는 우리 자신의 힘만으로 싸울 수 없다. 그러나 우리에게는 우리를 공격하는 모든 세력을 합친 것보다 더 강력한 사령관이 있다. 그분께서는 우리에게 싸울 무기를 주시고 우리와 늘 함께 하겠다고 약속하셨다. 당장은 승리가 매우 먼 것처럼 느껴지더라도 우리는 최종 결과가 어떨지에 대한 약속을 소유하고 있다. 그러므로 두려워하거나 좌절하지 않는다.

세상에서 나라와 나라들 사이에 일어나는 전쟁은 어두운 영에게 사로잡힌 사람들을 자유롭게 하는 것에 대한 관심을 사그라들게 만든다. 우리는 눈에 보이지 않는 영적 전쟁에 헌신해야 한다. 비록 우리 생명을 버려야 하는 때가 오더라도 말이다. 하나님께서 우리 모두를, 그리고 군대에 징집되어 간 우리의 사랑하는 이들을 지키시고 보호하시길 기도하자. 그들이 영원한 나라에 들어올 때까지 주께서 마음을 붙드시고 충성되고 진실함을 잃지 않도록 함께하실 것이다.

1898년 8월 5일

또 다른 기념일이다. 1년 전 이 시간에 처음으로 뱃멀미를 겪고 있었다. 나는 지난주부터는 레이놀즈 선교사 부부와 함께 지내고 있는데 몸상태가 많이 나아졌지만 아직 정상은 아니다.

1898년 9월 1일 / 전주

얼마 전 주일에 세례식이 열렸다. 한 명이 세례를 받아 정식 그리스도인이 되었고 두 명의 새신자도 교리문답 교육을 받았다. 현지인 가운데 새로운 신자가 탄생하는 것은 다른 무엇보다 우리를 기쁘게 하고 용기를 주는 일이다. 이제 우리 교회의 현지인 신자는 9명이다.

현지인들은 그들에게 재정적 이득이나 혜택을 가져다주지 않는 한 뭔가를 받아들이는 것에 소극적이다. 그들은 우리의 초대를 받아 참석한 모임에서 처음엔 관심을 보이지만 금전적인 이익은 없고 손해를 입을 가능성을 인지하고 나면 쉽게 포기하곤 한다.

얼마 전에도 그런 경우가 있었다. 주일 아침에 한 여성이 성경을 읽어 보고 싶다며 나는 찾아왔다. 나는 그녀가 복음에 관심 있어 하는 것 같아 교회로 데려갔다. 그녀는 오후에 있는 여성 예배에 참석했다. 나는 테이트 양에게 이 여성이 예수님을 곧 믿을 것 같다고 했다. 그러자 테이트 양은 그녀가 나에게 오기 전에 자신을 먼저 찾아왔고, 교회에 나오면 돈이나 음식을 준다는 말을 들었다며 자신이 찾아온 목적을 은근히 드러냈었다고 했다. 그녀는 테이트 양이 자신이 기대하는 바에 확실한 거절 의사를 밝히자 이내 모든 관심을 잃었고 화를 냈다.

테이트 양은 그녀에게 오해하고 있다며 차근차근 설명했다. 물론 그녀가 수긍했는지는 모르겠다. 테이트 양에게 복음을 전해 듣고 전도책자를 받아간 다음날 그 여성은 책을 가지고 다시 왔다. 이 책은 다 읽었으며 다른 책도 읽고 싶다고 했다. 그러면서 나와 함께 살고 싶다는 의사를 표시했다. 나는 안 된다고 말하고 돌려보내야 했다. 조만간 우리는 그녀를 또 만나게 될 것이다. 이어지는 만남을 통해, 그녀가 금전적인 이득 때문이 아니라 자신을 향한 큰 선물인 구원의 복음을 받아들이고 그로 인한 충만한 삶을 살 수 있기를 바란다. 평생 무속과 미신을 믿고 살아온 사람들이 어느날 갑자기 복음을 듣고 영적인 하나님 나라를 이해한다는 것은 어려운 일이다. 사람들이 우리가 예상하지 못한 반응을 보인다고 해도 그것은 이상한 일이 아니다.

내가 글을 쓰고 있는 지금, 우리 집에 같이 사는 할머니, 딸 그리고 두 아이가 있는 네 명의 가족의 모습을 여러분이 볼 수 있었으면 좋겠다. 아침 식사를 하는 중이다. 제법 큰 바가지에는 쌀에 콩을 섞어 지은 따뜻한 밥이 한가득 담겨 있다. 반찬은 식사 때마다 빠지지 않는 '김치'가 있고 민물게를 갈아서 만든 요리도 있다.

며칠 전 대퇴골두가 탈구된 여덟 살 된 아이가 나에게 왔는데 탈골된 지 한 달이 지났다고 했다. 클로로포름을 써서 수술은 성공적으로 마쳤다. 환자의 상태를 며칠 지켜볼 필요가 있었지만 아직 진료실이 준비되지 않아서 나의 집에 머무르라고 했다. 하지만 환자를 여기서 지내게 하려면 가족 전부를 데리고 있어야 한다는 의미다. 안 그래도 좁은 집이 더 비좁아지겠지만 이렇게 불편을 감수하는 것이 나름 유익한 부분도 있다. 복음을 알지 못하는 가족 한 사람 한 사람을 대면하여 가까워질 기회를 만들 수 있고 더 나아가 복음을 전하고 성경을 가르칠 수 있는 기회도 바라볼 수 있기 때문이다.

수술은 다른 어떤 방면의 사역보다 사람들에게 긍정적인 인상과 평판을 얻게 해준다. 의료사역의 장점은 그들 스스로 자기 눈으로 효과를 확인할 수 있다는 것이다. 최근의 경우를 예로 들면, 심하게 화상을 입은 팔에 구운 생선을 붙이는 한방 치료를 받은 여인이 찾아왔다. 상처는 이미 감염되어 상태가 나빴다. 처음 그녀에게 화상 치료를 시작할 때만 해도 내가 자기를 다치게 할까 봐 얼굴에 두려움이 가득했다. 상처가 회복되면서 그녀의 표정도 차츰 달라졌다. 이내 나를 믿고 있다는 시선을 보냈고 상처가 완전히 나았을 때 그녀는 내게 연신 고마워했다. 그녀는 자기에게 자녀가 너무 많으니 열 살 된 아들을 내게 선물로 주겠다고 제안했다. 내가 그 아들을 잘 키우고 가르칠 수 있을 거라 희망하면서. 내가 그녀의 진심이 담긴 선물을 거절했음은 말할 필요도 없다. 대신에 나는 그 아들이 성경학교에 오는 것을 허락해 주면 살아가는 데 도움이 되는 좋은 것을 많이 가르칠 수 있을 거라고 제안했다.

일주일 이상 비가 오지 않았다. 길고도 길었던 우기가 끝난 것이다. 무엇보다 반가운 건 습기에 찌들어 곰팡이가 피고 냄새가 진동하는 집을 바짝 말려버릴 수 있다는 점이다. 선교부 연례 회의가 이달 중순에 여기서 열릴 예정이다. 선교부 회원 모두가 한 자리에 모일 수 있어 잔뜩 기대하고 있다. 나를 포함한 우리 모두가 큰 기쁨으로 함께하는 유익하고 축복된 자리가 되었으면 한다.

1898년 9월 8일

이달 5일에 집으로 돌아왔다. 흔히 말하는 '스윗홈'은 아니지만 그래도 나의 '집'에 돌아와서 기뻤다. 외지에서의 힘든 시간이 끝났다는 사실에 기분이 훨씬 좋아졌다. 한글 공부는 이달 1일부터 다시 시작했다.

1898년 9월 15일

또 다른 일주년 기념일이다. 일 년 전 오늘 조선에 첫발을 디뎠다. 지난 한 해 동안 나와 동행하신 주님은 정말 선하고 신실하신 분이셨다. 반면에 나는 주님을 위해서 행한 것이 거의 없다. 호기심을 안고 시도때도 없이 들이닥치는 이곳 사람들로 인해 얼마나 자주 참을성 없게 짜증을 냈는지 모른다. 복음에 대해 무지하여 자신의 실상을 깨닫지 못하는 그들과 나 사이의 차이점은 오직 하나님의 은혜뿐이라는 걸 문득문득 잊게 된다. 그러니 앞으로도 내게 정말 절실한 건 주님의 도우심뿐이다. 주께서 나와 함께하심을 잊지 않을 때 나는 조금 더 나아질 수 있을 것이다. 그리고 바란다면 이곳에서 주님의 이름으로 나의 선한 것들을 드릴 수 있을 것이다. 그것이 나의 생명이라 하더라도.

오늘부터 이틀간 열리는 선교부 연례 회의 참석을 위해 해리슨 의료선교사 부부와 드류 의료선교사가 왔다. 우리 모두가 이곳에서 어떻게 한 걸음 더 지혜롭게 나아갈 수 있을지 뜻과 마음의 일치를 이룬다면 그 열매는 풍성할 것이라 믿는다. 드류 의료선교사 부인과 벨 선교사 부부가 우리와 함께 하지 못한 것에 모두들 아쉬워했다. 전킨 선교사 부부는 선교부 연례 회의 기간을 포함하면 일주일 정도 머물렀는데 그들과 함께 보내는 시간은 정말 즐거웠다.

1898년 9월 15일 / 전주 / 1897년 - 1898년 연례 보고서 / 첫 번째 보고서

선교 사역 계획에 따르면, 내가 조선에 도착해 1년이 되는 시점에 나의 보고서를 작성하게 되어 있다. 막 1년이 지난 지금, 한 해를 돌아보고 받은 축복과 성과를 다시 세어보기에 적당한 때인 것 같다.

낯선 외국의 사역지에서 보내는 첫 1년은 가장 힘든 시기라고 생각한다. 머나먼 이국 땅에 살면서 어느덧 고향과의 연결고리는 끊어졌지만 마음속에는 여전히 그곳에서의 풍성하고 행복한 기억들이 생생하다.

아침에 눈을 뜰 때마다 이곳의 풍경이 고국과 너무 다르다는 걸 새삼 느끼고, 사람들의 생활 방식과 관습은 어쩌면 우리와 정반대다. 언어를 배우는 것도 무척이나 어려운데, 예상치 못한 순간에도 불쑥 나를 긴장케 하는 이들과의 만남은 내가 정말 이상한 나라에서 이상한 사람들 사이에 살고 있다는 후유증을 앓게 한다. 그러나 다 이상한 것은 아니다. 여기 현지인들과 같은 땅에서 살아가는, 나와 다르지 않은 소수의 이방인들은 하나님 안에서 부르심을 받아 한 가족이 된 사람들이다. 그들은 내가 무엇 때문에 힘들어하는지 잘 알기에 긍휼한 마음으로 선교 초년생에게 부족함 없는 친절을 베푼다. 그들은 약하디 약한 나를 보며 틀림없이 자신들의 첫 1년을 떠올렸을 것이다. 그랬기에 그들은 변함없는 너그러움과 관대함으로 나를 받아줄 수 있었을 것이다. 어쩌면 나의 부족한 모습이 향수병 탓이라고 생각했을지 모르겠다. 하지만 나의 부족함은 꼭 향수병 때문만은 아니다.

11월 3일에는 새로 마련된 나의 집으로 거처를 옮겼다. 감사하게 이곳에서도 나는 테이트 양의 변함없는 보살핌과 보호를 받았다. 그동안 테이트 양은 나를 위해 자신의 비좁은 초가집을 나눠 쓰게 해주면서도 싫은 내색을 한번도 하지 않았다. 하지만 말하지 않더라도 그것은 누구나 알 수 있는 분명한 사실이었다. 6주 전에 레이놀즈 선교사 부부가 새집으로 이사 가고 레이놀즈 선교사와 테이트 양의 도움으로 그 집을 수리한 후에 나는 이사를 했다. 그 집에서 비교적 편안하게 겨울을 보냈는데 처음에는 혼자서 지내다 나중에는 신뢰할 수 있는 현지인 여성과 함께 지냈다.

첫 해에 선교부의 지침에 따라 내가 해야 할 주된 일은 언어 공부였다. 현지인 어학 선생이 서울에서부터 나와 같이 내려와 겨울 동안 오전과 오후에 공부했다. 그러다 봄이 되면서 나를 '구경' 오는 여성들이 많아졌다. 그래서 오전에는 어학 공부를 하고 오후에는 찾아오는 사람들을 만나 대화를 나누려 노력했지만 여전히 서툴렀고 그들에게 많은 복음을 전하지는 못했다. 그들은 발음조차 잘 안 되는 내 말을 듣고 어땠는지 모르지만 나로서는 현지인 앞에서 듣고 말하는 연습을 한다고 생각하니 나름대로 유익한 시간이었고 그 덕분에 나를 찾아오는 모든 여성들의 얼굴을 익힐 수 있었다. 나에게는 언어를 배운다는 것이 무척 어렵다. 조선말 습득을 위해 제작된 스코트 선교사의 안내서, 언더우드 선교사의 문법책, 베어드 여사의 소책자가 있었지만 따라가기가 벅찼다. 어학 선생과는 함께 마가복음을 네 번, 교리문답을 두 번 읽었고 주기도문과 다른 짧은 기도문 및 몇몇 성경 구절을 한글로 외웠다. 어학 선생이 봄에 한 달간 자리를 비웠고 그 기간에 레이놀즈 선교사가 나를 친절하게 가르쳐 주었다. 그는 유능한 선생님이다.

선교사 중 한 명이 나의 더딘 언어 학습과정을 격려라도 하듯 이렇게 말했다. "어느 시기가 되면 더 이상 공부해도 조선말이 늘지 않는 시기가 옵니다. 하지만 포기하지만 않으면 언젠가 그 단계를 지나 학습 속도가 빨라질 겁니다. 어디서 어떻게 익혔는지 모를 정도로 단어와 문장을 구사하는 자신을 발견하게 될 거예요." 나는 이미 오래 전에 그 첫 번째 단계에 이르렀다. 그리고 간절하게 그 다음 단계를 기대하고 있지만 아직까지 어떤 성장 징후도 보이지 않는다. 어학 선생에게 열심히 배우며 가능한 모든 것을 공부한다고 생각했지만 이곳 여성들의 말과 표현을 알아듣지 못하고 있다. 그래도 언젠가는 나아지겠지, 언젠가는 이해할 수 있겠지 하는 희망을 품고 더 열심히 노력할 것이다.

3월에는 테이트 양과 한 주간 전도여행을 했다. 현지인들이 그들의 가정에서, 일터에서 어떻게 살아가는지 조금은 알게 됐다. 테이트 양이 여정 내내 동행해 준 덕분에 대략 4-50곳의 가정을 방문했다.

나는 지난 선교부 연례 회의에서 의료사역과 관련해 합의된 제안에 따라 사역을 해야 한다. 하지만 이곳에서 행해진 대부분의 의료사역은 단순한 수준에 지나지 않는다. 가령 우리 개척 선교사들이 걸린 홍역 치료와 다른 선교사의 충치를 뽑는 것이었는데, 심지어 이런 단순 사례조차 현지인들에게는 여건상 시행하기가 어렵다.

한 해 동안 치료받은 환자의 수를 정확하게 기록하지 않았지만 치료받기를 원한 사람은 대략 100명 정도다. 그러나 약이 많지 않았고 치료할 장소도 마땅치 않아서 이들 모두를 받아줄 수 없었다. 외과적인 처치가 필요한 경우가 몇 번 있었는데 대부분 뜨거운 물에 의한 화상이었다. 마취가 필요할 때는 매번 테이트 양의 도움을 받았다. 마을로 왕진을 간 경우는 8번인데 이때도 테이트 양은 나와 동행해 주었다.

현지인 여성 및 어린이들과 함께 한 테이트 선교사

선교부 자산 중에 테이트 양이 관리하는 오래된 한옥이 있는데 이곳이 진료소로 적당하다. 이른 봄에 주문한 약이 도착하면 나는 이곳에서 매일 정기적인 진료를 시작할 수 있다. 진료비를 감당할 수 있는 환자들에게는 진료비를 받고, 약값으로는 17냥을 받을 예정이다. 의료사역의 전망은 무엇보다 희망적이지만 남성 환자들을 상대하기 위해서는 남성 의사가 필요하다. 나는 하루속히 남성 의료선교사의 투입을 요청하는 바다.

7월 중순 쯤부터 무덥고 습한 날씨에 적응하는 과정이 불쾌감을 넘어 고통으로 다가왔다. 거진 6주 동안 몸이 힘들었던 탓에 침대에 누울 정도는 아니었지만 어학공부뿐만 아니라 아무 일도 할 수가 없었다. 후반에는 아예 몸이 더 힘들어져서 침대에 누워 지내야 할 정도였다. 어학공부를 다시 시작하긴 했지만 이른 아침 겨우 2시간 정도였다.

지난 1년간의 경험에 비추어 그다지 위생적이지 못한 현지인의 집이나 동네에서 오랫동안 지내는 방식은 건강에 도움이 되지 않는다고 확신하기에 이르렀다. 작년에 내가 옮겨가 살 집을 위해 300달러가 책정되었다는 것을 기억하고 있다. 테이트 양과 한 집에 사는 동안 나만의 작은 집을 구상하면서 일상과 어학공부를 어떻게 할지, 식사는 어떻게 해결할지 이런저런 궁리를 했다. 무엇 하나 깔끔하게 해결될 것 같진 않았다. 그렇다고 나에게 허락된 은혜에 감사하지 않는 건 아니다. 오히려 이곳에 정착하기 위한 주거 비용을 미리 반영해 놓은 것에 크게 감사하고 있다. 여러분은 이 모든 것이 나 자신과 선교부 가족만을 위한 것이 아니며, 이후에 계속될 선교사역을 위한 항구적인 발판으로 사용될 수 있다는 점을 알고 있을 것이다. 그런 장기적 관점에서 나는 단지 일상생활을 영위하는 것보다 훨씬 넉넉한 공간을 갖춘 집을 마련할 수 있도록 예산 책정을 요청하는 바다.

내년부터는 오전 시간에 집중해서 언어 공부를 하고 오후 시간에는 진료에 집중할 계획이다. 환자들이 읽거나 구매할 수 있도록 복음서와 교리문답서 그리고 소책자들을 환자 대기실에 비치할 것이다. 또 시간을 내서 현지 그리스도인 여성들을 가르치고 싶다. 아직까지는 나와 같이 공부해 보겠다고 의사를 비친 사람은 없지만 계속 시도해 보려고 한다. 그리고 최대한 많이 환자의 집으로 왕진을 가고 싶다.

나는 환자 치료만 하는 의료사역보다 복음을 가르치는 것도 병행해야 한다고 생각한다. 1년 동안 비록 적은 수의 환자가 찾아왔고 그들을 치료하면서 성경을 가르칠 기회를 모색했는데, 단지 환자가 치료만 받고 돌아가는 것보다 훨씬 더 좋은 반응을 얻었다고 판단한다.

지난 한 해를 돌아보면 하나님께서 이 어두운 땅에 와 있는 내게 감사하게도 큰 은혜를 베풀어 주셨다. 그리고 복음의 일꾼으로 섬기고 일할 수 있도록 기회를 허락하시고 소망과 위로를 주심에 감사를 드린다. 이전보다 더 쓸모가 있고 신실한 의료선교사로 살아갈 수 있도록 신실한 하나님께서 은혜를 베풀어 주시길 기도한다.

1898년 9월 17일

어제 해리슨 선교사의 설교로 예배를 드렸다. 본문은 마태복음 4장 19절 말씀이었다. "나를 따라 오라. 내가 너희를 사람을 낚는 어부가 되게 하리라." 예배와 성찬식을 마친 다음에는 선교부의 일상적인 회의를 했다. 선교부에서 다른 회원들과 함께 하는 회의는 내게 많은 도움이 되고 있고 우리는 우리의 사역을 놓고 기도할 뿐만 아니라 상담도 한다. 특히 드류 의료선교사와 함께 있는 것이 즐거운데 그는 자상할 뿐만 아니라 의료사역과 관련해서 자신이 강구할 수 있는 모든 방법으로 나를 도와준다.

1898년 10월 24일 월요일

10월 4일에 여기를 떠나 테이트 양과 함께 거의 3주 동안 시골 전도여행을 다녀왔다. 반열 마을(오늘의 율촌리)을 우리의 본부로 삼고 약 6.6킬로미터 반경 안에 있는 몇 마을을 방문했다. 비록 많은 무리의 사람들은 만나지 못했지만 테이트 양은 기회가 생길 때마다 한 번에 보통 20분이나 그 이상 말씀을 전했다. 나름 기대를 안고 여행 중에 사용할 약 한 상자를 가져갔는데 환자는 거의 없었다. 지난 목요일에는 테이트 양이 말씀을 전한 곳에서 21킬로미터 더 떨어진 마을에 갔다. 그곳에서 밤을 보내는 동안 뜨거운 방바닥과 나를 환대한 벌레들은 결코 잊지 못할 것이다. 침례교 폴링즈(Paulings) 선교사 가족과 애클스(Miss Ackles) 양이 사는 강경까지 거리는 5킬로미터가 조금 더 된다.

우리는 다음 날 저녁을 그들과 함께 보내면서 귀한 만남의 시간을 가졌다. 짧은 시간이었지만 즐거웠고 토요일 아침 일찍 말을 타고 50킬로미터 떨어진 집으로 돌아왔다. 주께서 이곳에 뿌려진 복음의 씨앗이 열매 맺게 하심으로 그분의 이름이 영광 받으시기를 기도드린다.

1898년 11월 1일 / 전주/ 3주간의 시골 전도여행

앞서도 기록했지만, 선교부 연례 회의를 마친 며칠 후 나는 테이트 양과 이 씨 부인과 함께 시골로 전도여행을 떠났다. 첫 지역은 익산으로 지난 봄에 머물렀던 마을과 같은 곳에서 묵었다. 우리는 걸어서 갈 수 있는 가능한 많은 마을을 방문했다. 특히 예배에 참석하는 남성들의 아내들을 만나려고 했다. 남편들이 자기 아내와 가족에게 기독교 신앙에 대해 가르치는지, 믿음으로 진실하게 살려 애쓰는지 알 수 있는 좋은 기회라고 보았다. 처음 방문한 집에선 아내가 복음에 대해 아는 것이 전혀 없었고 심지어 남편이 예배에 참석하고 있다는 것조차 말하지 않은 것이 분명했다. 남편이 초신자인 다른 가정을 방문했는데 가족에게 뭔가를 가르쳤다는 것을 알게 됐다. 특히 장남이기도 했던 그는 늙고 눈이 보이지 않는 어머니를 전도하지 못해 근심하고 있었다. 그는 어머니에게 몇 권의 기독교 서적과 성경을 읽어주었고 가족뿐만 아니라 다른 이웃들도 그를 통해 복음을 들었다고 한다.

올 여름에 세례를 받기로 예정됐던 한 남성이 소천했다. 그는 신실한 신자였고 자기가 죽거든 기독교 장례식을 치러달라고 부탁했었다. 남편을 잃은 그의 아내 역시 믿음이 신실했고 그리스도인으로 4명의 자녀를 바르게 훈육하고자 하는 마음이 간절했다.

지난봄 서울에서 이사 온 그리스도인 가정이 있다고 말한 것을 기억할 것이다. 최근에 그 가정의 시어머니와 친정 어머니가 연이어 돌아가셨다. 두 사람 모두 그리스도인이었고 믿음 안에서 기쁨으로 하나님의 부르심을 받았다고 한다. 마찬가지로 그리스도인인 그 집의 여성은 소중했던 두 어머니의 죽음과 장례식, 이후의 외로움, 두 사람을 하늘나라에서 다시 만날 것에 대한 소망을 털어놓았으며 나는 그녀의 속 깊은 이야기에 감동을 받았다. 이제 그녀는 마을에서 유일한 그리스도인이다. 아직 그녀의 남편은 신자가 아니지만 우리는 남편에게서 자기도 성경공부를 하겠다는 다짐을 받아냈다. 하지만 그렇게 될지는 모르겠다. 아내가 들려주는 남편의 평소 모습은 하늘에 속한 풍성함보다 이땅의 것에 더 가치를 두는 미국인들과 다르지 않았기 때문이다.

이 마을은 우리가 머무는 곳에서 약 3킬로미터 떨어져 있는데 이번이 세 번째 방문이다. 걸어서 갈 수 있는 다른 여섯 마을 역시 우리가 이미 다녀간 곳이다. 나는 혹 있을지 모를 환자들을 위해 약 상자를 준비해 갔지만 서양인에게 치료받겠다고 나서는 사람은 몇 되지 않았다. 그나마 사람들은 우리가 다시 돌아갈 채비를 할 때쯤에야 약의 효과가 좋다는 사실을 알기 시작했다.

그곳에 교회를 세우겠다며 자기 돈을 들여 집을 산 한 남성이 우리를 찾아왔다. 와서 설교를 해달라고 부탁해 우리는 그곳에서 몇 번 예배를 드렸다. 하지만 몇 번의 예배를 드리는 동안 우리가 직접 대면할 수 있는 여성들을 만나지는 못했다.

만약 복음을 전하러 우리가 걸어서 갈 만한 거리가 아닌 때는 가마를 이용했다. 한 그리스도인 남성의 요청으로 우리는 가마를 타고 이틀 일정으로 어느 마을에 갔다. 마을에 도착했을 때 여성들은 우리를 반기는 것 같았으나 우리를 초대한 남성으로부터 복음에 대해 듣지는 못한 것 같았다. 그래서일까. 그녀들은 말씀을 듣기보다 우리가 입은 옷에 더 관심을 보였고 마치 우리가 무슨 동물이라도 되는 듯 신기해 했다.

우리가 있는 곳에서 침례교 선교사들의 사역지인 강경까지 5킬로미터 밖에 떨어져 있지 않다는 사실을 들었다. 우리는 전도여행의 마지막 밤을 강경에서 보내고 다음날 전주로 출발하기로 했다.

그날 현지인의 집에서 보낸 하룻밤을 결코 잊지 못할 것이다. 방은 그다 작지 않았지만 양쪽 벽면에 놓인 막걸리 항아리와 쌀가마니와 살림살이 때문에 우리 3명이 겨우 누울 공간 밖에 허락되지 않았다. 어디선가 기어 나오는 벌레들은 밤새도록 우리를 괴롭혔다. 거기에 더해, 안 그래도 비좁은데 바닥이 너무 뜨거웠던 탓에 우리는 암갈색으로 변색된 가장 뜨거운 지점을 피해 끊임없이 몸을 돌려야 했다. 다만 이 씨 부인은 이런 환경에 익숙하다는 듯 밤새 숙면을 취했다. 테이트 양과 나는 몸을 이리저리 돌리면서 날이 밝을 때까지 조금씩 구워졌다.

다음 날 아침 우리는 숙소를 제공해 준 여 주인과 친구들에게 인사를 하고 집으로 출발했다. 강경은 군산을 지나가는 약 50킬로미터 길이의 강이 흐르는 아름다운 곳이다. 원래 우리 선교부도 이곳에 지부를 세우려 했었는데 여건이 맞지 않아 그러지 못했다. 50킬로미터 이상 떨어진 전주로 가려면 아침 일찍 서둘러야 했고 가마꾼들이 움직이기 좋은 날씨여서 이른 저녁에 집에 도착할 수 있었다.

전도여행을 하는 동안 날씨는 아름다웠고 여러 사람들을 만나 많은 이야기를 나누었다. 이번 일정을 통해 우리는 추수할 밭의 주인을 위해 풍성한 열매를 맺도록 많은 씨를 뿌렸다고 믿는다. 전도여행에서 돌아온 뒤로는 진료소 개원을 준비하느라 바빴다. 조선에서의 작업 속도는 항상 느린 것은 아니어서 창문만 제외하면 모든 준비를 마쳤고 내일은 유리를 잘라 창문에 끼우려고 한다. 이제는 나를 찾아온 환자들에게 전보다 만족할 만한 의료 사역을 해야 한다.

2부

마티 잉골드의 일기 2

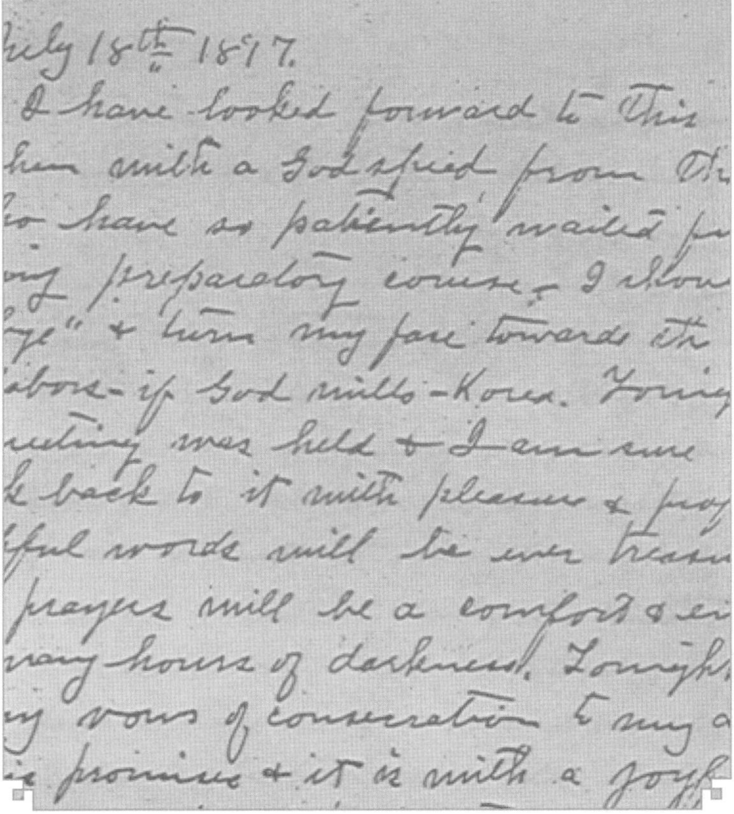
uly 18th 1897.
I have looked forward to this
hen with a God speed from th
ho have so patiently waited f
y preparatory course. I shou
ge" & turn my face towards th
abors - if God wills - Korea. Tonig
eeting was held & I am sure
k back to it with pleasure & pray
ful words will be ever treasu
prayers will be a comfort & e
any hours of darkness. Tonight
y vows of consecration to my a
s promises & it is with a joyf

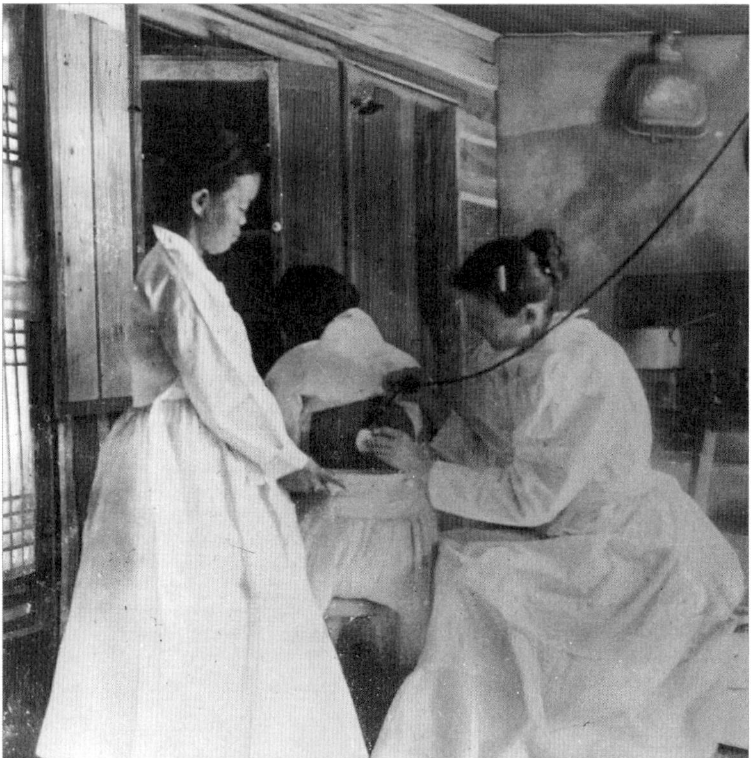
마티 잉골드의 진료 장면(1898년)

4.
한강 이남 최초의 병원, 예수병원

《《 진료소에서 첫 진료를 했다. 오늘은 내가 전주에 도착한 지 딱 1년이 되는 날이다. 전도여행에서 돌아와 진료소 개원을 준비하느라 꽤 분주했던 덕분에 이제 조금 더 만족스러운 여건에서 환자를 진료할 수 있게 되었다. 첫날인데 여섯 명의 환자가 찾아왔다. 시작이 좋다. 》》

1898년 11월 / 첫 번째 입원환자

진료소에서 첫 진료를 마쳤다. 오늘은 내가 전주에 도착한 지 딱 1년이 되는 날이다. 전도여행에서 돌아와 진료소 개원을 준비하느라 꽤 분주했던 덕분에 이제 조금 더 만족스러운 여건에서 환자를 진료할 수 있게 되었다. 첫날인데 여섯 명의 환자가 찾아왔다. 시작이 좋다.

약의 재고가 많지 않아 주문한 약들이 오기 전까지는 진료를 많이 할 수 없을 것 같다. 나를 돕는 여인은 며칠 동안 등에 난 종기 때문에 아파서 꼼짝하지 못하고 있다. 진료소에서 그녀의 도움이 절실한 상황인데 곧 좋아질 것으로 믿는다. 어쨌든 그녀는 진료소에 머물고 있는 나의 첫 번째 '입원환자'다.

1898년 11월 28일

군산에서 일주일을 보내고 막 돌아왔다. 군산의 드류 의료선교사에게 보다 효과적인 처방에 대해 배우고 부족한 약을 얻기 위해 갔는데 그는 친절하게도 많은 도움을 주었다. 해리슨 목사의 아내 데이비스 선교사는 나와의 오랜만의 재회를 무척 반가워했다. 내가 제물포에 머물던 마지막 날 그곳에서 헤어져 한동안 얼굴을 보지 못했던 드류 선교사 부인과 아이들 역시 반가움을 감추지 못했다. 일주일의 일정을 마치고 추수감사절인 지난 24일에 혼자서 돌아왔다. 가까운 거리는 아니었지만 그다지 두렵지 않았고 어두워지기 전에 문제없이 집에 도착했다.

내가 없는 동안 어학 선생이 돌아와 다시 아침마다 한글공부를 시작할 수 있게 되었다. 오후에는 진료소에서 시간을 보내는데 환자는 거의 없다. 그래도 나는 이곳에서 계속 바쁘게 지내야 한다. 오늘은 진료소를 관리하고 나를 도울 새로운 여인과 고용 계약을 맺었다. 그녀가 진료소 업무에 속히 적응하고 나와의 협업에도 내 기대만큼 부응했으면 한다.

예수병원 최초의 진료소와 마티 잉골드

1898년 12월 1일 / 전주

며칠 전 첫 눈이 내렸다. 우리는 다시금 겨울이 왔다는 것을 실감하고 있다. 이곳에서 잡목을 태워 온돌을 덥히는 것은 호사가 아니라 필수다. 날이 추워지면 조선 사람들은 솜옷을 입고 외국인들은 그들 표현 그대로 '양 털옷'을 입는다. 사람들이 진작부터 겨울 난방용으로 풀과 잡목들을 베어낸 산비탈은 안 그래도 휑한데 더 발가벗겨졌다. 어느 집이나 여성들은 겨울내 먹을 '김치'(서양의 피클이라고 생각하면 된다)를 담그느라 분주하다. 그 때문에 우리를 방문하는 사람이 거의 없다. 평소라면 호기심에라도 찾아올 텐데 너무 바쁜 시기여서 우리의 말에 관심을 가질 여유가 없어 보인다. 지금은 전도하기에 적절하지 않은 때다.

레이놀즈 선교사와 테이트 선교사는 익산에서 며칠 머물며 여러 명의 세례문답 신청자들을 심사하고 돌아왔다. 25명이 시험을 치러 그 중 4명이 세례를 받았고 15명은 세례문답을 받았다. 복음 증거를 통해 그곳에서 수확한 또 한번의 결실은 우리 모두에게 큰 위로가 된다.

테이트 양은 가능한 빨리 다시 여성들을 가르치기를 바라고 있다. 그러자면 누군가 그녀와 동행해야 하는데, 이번에 나는 함께하지 못할 것 같다. 그녀와 함께 전도여행을 떠나는 것보다 여기에 남아 11월 3일 문을 연 진료소 일에 매진하는 것이 더 중요하다고 생각한다.

11월 3일은 내가 전주에 도착한 지 딱 1년이 되는 날이었는데 첫날에 6명의 환자가 왔고 그 후 며칠 동안 환자가 없었다. 조선 사람들이 겨울 채비로 매우 바쁜 시기라 하루에 한두 명이 온다. 선교부 연례 회의 이후 재방문한 환자를 포함하여 약 100명을 진료했는데, 이번 겨울은 처음부터 날씨가 좋지 않아 환자가 많이 오지 않을 것 같다. 진료실에는 조선식

방이 2개 마련돼 있다. 하나는 대기실이고 다른 하나는 약국, 진료, 수술을 위한 방이다. 대기실 벽에는 액자로 만든 성경 구절이 걸려 있고 책을 읽을 수 있는 사람들에게 팔거나 무료로 나누어 주는 기독교 책들과 복음서가 있다. 이곳은 모든 사람에게 열려 있다. 굳이 진료를 받으러 온 것이 아니어도 안에 들어와 잠깐 쉬었다 가도 좋다. 만약 그 중에 복음에 관심을 보이는 사람이 있다면 이 씨 부인이 시간을 내어 도울 것이다.

모든 환자는 여백에 번호가 적힌 소책자를 받는데 그것을 순서표로 사용한다. 여기는 글을 읽지 못하는 사람이 많다. 그나마 간혹 가족 중에 글을 아는 사람이 있다. 환자가 너무 위중해 진료소에 올 수 없다면, 내 쪽에서 오기를 원하면 나는 언제든지 환자를 찾아 왕진을 간다.

그러나 의료적 관점에서 치료에 만족하는 사람은 거의 없거나 아예 없다. 의료선교사로서 이곳에서 수행하는 사역은 미약하고 부족함이 많다. 그렇기에 많은 기도로 뒷받침되어야 한다. 질병 치료를 위해 이곳에 오는 사람들의, 죄로 인해 고통을 받는 영과 육을 치료해 주시는 위대한 의사이신 예수님께서 그들을 인도해 주시길 기도한다. 긍휼한 마음으로 우리와 함께 기도해 주기를 여러분께 부탁한다.

나의 어학 선생과 다시 언어 공부에 매진하고 있지만 작년 겨울만큼은 진전이 없는 것 같다. 약을 복용하는 법 같은 간단한 지침에 대해서는 환자와 의사소통이 충분히 가능하지만, 그들이 앓고 있는 질병에 대해 설명하는 것은 전혀 다른 차원이다. 그들은 내가 하는 말을 채 절반도 알아듣지 못한다.

나를 돕는 여인이 성경공부를 하겠다고 어느 날 갑자기 마음을 먹었는데 지금 내 옆에서 주기도문을 열심히 외우고 있다. 그녀는 복음에 관심을 가진 것처럼 보인다. 그녀는 말씀을 들은 후부터 점을 치는 것은 잘못이라는 것을 깨닫고 더 이상 가까이하지 않는다고 했다.

하지만 다른 사람들이 전하는 말은 달랐다. 그녀는 여전히 점을 치고 있고 내가 없을 때에는 나의 집에서도 하고 있다고 알려주었다. 심지어 내가 한두 번 예고 없이 돌아왔을 때 점을 치고 있던 흔적을 보기도 했다. 우리를 슬프게 하는 것 중의 하나는 이곳에 살면 살수록 이 사람들을 더 믿지 못한다는 것이다. 이런 말을 하는 것이 안타깝지만 그들은 너무 쉽게 사람을 속인다. 하지만 하나님 앞에서 우리 자신도 크게 다르지 않을 것이다. "만물보다 거짓되고 심히 부패한 것은 마음이라 누가 능히 이를 알리요 마는"(렘 17:9).

1898년 12월 31일

올해의 마지막 날 밤이다. 방금 여성 찬송가 수업을 마무리했다. 오늘 밤 보여준 그녀들의 실력은 처음에 비하면 많이 발전했다. 그들에게 약간의 음악 기초를 가르쳤을 뿐인데 이렇게 달라질 수 있다니, 힘이 난다.

1899년 1월 2일 / 전주

다사다난했던 한 해가 지나가고 생명책 한 페이지가 새롭게 열렸다. 우리가 수고한 모든 것이 이 책에 기록되어 마지막 심판의 날까지 봉인될 것이다. 한 해의 마지막에 우리가 느끼는 감정은 아쉬움이다. 해야 할 것들을 하지 못했고, 후회할 많은 잘못을 저질렀고, 선을 행할 많은 기회를 놓쳤고, 자기 연민에 빠져 있었기 때문이다. 우리는 과거를 바꿀 수 없다. 그것은 우리 능력 밖의 일이다.

하지만 우리는 과거로부터 배울 수 있다. 장래에 도움이 되는 교훈을 얻을 수 있다. 그 교훈을 염두에 두고 우리 힘이 아니라 주님의 도움으로 달려나간다면 우리는 부르심에 조금 더 합당한 자로 설 수 있을 것이다. 우리를 "왕 같은 제사장"(벧전 2:9)으로 삼으신 주님을 더 신실하게 섬길 수 있을 것이다.

하나님 앞에서 우리가 왕 같은 제사장이라는 말씀은 어떤 의미인가? 그토록 큰 영광이 어떻게 이토록 자격 없는 자들에게 주어질 수 있을까? 오! 그것은 우리 주 예수 그리스도 안에 있는 너비와 길이와 높이와 깊이를 측량할 수 없는 하나님의 사랑이다. 어떤 것도 우리를 그 사랑에서 끊을 수 없고 우리 안에 어떤 죄도 우리를 하나님으로부터 끊을 수 없다. 만일 우리의 마음이 죄를 섬기고 있다면 그분은 그곳에 계시지 않고 그분의 사랑도 그곳에 없을 것이다. 그분은 신실하셔서 자기를 부인하지 않으신다. 110세에 생을 마칠 때까지 그분을 섬겼던 여호수아는 마지막

진료를 기다리는 대기실의 환자들

순간에도 "너희의 하나님 여호와께서 너희에게 말씀하신 모든 선한 말씀이 너희에게 [이루어졌다]"(수 23:15)고 선포했다.

작년에 내가 해야 하는 일 중 하나는 매달 편지를 쓰는 것이었다. 꼭 해야 하는 일이지만 또한 언제나 기쁜 일이었다. 편지를 쓰면서 이 편지가 선하게 사용되기를 늘 기도했다. 한편 이 편지가 얼마나 도움이 될까 늘 궁금하기도 하다. 이 나라 백성들과 이들이 사는 환경, 이들에게 필요한 것들 그리고 여기서 진행되는 우리 사역을 나누는 이 편지가 여러분에게 현실적으로 다가와 이 백성들을 더 가깝게 느끼도록 하고 있을까? 이 척박한 땅에서 살아가는 여러분의 형제와 자매들에 대해 이전보다 더 긍휼한 마음과 관심을 가지게 되었을까? 이 나라가 복음화되고 이 백성이 구원을 얻는 것에 대한 열망이 더 진지해졌을까? 아니면 최근까지 서양에 거의 알려지지 않았던 독특한 사람들에 대한 흥미로운 소식이기만 한 것일까? 만약에 후자라면 그 동안 편지들은 쓸 필요가 없었을 것이고 전자라면 내가 편지를 쓴 목적을 달성한 셈이다. 당신이 마음의 감동을 받아 그리스도께서 이들을 위해 죽으신 것처럼, 당신도 이들의 구원을 위해 하나님께 기도하게 되었다면 나로서는 더할 나위 없는 기쁨이다.

이번에 여기 사역에 관해서는 새로운 소식이 많지 않다. 그나마 알릴 만한 내용은 이것이다. 우리의 작은 교회가 최근에 규모를 확장했다. 교회에는 1.8미터 높이의 칸막이가 있는데 이것으로 남성과 여성의 공간을 나눈다. 인도자가 서는 자리는 열려 있어서 그 자리에서는 양쪽을 동시에 볼 수 있다. 설교자는 의자가 아닌 바닥에 앉는다. 여성들이 이 공간 배치를 반대하는 것 같지는 않고 우리는 이런 배치가 전보다 훨씬 좋다고 생각한다. 이전에는 출입구까지 천으로 가려서 아침 연합 예배 때 설교자를 제대로 볼 수 없었다. 확장을 위한 모든 비용은 주일 헌금으로 충당했고 신자들 중 몇몇은 자발적으로 찾아와서 이 작업을 도왔다.

그리고 해리슨 선교사가 전주 성 안에 정착했다. 다행스럽게도 멋드러진 기와지붕을 갖춘 한옥을 마련했는데 겨울에는 안락하게 지내겠지만 여름에는 그곳에 머물 수는 없을 것이다.

1899년 2월 1일 / 전주

사랑하는 친구들에게, 나는 보통 매달 편지 쓰는 시간이 다가오면 무엇을 쓸지 '생각을 한 다음' 편지를 쓰는데 이번에는 그렇지 못했다. 이제 말할 소재가 떨어졌거나 나의 '생각하는 장치'가 고장난 것 같다.

일하고 공부하는 일상이 너무 오래된 이야기처럼 매일 반복되고 있다. 나는 조선 사람들과 그들의 방식에 너무 익숙해져서 편지를 쓸 만큼 더 이상 특이하거나 흥미로운 것이 없다. 이 말을 하는 것은 내가 이들을 잘 안다는 것을 은연중에 나타내려고 하는 것은 아니다. 그들을 정말 잘 알려면 평생이 걸릴 것이다. 그러나 그들에 대해 이상하다고 생각하거나 어색한 것은 분명히 사라졌다. 1년 전에 너무 괴상하다고 생각했던 것들까지 지금은 꽤 자연스러울 뿐만 아니라 적절하다고 느낀다. 당신은 내가 조선 사람이 다 되어간다고 생각할 수도 있겠다.

모두가 약 10일간 쉬는 새해 준비로 바쁘다. 여자들은 세탁, 다림질, 바느질 등 집안 일로 바빠서 우리를 방문하는 사람도 많지 않고 환자도 많이 오지는 않지만 아무도 오지 않는 날은 거의 없다. 몇 명밖에 오지 않는 날은 오히려 말하기 연습에 좋은 기회가 된다. 조선 사람들이 있든 없든 또는 몇 명만 오든 말하기 공부는 되도록 많이 하려고 한다. 신기한 일은 어른들이 내 말을 한 마디도 이해하지 못하는데 어쩐 일인지 아이들은 잘 알아듣는다는 것이다.

지난 주일에는 성찬식이 있었다. 두 사람이 교리문답 반에서 새로 공부하기로 했으나 세례를 신청한 사람은 없었다.

지난달 15일에 태풍과 지진이 있었다. 먼저 태풍이 불어 해안과 강 주변에 많은 피해를 입힌 다음 저지대로 범람한 물이 많은 주택들을 부쉈고 이로 인해 수백 명의 사람들이 익사했다. 지진으로 인한 피해는 없었지만 현지인들은 이것이 임박한 재앙의 징조라고 여겼다. 그들이 곧 모든 것을 통치하시는 그분을 알게 되기를 기도한다.

1899년 3월 1일 / 전주

15일 간 이어진 새해 대보름 행사들이 막 끝났다. 올해도 어김없이 집집마다 자기 조상에게 제사를 지냈다. 아직 길가에는 짚으로 만든 사람 형상의 인형들이 놓여 있다. 사람들이 자신들의 불행을 다른 누군가가 대신 짊어지고 가길 바라는 소망으로 지푸라기 인형을 만들어 집 밖에 놔두는 풍습의 일환이다. 그것 말고도 눈에 띄는 대보름 행사가 있는데, 귀신들을 대접하고 달래기 위해 음식을 차리는 것이다. 그러면 귀신들이 차린 음식을 배불리 먹고 멀리 떠나가게 만들 수 있다는 것이다. 그리고 가족의 머리카락을 대문 밖에서 불태우는 것도 있는데 그렇게 하면 가족의 두통을 예방할 수 있다고 믿는다. 꽤 많은 인원이 참여하는 올해는 유독 시끄러웠던 대규모 돌싸움도 이제는 멈추었고 모든 것이 다시 차분한 일상으로 돌아왔다.

설 연휴 동안 발길이 끊어졌던 진료소에도 환자가 다시 오기 시작했다. 어제 오후에는 17명을 진료했는데 진료소 개원 이후로 가장 많은 환자가 방문한 날이었다.

진료소와 연관이 깊은 묘지에 대해서 한번 언급을 해야겠다. 여기는 우리가 생각하는 일반적인 묘지와 다르다. 묘지를 쓰지 못하게 되어 있는 도시 쪽 산기슭은 제외하면 어느 산비탈이든 무덤이 빽빽하다. 여기서는 사람이 죽으면 '지관'을 고용한다. 지관은 사람이 죽으면 묻힐 곳을 찾아주는 직업을 가진 사람이다. 그는 여러 매장 후보지 중에서 복을 가져다 줄 좋은 곳을 골라준다. 때때로 돈이 많은 집안이라는 걸 알게 된 지관들은 온갖 이유로 돈을 갈취하려 든다. 시신을 명당에 묻지 않으면 남은 가족에게 불행과 고약한 질병이 찾아온다고 믿는 사람들이기에 좋은 매장지를 구하는 것은 무엇보다 중요하기 때문이다.

상여는 나무로 만들고 화려하게 장식해 상여꾼들이 무덤까지 메고 간다. 시신은 널빤지로 만든 길고 판판한 관에 안치하고 그 위에 빨간색, 노란색, 녹색, 보라색, 파란색을 칠하고 같은 색들로 이뤄진 천으로 묶는다. 무덤은 크고 둥근 산 모양으로 만들고 잔디를 보기 좋게 입힌다. 어떤 것은 지름이 3미터가 되기도 한다. 무덤 앞에는 고인의 혼령에게 제사하기 위해 음식을 차리는 석판을 놓는다.

그 석판 위에 제사 음식들을 차린 다음 아들이 고인에 대한 내용이 적힌 종이를 보고 읽는데 와서 음식을 먹으라고 고인의 혼령을 부르는 것이다. 그런 후 모두가 일제히 "아이고, 아이고"라는 소리를 내면서 통곡하고 애도한다. "아이고, 아이고"라는 소리는 종종 마을길을 가다가 들을 수 있는데 이 소리로 그 집 사람이 죽었거나 큰 병에 걸렸다는 것을 알 수 있다. 무덤에서 통곡이 끝나면 애도하는 사람들이 모여 앉아 혼령이 냄새로 만족한 제단 위의 음식으로 잔치를 벌이거나 집으로 가져가서 먹는다.

돈이 없어 지관을 고용할 수 없고 매장지도 구할 수 없는 가난한 사람들은 시신을 땅에 묻지 못한다. 땅에 말뚝을 박고 그 위에 관을 올려놓은 다음 짚으로 만든 가마니로 관을 덮어 땅에 닿을 정도로 늘어뜨린다. 짚으로 만든 무덤은 높이가 약 1미터 정도다. 이 무덤은 지관을 고용해 땅을 선택하지 않기 때문에 어느 땅 위든 상관하지 않는다. 그러다가 시신을 땅에 묻을 만큼의 돈을 모은다면 고인의 시신을 옮겨 매장한다. 그러나 많은 시신들이 결국 땅에 묻히지 못하고 썩을 때까지 땅 위에 그대로 있다. 이렇게 짚으로 만든 무덤은 생각보다 많아서 어느 때는 많은 유골들이 땅 위에 방치된 채 드러나 있다. 드물지 않게 이런 곳을 지나가게 되면 기분이 유쾌하지 않고 특히 여름에는 더욱 그렇다.

아이가 천연두로 죽으면 땅에 묻는 대신 짚으로 감싸서 끈으로 나무에 묶어두거나 말뚝 위에 올려놓는다. 이들에게 천연두는 귀신이 아이에게 들어와서 생긴 병으로 인식된다. 만일 천연두로 죽은 아이를 땅에 묻으면 들어갈 몸을 잃게 된 귀신이 아이의 가족에게 다시 들어가 가족이 죽는다고 믿는다. 나는 이곳에서 예방접종을 소개하고 있다. 놀랍게도 조선 사람들이 이것에 대해 알고 있고 그들 스스로도 예방접종을 해보고 싶다는 의사를 비친다. 하지만 아직까지 단 한 명의 아이에게도 예방접종을 하지 못했다.

1899년 4월 1일 / 전주 / 그리스도인의 고난

익산 지역에 있는 반열 마을을 기억할 것이다. 나는 이곳으로 전도여행을 두 차례 다녀왔다. 그곳에 교회가 아직 세워지지 않았지만 소수의 세례문답 교인과 세례를 받은 한 그리스도인 가족이 있다. 안타깝게도 그곳에는 복음에 심한 반감을 가진 사람들이 있다.

특히 백 씨라는 성을 가진 갑부가 그랬다. 마을 이장은 물론 마을 사람 전체가 이 사람에게 의존하고 있었다. 그렇기에 사람들은 그의 뜻을 거스르는 것을 두려워했다. 얼마 전 다른 마을에 살던 초신자 신 씨가 반열 마을로 이사를 왔다. 갑부 백 씨는 기독교를 믿는 사람은 도둑이거나 도둑과 같은 심보를 가졌기 때문에 신 씨도 도둑이고 그러므로 여기서 살아서는 안 된다며 쫓아내야 한다고 주장했다.

백 씨는 신 씨가 남의 물건을 훔쳤다는 누명을 씌워 고을 원님 양 씨에게 끌고 갔다. 신 씨의 무죄를 믿었던 양 씨가 신 씨를 대신해 중재하려다가 양 씨도 도둑으로 몰렸다. 다른 초신자 김 씨도 체포되었는데 그 역시 절도죄로 누명을 썼을 것이다. 양 씨를 포함 3명이 옥에 갇히고 이곳 관습대로 심한 매질을 당했다. 심하게 매를 맞은 김 씨는 6주가 지났지만 아직도 걷지 못한다. 그들은 갇혀서 두 발에 차꼬를 차고 있고 두 손은 쇠사슬에 묶여 큰 고통을 당하고 있다. 모든 죄수가 이렇게 취급받는 것은 아니지만 이곳의 수감자들 대부분은 죄가 있든 없든 보통 이렇게 다뤄진다. 나의 어학 선생이 그들을 면회하러 갔는데 문은 단단히 잠겨 있고 가로 2.5미터 세로 5미터 크기의 옥 하나에 차꼬를 찬 남성 30명이 갇혀 있다고 했다. 남성 죄수들은 대부분 맞아서 생긴 상처가 덧나 있었고 옥 안의 공기와 환경은 극도로 불결했다고 했다.

백 씨에 의해 붙잡혀 옥에 갇힌 사람들의 고초는 그것으로 끝나지 않았다. 집의 모든 재산까지 몰수당했고, 양 씨의 경우에는 사람들이 심지어 집의 방문까지 떼어 갔다. 그리고 역시 초신자인 그의 아내를 밧줄로 묶은 후 돈을 내놓으라며 고문을 했다. 김 씨 부인도 도망치는 데 실패했다면 이와 같이 당했을 것이다. 죄수들의 재산은 몰수되는 게 이곳의 관습이지만 그의 아내까지 잔인하게 다루지 않는다. 양 씨 부인은 친척집에 잠시 숨어 지내다가 다섯 살 된 아이는 그곳에 남겨두고 6개월 된 아기만 등에 업고 밤새 걸어 우리 집에 찾아왔다. 그녀는 일주일 넘게 우리 진료소에서 머물다가 다행히 남편이 풀려났다는 소식을 듣고 더 이상 아무것도 남지 않은 빈 집으로 돌아갔다. 테이트 양이 그곳에 가서 그녀를 도왔다.

다른 남자들은 재판을 받았다. 하지만 재판관은 그들의 혐의를 입증할 만한 증거를 찾을 수 없었다. 다만 김 씨는 체포 과정에서 관리들을 협박했으므로 풀려나려면 태형을 받아야 한다고 선고했다. 그러나 옥의 관리를 맡은 옥사장이 재판관에게 호소했다. 김 씨는 이미 너무 심하게 맞아서 더 이상 맞으면 목숨이 위험하다고 했다. 재판관의 선처로 더 이상의 처벌 없이 풀려난 김 씨는 일꾼들에게 들려 도성 밖으로 옮겨졌고 그를 아는 사람들이 가까운 집으로 그를 데려가 돌보며 상처를 치료했다.

다른 두 사람은 상태가 열악한 옥에서 전주의 다른 옥으로 옮겨졌고 포도대장은 그들을 석방하라고 명령했다. 이 소식을 들은 갑부 백 씨는 죄인들을 사형시켜야 한다며 화를 냈고 그의 말을 거역하지 못하는 마을 남자 30명을 불러 전주로 달려갔다. 하지만 그들의 고발은 한 건도 인정받지 못했고 전주로 끌려온 남자들은 무혐의로 풀려났다.

신 씨와 양 씨는 수감되어 두들겨 맞은 후유증을 꽤 오래 겪었다. 김 씨도 한 동안은 걸을 수 없을 것이다. 석방된 후에 그들은 빼앗긴 재산을 돌려달라고 요청했다. 재판관은 그렇게 해주라고 판결했지만 일부분만 돌려받을 수 있었고 나머지 대부분은 결국 돌려받지 못할 것이다.

신 씨에게 적용되었던 절도 혐의 역시 입증되지 못했다. 하지만 우리는 최근에 그가 아내를 다른 남자로부터 훔쳐왔다는 것을 알게 되었고 그를 초신자 명단에서 제외했다. 입교를 하면서 아무리 잘 살펴본다고 해도 이런 경우는 가끔 생긴다.

김 씨와 양 씨의 신앙고백은 진짜인 것 같다. 양 씨가 옥에 갇혀 있는 동안 옥졸과 다른 사람들에게 복음을 전했는데 그 결과 옥졸이 감동을 받았다고 하고 심지어 옥사장은 우리 예배에 한 차례 참석하기도 했다. 이곳 관습 중 악습이라 할 만한 것이 있다. 옥졸이 수감자로부터 돈을 뜯어내기 위해 불필요한 고문을 자행한다는 것이다. 그 사실을 잘 알고 있는 가족은 옥졸이 수감자를 심하게 다루지 않도록 종종 뇌물을 제공한다. 양 씨 역시 고문을 받는 과정에서 옥졸에게 상당한 양의 뇌물을 약속해야 했지만, 이 옥졸에게 복음을 전한 후에는 그 돈을 주지 않아도 괜찮은 상황이 되었다.

어디나 마찬가지겠지만 한 마을에 복음이 들어가려 할 때 왜 이토록 큰 반대가 일어나는가? 분명 복음의 빛이 어둠의 요새를 훼파하지 못하도록 악한 존재가 발악하기 때문일 것이다. 그것 외에 우리가 아는 다른 이유는 없다.

갑부 백 씨도 반열 마을에 사는 테이트 선교사를 돕는 사람이 착하다며 다른 어떤 사람도 그를 싫어하지 않는다고 말했다. 그러나 백 씨는 그가 성경을 가르친다는 사실에는 큰 반감을 드러내며 마을에서 내쫓기를 원한다.

복음은 어디로든 전해져야 하지만 언제나 그곳에는 반대와 적대감이 존재한다. 보통 잘 드러나지 않지만 성경을 공부하는 사람들에 대해 그들의 오랜 지인들조차 어떤 식으로든 핍박을 행한다. 레이놀즈 선교사가 정기적으로 전도하는 또 다른 지역에서 사람들은 '한숨을 쉬면서 하는 성경공부'를 더 이상 지속할 수 없다고 했다. 핍박을 받은 그리스도인들은 대개는 더 강해지고 은혜 안에서 성장하는데, 그 지역 사람들은 자신들에게 닥쳐오는 어려움을 감내하기 힘들어했다. 이것은 확실한 신앙의 진실성을 가늠하는 상당히 가혹한 시험이다.

양 씨는 갑부 백 씨와 다시금 호의적인 관계를 맺을 뿐 아니라 그에게 복음을 전하고 그리스도인이 될 수 있도록 기도하며 노력하겠다고 했다. 그는 자기를 그토록 핍박한 사람들에 대한 원망이 별로 없어 보인다. 오히려 그는 그리스도께서 원수를 사랑하라고 명하셨다면서 그리스도의 가르침을 따라 살기 원한다고 고백했다.

당신의 기도가 그 어느 때보다 필요한 시점이다. 당신이 우리를 기억하며 드리는 기도가 복음에 대적하는 자들의 굳은 마음을 부드럽게 할 것이다. 당신이 새벽마다 무릎꿇고 주님께 올려드리는 기도가 복음 안에서 믿음으로 살고자 하는 자들이 온갖 핍박을 견딜 수 있는 용기를 더할 것이다. 당신의 기도는 그리스도의 이름으로 불리는 자들이 주님과 그분의 능력 안에서 더 강해지도록 할 것이다. 당신의 기도 덕분에 우리 모두는 우리를 사랑하셔서 자신을 우리에게 내어주신 이로 말미암아 믿음의 선한 싸움을 싸우고 넉넉히 이기는 자가 될 것이다.

1899년 5월 5일 / 서울 / 이른 휴가

조선에 도착한 이후로 쉴 틈 없이 이어지던 18개월의 사역 끝에 우리에게 약간의 변화가 생겼다. 4월 초에 휴식이 나에게 처방되었고 같은 처방을 받은 테이트 양과 함께 전주를 떠나 제물포로 가는 '배를 잡기' 위해 군산으로 갔다. 만약 조선의 해안을 따라 오르내리며 왕복하는 작은 증기선을 잡지 못한다면 며칠 또는 몇 주를 기다려야 할지 모른다. 거기서 우리는 약 일주일을 기다렸다. 우연히 온 첫 번째 배는 우리가 가려는 곳과 반대 방향인 목포행이었다. 하지만 괜찮았다. 조금 지체되기는 하겠지만 증기선은 목포를 거쳐 다시 제물포로 올라갈 예정이었기 때문이다. 오히려 우리는 목포를 방문할 기회를 갖게 되어 기뻤다. 늘 목포에 가고 싶어 하던 드류 의료선교사도 우리와 동행했다. 배는 약 14시간 동안 목포를 향해 나아갔고 다음날 이른 아침에 도착했다.

남장로교회 개척 선교사들(1899년). 자전거를 잡은 여성이 잉골드 선교사

우리 배가 닻을 내리자 배 한 척이 미국 국기를 휘날리며 다가왔다. 무슨 영문인지 궁금해 하던 순간 우리는 알렌(Dr. Allen) 의료선교사와 그의 가족이 배에서 내리는 모습을 보았다. 그들은 미국으로 가는 길이었고 우리의 배가 닻을 내리는 동안 우리도 잠시 배에서 내려 그들과 인사를 나누었다. 우리와 함께 온 드류 선교사는 예상하지 못했던 많은 수의 미국 선교사 가족을 한꺼번에 만나 무척 반가워했다.

목포는 많은 산들과 섬 그리고 만과 광활한 바다가 어우러져 있으며 특히 밀물 때 그림같이 아름다운 곳이다. 개항한 지 18개월 정도밖에 안 되었지만 일본인들이 많이 들어와 있었다. 그들은 일본식의 건물을 짓고 상점에 다양한 일본 물건을 진열해 팔고 있었다. 그동안 먼지와 연기와 초가지붕에 꽤 오랫동안 익숙해진 우리에게는 상당히 신선한 광경이었다.

며칠 동안 그곳에 머물렀으면 좋았겠지만 증기선은 다음 날 제물포로

남장로교회 개척 선교사들(1899년). 윗줄 오른쪽에서 두 번째가 잉골드 선교사

출발할 예정이었다. 우리는 며칠 더 머무를 방도를 찾았으나 배편이 마땅치 않았다. 게다가 우리가 타고 온 증기선이 그나마 제물포까지 가는 편안한 방편이겠다 싶어 오후 3시에 승선해 다음날 아침 제물포에 다다랐다. 최종 목적지인 서울까지는 40킬로미터 이상 떨어져 있고 철도는 아직 건설 중이라 훗날에나 탈 수 있었다. 우리의 선택지는 두 가지, 육로로 이동하거나 한강의 조류에 맞춰 운행하는 작은 증기선을 타는 것이다. 그나마 배편이 나을 텐데 거리는 훨씬 멀었다. 구불구불한 강을 거슬러 올라가면 서울까지 96킬로미터나 되었고 거기서 시내까지 5킬로미터를 더 가야 했다. 작은 배를 타고 강을 올라가다 보면 종종 여행의 단조로움을 깨는 상황을 맞이하기도 한다. 배가 강의 모래톱에 갇히는 경우가 그렇다. 그러면 다음 조류가 들어올 때까지 기다리는 수밖에 없다. 어쩔 수 없이 느긋하게 휴식 시간을 갖는 것은 승객의 몫이다. 강을 따라 운행하는 작은 증기선 여행에서는 이런 경우가 언제든지 일어날 수 있어 언젠가 나도 이런 경험을 할 수 있기를 바란다.

우리는 다음 날 새벽 3시에 작은 증기선에 올랐다. 서울로 가지 않는 드류 의료선교사는 제물포에 남았다. 서울에는 외국인이 숙박하기에 적당한 호텔이 없기 때문에 우리는 다른 선교부에 잠시 신세를 져야 했다. 그들은 우리 '시골뜨기'들을 정말 따뜻하게 맞이해 주었다. 내가 여기에 머무는 동안 선교사 몇 명이 새로 왔다. 낯선 외국인을 볼 기회가 거의 없는 내가 우연히라도 누군가를 만나는 것은 기쁜 일이다. 1년 반 동안 한 지역에 고립된 채 좁은 생활 반경 안에서만 지내다가 서울이라는 도회지에 나가 다른 사람들을 만나고, 전화를 받고 걸기도 하고, 가끔 외식을 하며 차도 마실 수 있는 일상을 경험하는 것은 즐겁고도 감사한 일

성경번역위원회, 문경호, 김명준, 정동명, 레이놀즈, 언더우드, 게일, 존스 선교사(1900년)

이다. 여기 있는 사람들은 각자 자기의 사역으로 모두 바쁘지만 손님을 대접하기 위해 어떻게 해서든지 시간을 내주었다.

서울은 내가 1년 반 전에 머물렀을 때보다 눈에 띄는 변화가 있었다. 가장 주목할 만한 것은 노면전차가 다니게 되었다는 점이다. 노선의 길이가 대략 10킬로미터 정도인데, 서대문 밖에서 출발해 종로를 지나 서울을 관통하고 동대문 밖으로 2-3킬로미터를 더 달려 청량리 명성황후의 묘까지 이어진다.

우리 모두는 1899년 5월 1일에 조선 최초의 전차가 출발하는 것을 목격할 수 있게 초대를 받았다. 하지만 기계 고장과 기관사의 잘못된 조작으로 전차는 움직이지 못했는데 아마 이 글을 쓰는 지금까지 전차는 출발하지 못했을 것이다. 나는 그 전차가 운행을 시작하면 많은 사람들이 전차에 치이지 않을까 걱정이 앞선다. 전차는 생각보다 빠를 것이고 지금까지 내가 지켜본 조선 사람들의 보행 습관을 생각하면 위험하기 십상이다. 조선 사람들은 어떤 상황에서도 느리게 걷는 것이 위엄을 지키는 일이라 믿기 때문이다.

테이트 양은 지난주에 전주로 돌아갔고 나도 몸과 마음이 상당히 좋아져 전주로 돌아갈 생각을 하고 있다. 레이놀즈 선교사는 지금 이곳에서 성경번역 사역을 하고 있다. 나는 최근에 〈코리아 스케치〉(Korean Sketch)라는 매력적인 책의 저자인 게일(Mr. Gale) 선교사를 만났다. 그가 들려주는 이야기는 책에 쓴 글처럼 줄곧 유쾌했다. 만약 유익한 정보와 유쾌한 기분을 동시에 얻고자 한다면 그 책을 구해 읽어보길 추천한다. 한 가지 단점도 있다. 그 책을 읽고난 후에 내 편지를 보면 아무 맛도 없을 것이다.

1899년 6월 3일 / 조선 제물포

지난번 편지를 쓸 때만 해도 다음 편지는 전주에서 쓸 것이라고 예상했다. 하지만 아직 전주로 돌아가지 못했다. 나는 쉽게 집을 떠나지도 못하지만 일단 집을 나서면 다시 집으로 돌아가기도 힘든 사람이라는 생각이 든다. 어쨌든 여행은 즐거웠고 기분도 좋아졌다. 더 이상 여기에 머무를 이유가 없으니 전주로 돌아가야 하는 시점이다. 며칠 내에 제물포에서 출항하는 배를 기다리고 있다.

이곳 선교부는 우리 같은 이들이 사명을 감당하는 데 필요한 지원을 제공하고 있다. 그것이 늘 충분한 건 아니지만 부족한 가운데서도 선교부는 언제나 필요한 역할을 감당하려 애쓰고 있다. 그 때문에 이곳에는 다양한 이유로 많은 선교사들이 찾아온다. 어떤 선교사는 질병으로 아파서 오고 다른 선교사는 머물 곳이 필요해서 온다. 내가 머무는 동안에는 성경 번역위원회 모임에 참석하러 왔다가 잠시 들른 선교사들도 있었다. 그래도 선교사들은 오래 머물지 않고 며칠간만 머물다가 다음 사역을 위해 바로 떠난다. 며칠 전에는 우리들 사이에서 아주 유명한 장로교 파송 선교사 두 쌍의 결혼식이 있었다. 많은 선교사들을 한 자리에서 볼 수 있는 것은 이곳에 왔다가 우연히 내가 누린 즐거움 중 하나였다. 그날의 주인공 중 한 명이 노스(Miss North) 양이었다. 드레스를 입고 아름답게 단장한 신부는 목발을 짚고 있었다. 몇 달 전 자전거를 타다 넘어져 한 쪽 다리가 골절되었다고 했다. 많이 나았다고 하지만 그녀는 여전히 목발에 의지해 조심스럽게 걸었다. 결혼식의 주인공이지만 목발을 짚은 낯선 모습의 그녀는 여전히 아름답고 매력적인 신부다.

이곳에 긴 가뭄이 마침내 끝나고 며칠 동안 많은 비가 내렸다. 나는 어제 서울에서 제물포로 넘어왔다. 배가 아닌 육로로 내려오면서 목격한 농경지는 대부분 황폐했다. 우리를 태우고 가던 가마꾼들은 올해 보리와 봄철 농사가 얼마나 형편없는지 아마도 뿌린 씨앗보다 수확이 훨씬 적을 거라고 했다. 오랫동안 비가 오지 않은 메마른 날씨 때문에 모내기가 너무 늦어졌다고 한다. 이후에 날씨가 괜찮아졌지만 때가 늦어 알곡이 실하게 여물기는 어려울 것 같다.

현지인들은 전차 선로를 따라 가설된 전깃줄에 불만이 많다. 그들은 전선이 하늘과 땅의 기운을 끊는 바람에 가뭄이 들었다고 생각한다. 그러니 본격적인 운행을 시작하기 전에 철거해야 한다고 주장한다.

전차는 아직 시운전 중이다. 선로 상태나 전차 운전에 문제가 없는지 확인하기 위한 작업이다. 시운전 5일째 되는 날 사고가 일어났다. 정류장에서 달리는 전차의 반대쪽에 있던 아버지가 어린 아들에게 선로를 건너오게 했고 아이는 그만 전차에 치어 죽었다. 이에 격분한 사람들이 폭동을 일으켰고 전차를 운전하던 일본인이 돌에 맞아 크게 다치고 운행하던 전차 역시 사람들에 의해 전복되고 불태워졌다. 소요 사태가 길어졌다면 다른 전차는 물론 발전소까지 파괴되었을 것이다. 다행히 상황은 그 직전에 정리되었다. 신변의 위협을 받는 전차 운전사들은 경비원을 붙여주지 않으면 더이상 일하지 않겠다고 했지만 이 요구는 곧 받아들여지지 않았다. 전차가 본격적으로 사람들을 실어 나르기까지는 시간이 좀 더 걸릴 것 같다.

그들의 관점에서 볼 때 어느 누구도 현지인들의 전차 운행 반대를 비난할 수는 없다. 전차가 다니는 길은 원래는 그들의 앞뜰이나 뒤뜰이어서 다양한 용도로 사용되던 공간이다. 아이들의 놀이공원이면서 가마꾼들이 쉬거나 햇살을 받으며 곰방대 담배를 피우는 곳이고 장이 열리는 장소이기도 하다. 뿐만 아니라 전차는 가마꾼들의 영업에 상당한 피해를 줄 것이다.

내가 서울에 있는 동안 경험한 이곳의 선교사역은 아주 고무적이었다. 일단 예배에 참석하는 사람들이 많았고 선교사들 모두가 바쁘면서도 행복해 했다. 이곳의 현지인 여성들은 전주처럼 선교사들의 집을 그렇게 자주 방문하지 않는다. 오래 전부터 이곳에 외국인들이 살았기 때문에 지금은 그렇게 궁금한 것이 많지 않은 것 같다. 선교사들 중 가장 연장자인 한 분의 설명에 따르면, 이곳은 현지 그리스도인으로부터 복음을 들어보지 못한 여성을 좀처럼 만날 수가 없고 따라서 선교사역도 이전의 방식과 달라졌다고 했다.

1899년 6월 27일

전주에 돌아온 후로 꽤 시간이 흘렀다. 1년 6개월 동안의 첫 사역 이후 잠시 휴식을 가지면서 변화를 주고 치과 치료도 받기 위해 4월 1일에 서울로 갔다. 하지만 몸 상태가 전주에 있을 때보다 나빠져 예상보다 긴 휴식이 필요했다. 처음엔 한 달 정도 예상했는데 두 달 넘게 서울에 머물다 이번 달 8일에야 돌아왔다.

서울에서 머무는 시간은 정말 즐거웠고 그곳에서 알게 된 여러 친구들이 베풀어 준 친절에 너무 감사하다. 앞서 언급했던 목발을 짚은 신부 노스 양 말고도, 그날의 또다른 주인공이자 우리들 사이에서 아주 유명한 모펫(Dr. Moffett) 의료선교사와 피쉬(Dr. Fish) 의료선교사의 결혼식에도 참석할 수 있어서 기뻤다. 특히 평양에서 사역하는 선교사들을 만난 건 아주 귀한 축복이었다. 두 달의 휴식을 마치고 떠날 때에 비해 좋은 상태가 되어 전주에 돌아왔지만 건강한 것은 아니다.

테이트 양과 해리슨 선교사의 부인 데이비스 선교사는 무더운 여름을 보내기 위해 잠시 이곳을 떠나 있다. 그 때문에 해리슨 의료선교사도 자리를 비워 이곳에 환자를 진료할 일손이 부족하다. 지금은 하루 걸러 하루 진료를 하는데 혼자서 진료를 감당하기에 그나마 수월해 이번 여름 동안에는 이런 식으로 진료를 할 것이다.

얼마 전 우리 곁에 획기적인 신문물이 등장했다. 테니스장이다. 시간이 허락되면 우리 모두는 테니스를 즐기고 있다. 어느 날 오후에는 너무 격하게 운동을 한 탓에 근육통이 심해 며칠 동안 아무 것도 하지 못했다. 그래도 지금 다시 내려가서 테니스를 치고 싶다. 이 운동이 우리 모두를 조금 더 건강하게 해서 더 나은 사역을 할 수 있기를 바란다.

1899년 8월 1일 / 전주 / 황제의 땅

지난 한 달 동안 당신에게 흥미를 주거나 도움이 될 만한 내용이 없어 글을 쓰지 않았다. 이 기간 동안 좋았던 것은 나의 시간과 힘을 우리 선교부의 유일한 아이인 볼링 레이놀즈에게 쏟았다는 것이다. 얼마 전에는 심하게 아팠는데 지금은 회복 중이어서 감사하다. 우리는 이 아이가 다시 건강을 되찾지 못할 거라고 거의 포기했었다. 우리의 기도를 들으신 주님께서 자비를 베푸셨고 우리 곁에 아이를 남겨주셨다.

진료소 일은 사실상 일시 중단 상태다. 들쭉날쭉한 진료 일정으로 인해 환자의 수도 줄었다. 조만간 어떻게든 진료소를 다시 열려고 한다. 날씨는 작년 여름의 무더위보다 조금 낫다. 1년 만에 여름 날씨에 익숙해졌고 몸도 작년 여름에 비해 강해졌기 때문에 이번에는 잘 견뎌낼 수 있을 것이다.

올 7월에는 작년에 비하면 비가 3분의 1정도로 적게 내렸다. 이곳 현지인들에게 가뭄이라고 해야 할 것 같다. 사람들은 지난 한 달 동안 매일 밤마다 횃불을 피우고 하늘을 향해 비를 내려달라고 빌었다. 그러더니 며칠 전 모든 깃발을 내리고 요란하게 두드리던 북을 치우고 기도도 그만두었다.

우리는 어쩌면 새로 지은 두 채의 주택을 포함해 여기에 있는 선교부 건물을 포기해야 할 것 같다. 황제는 이 언덕에 있는 우리의 선교부에 왕조의 기념비를 세우기를 원한다. 황제의 시조 고향이 전주이고 그의 묘가 여기에서 3-5킬로미터 떨어진 곳에 있다. 황제는 우리가 사용하는 주택의 값을 지불하고 우리에게 새로 건물을 지을 다른 장소를 제공하겠다고 약속했다. 하지만 익숙했던 곳을 떠나는 것 말고도 다른 문제들은 많다. 거기에 더해 새로운 터가 마련되고 건물을 세우기까지 우리가 겪을 불편함과 우리 사역이 지체되는 것에 대해서는 보상을 받지 못한다. 그러나 이번 일로 우리 선교사들과 우리의 사역이 황제에게 부정적으로 인식되는 것은 원치 않는다. 우리의 선택은 한 가지다. 만약 황제가 이 장소를 원하면 우리는 그저 단순하게 내어주고 다른 곳으로 가면 된다.

1899년 9월 1일

지난번 글을 쓴 이후 정말 많은 일들이 있었다. 내가 글을 쓰지 못한 이유다. 6월초에 볼링 선교사는 이질에 걸려 심하게 앓았다. 한때 위중한 상태까지 갔었지만 결국 이겨냈고 8월초에는 내가 신경을 쓰지 않아도 될 만큼 상당히 회복했다.

8월 10일에 작은 케이티 레이놀즈(Miss little Katie Reynolds)가 태어났다. 아이는 크고 건강했으나 산모인 레이놀즈 부인은 열흘 정도 괜찮았다가 그 후 일주일을 심하게 아팠다. 지금도 건강한 것은 아니지만 어느 정도 회복되었고 그동안 내가 엄마처럼 돌본 아기 케이티를 진짜 엄마의 품에 아주 건네주었다. 산후 후유증으로 심하게 아픈 상황에서도 레이놀즈 부인은 매순간 아기를 보고 싶어 했다.

출산한 볼링 선교사가 아픈 내내 나는 그녀를 돌보는 데 나의 시간과 힘을 완전히 쏟아붓느라 언어공부와 진료소 사역은 거의 하지 못했다. 이번 여름 이런저런 크고 작은 일들로 나의 삶이 흔들리고 많은 시험이 있었지만 선하신 하나님께서는 필요에 따라 이 모든 것을 이길 힘과 용기를 주셨다. 언제나 사랑으로 돌봐주시는 하나님께 감사를 드린다. 나의 몸 상태는 초여름보다 훨씬 좋아졌다. 건강에 특별히 신경을 쓴

부분도 있고, 내게 주어진 여러 사역에 대한 책임감이 오히려 견뎌낼 힘과 끈기를 낼 수 있게 도움이 된 것 같다.

우리는 곧 장로교 선교사 연합회의 연례 회의에 참석하기 위해 여기를 떠나 제물포로 향할 계획이다. 하지만 계속 비가 내려 외출하기 어려울 정도다. 최근에 중국 선교부의 슬론(Miss Addie Sloan) 양이 우리를 방문했다. 그녀와 며칠을 함께 지내며 우리 모두는 너무나도 행복한 시간을 가졌다. 내년 가을에는 슬론 양과의 재회를 위해 우리가 중국에 갈 수 있기를 희망한다.

1899년 9월 10일 / 전주

4일 동안 비가 내리지 않았다. 이제 우기가 끝난 것 같다. 여름이 지나가고 기분 좋은 가을 날씨가 기대된다.

최근 중국 쑤저우에서 사역 중인 우리 선교부 소속의 슬론 양이 전주를 방문해 즐거운 시간을 가졌다. 그리고 작년 선교부 연례 회의 때 마지막 보고를 한 이후 케이티 레이놀즈 양의 탄생으로 우리 선교부의 인원이 늘었다. 그녀는 선교부에서 가장 나이가 어리지만 영향력은 가장 크다. 모든 사람의 관심과 사랑을 한 몸에 받고 있기 때문이다.

최근 세례문답 시험에 12명이 신청했다. 그들 모두가 복음을 듣고 믿음 안에서 세례를 받아 그리스도의 신자가 되고 싶어 했다. 그 중 10명이 세례문답을 받았는데 아직은 세례 받을 준비가 되지 않은 이들도 보인다. 이들 중 2명은 나와 관계가 있는 여성이다. 진료소에 종종 찾아오는 한 여성은 자신은 복음을 듣고 처음부터 믿었다고 했다. 나는 그녀가 진심으로 믿고 있다는 것을 안다. 만약 그녀가 내가 바라는 대로 신실한 그리스도인으로 성장한다면 나의 진료소 사역에도 소중한 조력자가 될 수 있을 것이다.

1899년 9월 16일 / 조선 제물포 / 1899년 연례 보고서

작년에 선교부 연례 회의를 마치고 테이트 양과 함께 3주간 시골마을로 전도여행을 다녀온 적이 있었다. 환자들에게 사용하려고 약간의 약을 가져갔지만 환자는 거의 만나지 못했다. 돌아와서는 진료소를 수리하고 의료사역을 준비하느라 바빴다. 현지인 목수에게 일을 시켰는데 정말 인내심이 필요했을 뿐만 아니라 그의 말을 이해하는 게 마치 언어 시험을 치르는 것 같았다.

어렵게 개원 준비를 마친 후 11월 3일에야 나의 첫 번째 진료소 사역이 시작되었다. 군산에 가느라 자리를 비웠던 한 주와 3월에 아파서 쉬었던 한 주를 제외하고 매일 오후에 문을 열었다.

그러다 건강이 나빠져 4월 1일부터 두 달 간 진료소를 떠나 있어야 했다. 이 기간은 내가 다른 어느 때보다 많은 다양한 사람들과 교제할 수 있었던 만남의 계절이었다. 6월초에 돌아와 여름에는 진료소를 일주일에 세 번 여는 것으로 시작했고 이 일정은 한 달 동안 잘 지켜졌다. 그러다 선교부 안에 환자가 생기면서 규칙적인 진료가 불가능해졌다. 가능한 진료소에 내려가려고 매일 노력했지만 그러지 못했다.

진료소를 열고 9월 1일까지 진료한 인원은 총 500명이고 그 중 327명이 처음 온 사람이다. 환자와 동행했던 인원을 포함하면 진료소를 방문한 사람은 1,000명쯤 될 것이다. 이 사람들 대부분이 나와 테이트 양을 돕는 여인으로부터 복음을 전해 들었다. 모든 환자는 소책자를 받았고

전킨 선교사 주택

교리문답서나 복음서를 읽은 사람도 있으며 아이들은 성경구절이 적힌 그림 카드를 받았다. 나는 22곳 가정에 31차례 왕진을 나갔고 이후에도 복음 증거와 교제를 위해 같은 횟수만큼 재방문했다. 환자 6명이 대기실에서 2일에서 2주간 입원치료를 받았다.

지금까지의 총 진료 수입은 81엔 62센(미화 약 42달러)이다. 그 중에 26엔 20센은 선교부 소속 선교사에게 받은 약값이고 55엔 42센은 진료소를 찾은 환자에게서 받은 진료비다. 금년에 약 구매 예산을 별도로 신청하지 않은 상황이라, 선교부에 약 구매를 위해 이 돈을 사용할 수 있도록 허락해 줄 것을 요청했다.

언어 공부에 대해서는 별로 할 이야기가 없다. 이 방면에서 나의 진보가 너무 미미하기 때문이다. 나의 어학 선생이 지난 가을에 서울로 떠났다가 늦게 복귀하는 바람에 12월 1일까지 공부를 할 수 없었다. 겨울부터 봄까지 4개월, 서울에서 돌아온 후부터 1개월이 그나마 마음잡고 공부할 수 있었던 전부다.

겨울 동안 나는 예배에 참석하는 여성들에게 찬송가를 가르치기 위해 매주 토요일 밤마다 모임을 가졌다. 교회에 있는 오르간을 연주해 곡에 화음을 넣으면 그나마 불협화음이 덜하지만 아직은 연습이 더 필요하다. 주일 아침마다 여성 신자를 대상으로 내가 맡은 유일한 성경공부반에서도 찬송가를 가르치려고 여러 번 시도했지만 발전이 없다.

1년 내내 우리 선교부 내에 환자가 계속 발생하고 있다. 여름에는 환자가 더 많아진 탓에 드류 의료선교사가 두 차례나 전주에 와서 진료를 해야 했다. 드류 박사의 섬김에 깊이 감사드리며 관련된 다른 이들에게도 감사를 전한다. 우리 선교부의 인력 구성에 작은 변화를 가져온 케이티 레이놀즈 양은 자기만의 방식으로 빠르게 언어를 익히고 있다. 선교부에서 가장 어린 나이임에도 벌써 선교사의 좋은 자질을 보이고 있으니 이는 어쩌면 우리에게 일어난 가장 중요한 변화라고 할 수 있다. 해리슨 부인과 테이트 양, 두 선교사는 건강 문제로 여름 동안 이곳을 떠나 있어야 했는데 해리슨 부인은 조금 차도가 있다고 들었고 테이트 양은 내가 돌보고 있다.

지난 해에는 개인적으로 많은 실수와 좌절이 있었지만 다른 한편으로는 많은 축복과 격려도 있었다. 이를 통해 앞으로의 사역을 위한 디딤돌로 삼는다면 내년 이맘때에는 풍성한 열매를 맺을 수 있으리라고 믿는다.

1899년 9월 20일 / 조선 제물포

제물포에서 열흘간 개최된 8번째 장로교 선교사 연합회의 연례 회의 마지막 회의를 끝으로 우리 모두에게 가장 유익하고 즐거운 행사의 막이 내렸다. 레이번 선교사와 (해리슨 목사의 부인인) 데이비스 선교사를 제외하고 선교부의 모든 선교사가 참석했다. 두 사람이 연례 회의에 합류하지 못한 이유는 건강 문제 때문이다. 선교사 연례 회의는 9월 11일에 시작해 매일 오전마다 회의를 열었고 오후에는 위원회 모임을 가졌다. '선교사 연례 회의'가 무엇인지 잘 모를 수도 있겠다. 쉽게 말해 조선에서 사역하는 장로교 선교사들의 '총회' 같은 것이다. 모두가 함께 모여 지난 1년의 사역을 보고하고 다음해 1년의 사역을 계획하고 나누면서 선교 관련 주제를 논의한다. 어떤 문제는 오랫동안 토론과 고민을 해도 뾰족한 해결책이 나오지 않지만 어떤 문제는 이 자리에서 머리를 맞대고 토론과 고민을 하다 보면 예상치 않은 해결책이 모아지기도 한다. 장로교 선교사 연합회의 연례 회의를 이곳 제물포에서 개최하는 이유는 이동이 수월하기 때문이다. 제물포가 서울과 다른 지방 도시를 연결하는 항구 도시여서 선교사들이 주로 이곳을 거쳐가기 때문이다. 기회가 될 때마다 여러 선교사들이 이곳에서 기쁨의 만남을 갖기가 용이하다. 장로교 선교사 연례 회의가 다음 주 서울에서 열릴 예정이어서 소속 회원 선교사 몇 명도 이곳을 들러갔다.

1899년 10월 2일 / 전주

마무리를 하지 못한 지난번 편지는 집으로 돌아온 이제야 우편으로 부치려고 하고 있다. 선교부 연례 회의를 마치고 우리 모두는 서울에 가서 며칠을 머물렀다. 남장로교 연례 회의와 장로교 선교사 연례 회의에 연달아 참석한 것이다. 9월 18일부터 제물포에서 서울 노량진까지 33킬로미터의 거리를 잇는 기차가 운행을 시작해, 우리는 조선에서 기차를 타는 특별한 경험을 했다. 서울에 도착한 후 전차로 갈아타기 위해선 7킬로미터를 더 가야 한다.

레이놀즈 부부는 레이놀즈 선교사가 하고 있는 성경 번역작업 때문에 한 달 이상 서울에 머무를 것이다. 해리슨 선교사 가족은 약 일주일 뒤에 미국으로 떠날 예정이다. 그러면 이제 테이트 선교사 남매와 내가 우리 선교부에 남아 있는 유일한 선교사가 된다. 오랜만에 다시 전주로 돌아온 우리는 사역을 재개할 수 있다는 기대감에 설레고 있다. 이곳의 아름다운 계절인 가을이 계속되는 동안 전주 밖으로도 자주 나가고 싶다. 테이트 양과 나는 며칠 뒤에 전도여행을 떠나려고 한다. 우리를 위해 기도해 주기를 부탁한다. 우리가 가는 곳마다 사람들에게 복음을 전하고 신실하게 가르칠 뿐만 아니라 우리가 전하는 메시지를 듣고자 하는 준비된 영혼들이 나아올 수 있도록 말이다.

1899년 11월 1일 / 전주

마지막 편지를 쓰고 얼마 되지 않아 테이트 양과 나는 2주간 전도여행을 떠났다. 처음 도착한 곳은 당신도 알고 있는 반열 마을이었다. 당신은 이곳이 복음에 반대가 심할 뿐 아니라 그리스도인이라는 사실을 드러내기만 해도 핍박을 받기 쉽다고 했던 것을 기억할 것이다.

마을 사람들이 두려워하는 갑부 백 씨로 인해 다들 복음에 소극적인 반응을 보이는 바 우리의 마음이 너무 아프다. 전도하는 것조차 어렵다. 게다가 모순적인 삶을 살면서 자칭 그리스도인이라고 고백하는 이들까지 있으니 이 모습을 보는 것이 힘들다. 그러나 어렵사리 기독교로 개종을 했다고 해도 사람들을 여전히 힘들게 하는 것이 있다. 하나님의 말씀에 복종하는 것이 아닌 부패한 마음의 욕심을 따라가도록 유혹하는 손길이 너무나 강력하다.

조상대대로 내려온 관습과 그들이 말하는 '풍속'은 이들의 삶 가운데 엄청난 영향력을 미친다. 그리스도인이 된 후에 이제까지 별 거부감 없이 지내온 풍속을 무시하기 시작하면 반드시 이웃으로부터 조롱과 핍박을 받는다. 이 어둠의 땅 한가운데서 몇몇 이들은 순수한 믿음으로 다른 그리스도인에게 모범을 보이곤 했는데 주변으로부터 핍박이 심해지다 보면 어느새 낙심하고 실족하게 되는 모습을 보인다. 그럴 때마다 우리는 마음이 아프다.

우리는 반열 마을에서 10일을 보낸 다음 20킬로미터 떨어진 다른 마을로 이동해 거기서 4일을 보냈다. 그곳은 처음 방문하는 곳이었다. 우리를 보고 많은 여성들과 아이들이 약을 얻으러 왔다. 그들은 우리가 들려준 복음에 순순히 마음을 열었고 몇 사람은 여러 차례 찾아와 우리에게 말씀을 배우기까지 했다. 우리가 언제 다시 찾아오는지 묻는 이들도 있었다. 우리가 전한 복음을 들은 남성 중엔 자기 아내에게 다시 복음을 전한 이들도 있었다. 우리를 찾아온 어떤 여성은 작년에 우리가 이웃 마을에 왔을 때 우리에게서 말씀을 들었다고 했다. 이곳은 사역의 열매가 상당히 기대되는 곳이다. 하지만 우리는 이곳의 복음 사역을 우리가 계속 맡는 것보다 최근에 이 근처로 자리를 옮긴 다른 선교부에 위임하기로 했다. 그것이 우리가 내릴 수 있는 보다 현명한 결정이라고 판단했다.

이곳 사람들에게 헤아릴 수 없는 그리스도의 풍성함을 가르치는 것은 큰 기쁨이며 특권이다. 많은 육체적인 괴로움이 있더라도 그리스도

안에서 승리할 수 있다면 그 모든 것 또한 기쁨으로 받아들일 수 있다.

1899년 11월 9일 / 순회전도

어제 테이트 양과 나는 전주에서 26킬로미터 정도 떨어져 있는 금산 마을에 갔다. 레이놀즈 선교사가 약 1년간 사역하고 레이놀즈 부인이 두 차례 방문했던 곳이다. 예전에 전주 인근에 살던 전 씨 가족이 이곳으로 옮겨와 살고 있다. 우리는 종종 이 집에 가서 전 씨 가족과 이웃을 가르치곤 했는데 이제 전 씨 부인과 아이들은 우리를 보면 진심으로 반겨준다.

전 씨는 며칠 동안 복음을 전하러 집을 떠나 있기도 한다. 아무런 대가 없이 자원하는 마음으로 그렇게 하고 있다. 그의 믿음은 가족에게도 영향을 주었고 전 씨는 처음부터 말씀을 배우고 나서 아내와 어린 딸들에게 말씀을 가르친다. 그는 이웃 남성들과 함께 있을 때면 종종 이렇게 말한다고 했다. "기독교는 가족 종교이다. 그러므로 자기 가족에게 이 신앙을 가르치지 못하면 진심으로 믿는 것이 아니다." 이곳 대부분의 남성들은 새로운 신앙을 갖게 되었을 때 자신만 좋으면 가족들은 자연스레 따라올 것이라고 생각한다. 하지만 이 나라의 오랜 풍습이 있기에 그것이 그렇게 쉬운 일은 아닐 것이다. 어떤 남성들은 자신이 그리스도인이 된다면 그 이후 가족에게도 신앙을 가르쳐야 한다는 것에 큰 부담감을 드러낸다.

여기 우리가 머무는 방은 가족들이 지내는 방과 남자들이 모이는 사랑방 사이에 있다. 사랑방과 이 방은 예배 장소로 사용된다. 여성을 위한 이 방과 사랑방 사이에는 한지 칸막이만 놓여 있다. 한지 칸막이가 두껍지 않아서 무리 중에 말이 많고 목소리가 큰 사람이 있다면 다른 쪽 사람들은 '편하지' 못하다고 하는데 우리의 마지막 날 밤이 그랬다. 우리는 너무나도 간절히 잠을 청하고 싶었지만 우리의 가마꾼들은 우리만큼 피곤하지 않아서 밤이 깊도록 이야기를 하고 싶어 했다.

우리는 저녁을 먹자마자 이불 두 개를 겹쳐 바닥에 깔고 다른 하나는 덮는 방식으로 안락한 침대를 만들었다. 사실 간이침대를 가지고 다니는 것이 더 편하지만 한 곳에 오래 머무르는 경우가 아니면 필요 이상으로 많은 짐을 가지고 다니지 않으려고 한다. 온돌은 딱딱한 바닥이라 푹신한 잠자리가 되기 힘들고 또 바닥 열기가 너무 뜨거우면 익지 않도록 밤새 몸을 이리저리 굴려야 한다.

우리가 잠자리에 든 후에도 다른 방은 여전히 활기가 넘친다. 옆방에선 어린 소녀들이 감미로운 찬송가를 부른다. 사랑방의 남성들은 성경의 씨 뿌리는 자의 비유 본문을 읽고 간단한 해설이 있은 후 토론을 벌인다. 물론 우리는 알아 듣지 못한다. 기나긴 토론이 끝나면 앞서 성경을 읽었던 인도자가 기도를 하고 마친다. 우리는 전 씨의 친척인 20세 청년이 그 모임을 인도했을 것이라고 짐작한다. 그렇게 조선 사람들의 밤은 깊도록 잠이 들지 않는다.

오늘 아침에 여러 명의 마을 여성들과 아이들이 우리를 보러 왔다. 우리는 그들을 한데 모아 기도회를 가졌다. 낮에도 다른 여성 몇이 찾아왔는데 대부분이 우리가 전하는 복음을 경청한 후에 다시 또 오겠다고 했다.

한 젊은 여성은 병든 남편을 위해 약을 달라고 했다. 그녀의 남편을 여성인 내가 직접 진료하는 일은 가능하지 않다. 나는 그녀에게 남편을 직접 보지 않고는 무슨 문제인지 알 수 없으므로 어떤 약도 줄 수가 없다고 했다. 나의 답변을 들은 여성은 절망스런 표정을 지으며 어쩔줄 몰라 했다. 나는 그녀에게 남편이 몇 살인지 물었다. 열여덟 살이라고 했다. 그녀에게 한 가지 제안을 했다. 만약 남편이 상투를 풀고 총각처럼 머리를 땋고 오면 만나줄 수 있다고 말이다. 내가 그녀의 남편을 직접 만날 수 있는 유일한 방법이기도 했다. 이곳에서는 서른 살 먹은 남성도 아직 미혼이라면 여성의 내실에 들어오는 것이 허용되지만 열다섯 살이더라도 결혼을 하고 상투를 올린 경우라면 성인으로 간주되어 들어올 수 없다.

1899년 11월 10일

오늘은 두 명의 환자가 찾아왔다. 한 명은 팔에 염증이 있었고 손가락에 베인 상처가 있었다.

다른 한 명은 옆집에 사는 할머니인데 우리와 꽤 많은 시간을 함께 보냈다. 그녀는 우리가 가르친 말씀대로 살려고 노력한다고 말한다. 하지만 얼마 전까지만 해도 그렇지 않았다. 그녀의 아들이 아팠을 때 그녀는 관습대로 귀신에게 제사를 지내려 했다. 그러자 아들이 우리가 가르친 말씀을 언급하면서 귀신에게 제사를 지낼 수 없으니 준비한 음식을 내다버리라고 했다. 그녀는 그럴 수 없다고 했다. 비싼 재료로 준비한 음식이어서 그냥 내버릴 수 없으니, 일단 먹은 다음 지켜보다가 만약 아들이 나으면 아들의 말을 따르겠다고 했다. 실제로 아들의 건강이 좋아지자 그녀는 제사가 아무 소용이 없다는 것을 깨닫게 되었다고 했다. 그녀의 가족은 이 동네를 떠나 이사 가려고 했었지만 그리스도인인 전 씨네 가족이 너무 좋은 사람들이라 그들 옆에 머물며 살기로 했다.

여성들은 가을 농사일로 바빠서 우리를 거의 찾지 않는다. 되도록 많은 사람을 만나고 싶었던 우리는 실망이 컸다. 만약 우리가 그 마을에 들어간 첫 번째 외국인이었다면 사람들 모두가 호기심으로 한번쯤 찾아왔겠지만 이미 레이놀즈 부인을 몇 번 만나본 터라 그들은 우리 존재에 대해 그다지 흥미를 느끼지 못하는 것 같다.

1899년 11월 11일

지난밤 폭우로 지붕에 비가 샜다. 천장에서 떨어진 빗물이 벽장의 물건들뿐만 아니라 우리가 아침에 먹으려고 준비해 둔 음식에 떨어져 한밤중에 우리는 이리저리 자리를 옮겨야만 했다.

이곳에서 조금 떨어진 마을에서 밤을 보내고 아침에 돌아온 이 씨 부인이 반가운 소식을 가져왔다. 그녀는 구성원 대부분이 양반 신분인 그 마을에서 15세 딸과 홀로 지내는 여성의 집에서 하룻밤을 보냈는데 그들은 우리가 와주기를 바란다고 했다. 오전까지 내리던 비가 정오에 그치자, 우리는 가벼운 걸음으로 그 여인을 만나러 갔다. 그녀는 글을 읽을 수 있다고 했고 우리는 복음을 소개하는 책자를 주었다. 우리를 보고 찾아온 마을 사람 몇몇에게도 소책자와 그림 카드를 나누어줬다.

우리가 숙소에 도착했을 때 마을에서 만났던 한 여성이 우리보다 먼저 와서 기다리고 있었다. 손에는 우리가 건네준 전도지가 들려 있었다. 우리가 준 전도지를 보고 남편이 싫어한다며 그냥 내버릴 수 없어 전도지를 돌려주러 왔다는 것이다.

1899년 11월 12일

오늘 우리는 전 씨 집에서 남녀가 함께 하는 연합예배를 드렸다. 예배를 드리러 14명의 여성들이 왔는데 몇 사람은 하루 종일 이곳에 머물렀다. 예배를 인도한 전 씨는 남녀를 구분하기 위해 세운 한지를 바른 간이 벽 너머로 잘 들리도록 매번 큰 소리로 말해야 했다. 예배를 마친 후에 테이트 양과 이 씨 부인은 여성만을 모아 별도로 성경을 가르쳤다. 도중에 한 여성은 자신에게 죄가 없다며 반박했고 우리는 모든 사람이 죄인일 수밖에 없는 사실을 설명하느라 고생했다.

1899년 11월 13일

오늘 아침에 우리는 짐을 싸서 전 씨와 함께 약 16킬로미터 떨어진 마을로 갔다. 그곳은 레이놀즈 선교사의 어학 선생이었던 차 선생이 사는 곳이다. 그는 우리가 와서 여성들에게 성경을 가르쳐주길 간절히 원했다. 레이놀즈 선교사는 작년에 가끔씩 이곳에 와서 복음을 전했지만 아직 그리스도인은 한 명도 없다.

차 선생은 이전에 천주교인이었다. 차 선생은 나의 어학 선생과 전주에서 계속 만남을 가졌고 나의 어학 선생은 그가 그리스도인이 되었다고 생각해 학습 교인으로 등록시켰다. 그는 며칠 전 자기 가족에게 우리가 갈 것이라는 편지를 미리 보낸 상태였다. 그의 가족은 우리를 기다리고 있었고, 우리는 외국인 여성을 본 적이 없는 마을 사람들도 몰려올 것이라 예상했다.

한 시간쯤 왔을 때, 우리는 전 씨 집에서 함께 예배를 드렸던 남성과 마주쳤다. 그는 자기 마을의 여성들이 우리가 가까이 있다는 소식을 듣고서 한번 만나보기 원한다고 알려왔다. 누군가 우리를 만나기 원한다는 건 언제나 반가운 소식이 아닐 수 없다. 우리는 그 마을 여성들을 만나 복음을 전한 뒤 너무 늦지 않게 원래 목적지로 갈 수 있으리라고 판단했다. 우리가 어떤 집앞에 도착했을 때 우리가 올 것을 알고 있던 사람들이 뛰어나와 우리를 맞아주었다.

우리가 안내받은 방은 사방 2미터 정도로 비좁았다. 우리를 만나고 싶어하는 여성들이 전부 들어올 수 없어 일부는 방에 들어와 어깨를 포개듯 앉고 일부는 문 밖에 서 있어야 했다. 우리를 맞이한 그 집의 안주인은 우리를 대접할 저녁을 준비하느라 정신이 없었다. 우리는 이곳에 식사하러 온 것이 아니며 복음을 전하러 왔고 오래 머물 수 없기 때문에 만약 그녀가 식사 준비를 하러 나간다면 대화할 기회조차 없을 거라고 설득했다. 그녀는 겨우 앉았지만 하인인지 이웃인지 우리가 모르는 사람을 밖으로 내보냈다. 그곳에 모여든 많은 여성들이 우리를 구경하는데 관심이 집중돼서 말씀을 전하기는 힘들었다. 한 시간 동안 복음을 전하고 이야기를 하고 있는데 한 상 가득 차려진 음식이 들어왔고 우리는 '밥과 달걀'을 조금이라도 먹어야만 했다.

부리나케 음식을 먹고 우리는 원래 가려던 목적지로 다시 출발했다. 가마는 하나인데 앉을 사람은 셋이어서 우리는 가마를 번갈아 가면서 타야 했다. 그 때문에 목적지에 도착했을 때는 모두가 지쳐 있었다. 우리가 마을 입구에 들어설 때 몇몇 남성과 여성 및 소년들을 만났다. 그들은 예의에 어긋나지 않을 정도의 거리를 두고 우리를 따라오며 지켜봤다.

우리가 가야 할 집이 어디인지 몰라 잠시 두리번거리는데 한 도령(레이놀즈 선교사는 〈선교 잡지〉에서 '도령은 불행히도 아직 결혼하지 못한 남성으로 콧수염을 기르고 머리는 뒤로 땋아 허리까지 닿고 우아하고 긴 청색 도포를 입었다'고 기록한다)이 앞장서서 길을 안내했다. 이 사람은 어학 선생의 남동생인 것으로 밝혀졌다. 우리를 반가이 맞이한 차 씨 부인과 며느리는 상당히 많은 밥과 김치로 우리에게 저녁 식사를 대접해 주었다.

1899년 11월 14일

아침 식사를 마치자마자 여성들이 찾아오기 시작해 하루 종일 우리가 머무는 숙소를 들락날락했다. 모임을 가질 수 있는 공간은 보통의 가정집 방보다 컸지만 30명 가까운 여성과 아이들이 한꺼번에 몰려들 때는 움직이기 힘들 만큼 비좁아졌다. 먼저 왔던 여성들이 떠나기도 전에 다른 여성들이 연이어 찾아오는 바람에 우리는 잠시도 쉬지 못했다. 점심시간이 지나고 끼니를 거를 처지가 되자 보다 못한 안주인이 사람들을 마당으로 억지로 불러냈고 그제야 우리는 늦은 점심을 먹으며 한숨을 돌릴 수 있었다.

테이트 양과 이 씨 부인은 찾아온 사람들과 하루 종일 이야기를 나누며 복음을 전했고, 그러는 동안 나는 환자 12명을 진료했다. 일곱 살 된 딸을 데리고 온 한 여성은 무턱대고 약을 달라고만 했다. 아이에게 병의 증세가 어떤지 물어도 그녀는 아무 말을 해주지 않았다. 그냥 아이를 보기만 하라고 했다. 약을 처방하려면 아이가 앓고 있는 증상에 대해 정보가 있어야 한다고 강조했지만, 그녀는 아이 앞에서 그렇게 하면 오히려 아이의 병이 더 심해질 것이라고 했다. 이것이 질병을 대하는 일반적인 조선 사람의 관습이다. 환자 앞에서 나쁜 증상을 이야기하면 오히려 더 나빠진다고 믿고 있다. 그래서 그들은 종종 병이 악화되고 있어도 좋아지고 있다고 말한다. 이 씨 부인은 아이에게 약을 처방하려면 무슨 병에 걸렸는지 알아야 하고 그러려면 증상이 어떤지 반드시 알아야 한다고 설득했다. 그러면 의사인 내가 “증상이 더 나빠지지 않게 할 수 있다”고 장담을 했지만 그녀는 여전히 아이의 증상을 입밖에 내기를 꺼렸다. 오랜 설득 끝에 그녀가 아이의 증상을 알려주었고 나는 아이가 말라리아에 걸렸다는 진단을 내릴 수 있었다. 나는 아이에게 약을 주며 이것을 먹으면 곧 좋아질 것이라고 했다. 그들은 내가 한약을 쓰는지도 궁금해 했다.

오늘 우리를 찾아온 여성들은 우리가 전해준 복음 이야기를 귀기울여 들었지만 실제로 얼마나 잘 이해했는지는 모른다. 그저 마음밭에 뿌려진 말씀의 씨앗이 잘 자라서 튼실하게 열매 맺기를 기도할 뿐이다. 저녁 식사 후에 6명의 여성들이 더 찾아왔다. 그 중에 한 명이 박의 속을 파내어 만든 큰 바가지에 실 뭉치를 한가득 담아 왔다. 그것으로 옷감을 짠다고 했다. 하루종일 사람들을 상대하느라 충분히 피곤했던 우리는 불안한 마음이 들기 시작했다. 나는 테이트 양에게 만약 저 가느다란 실을 다 감아야 한다면 우리는 늦게까지 잠을 자지 못할 수도 있다고 했다. 테이트 양이 부정하듯 말했다. “아니야! 밤을 새도 끝내지 못할 것 같아!”

우리는 그녀들과 잠시 대화를 나눈 후 이 씨 부인이 큰 소리로 성경을 읽고 복음에 대해 설명했다. 문제의 그 여성은 잠시도 쉬지 않고 계속 바느질을 했다. 어느 새 시간이 늦어 다른 여성들도 돌아가고 싶어 했고 우리도 번갈아 하품을 했지만 도무지 그녀는 손을 멈추지 않았다. 그녀만 혼자 놔두고 갈 수 없었던 여성들은 묵묵히 그녀를 기다려주었다. 줄곧 손으로 계속 실을 감으면서도 그녀의 눈은 웃고 있었고 일하는 내내 친구들과 함께 있는 시간을 즐기는 것 같았다. 마침내 그녀가 일을 끝냈을 때 모두들 집으로 돌아갔다. 나는 만약 그녀가 내일 밤에도 실 뭉치를 가지고 온다면 어떻게든 그것의 일부를 감춰야겠다고 선언했다.

1899년 11월 15일

오늘 우리를 찾아온 여성은 그리 많지 않다. 전 씨를 통해 처방약을 받기로 했던 환자 가운데 미처 받지 못한 이들에게 오늘 다시 와달라고 했는데 그 중 한 사람만 왔다.

이 씨 부인이 우리는 조선 음식을 먹지 않아 체질이 다르기 때문에 우리의 병도 다르고 우리가 사용하는 약 또한 조선 사람에게 맞지 않는다는 얘기를 들었다고 했다. 그들이 그렇게 생각해서 오지 않는 것이라면 어느 정도 일리는 있다고 여겼다.

저녁 식사 후에 여성 8명이 찾아왔고 대부분이 아이를 데리고 왔다. 지난밤에 실 뭉치 작업을 했던 여성도 마침내 모습을 드러냈다. 새로운 친구를 데려왔는데 이번에는 각자 바구니에 작업할 실 뭉치를 담아 왔다. 하지만 감사하게도 우리가 견뎌낼 만큼만 가져와 주었다. 우리를 찾아왔던 여성 중 하나는 금방 일어나 나갔고 집안에 싸움이 났다는 소식을 접한 한 여성도 부리나케 자리를 떴다. 다른 여성들은 끝까지 남아 우리가 전하는 복음을 주의 깊게 들었다.

1899년 11월 16일

다른 마을에서 찾아온 꽤 많은 여성들 덕분에 오늘도 하루 종일 바빴다. 우리가 이곳에서 저녁 식사를 하기 위해 안주인이 사람들을 억지로 방 밖으로 내보내야만 했을 정도다.

환자는 6명이었고 그 중 3명이 나의 처방약을 받아갔다. 몸이 아파서 찾아온 사람들인데도 정작 나에게서 약은 받아가지 않는 것을 보면 어떻게든 변화가 있어야 할 텐데 당장은 막연해서 혼란스럽다.

정오쯤 오랫동안 투병하던 한 여성이 죽었다는 부음을 접했다. 차 씨 부인은 며느리에게 마을에 부고가 났으니 당장 하던 일을 멈추라고 했고 그 말을 들은 며느리도 감고 있던 실 꾸러미를 밀쳐놓았다. 그들의 오랜 풍습에 따르면 마을에 사람이 죽었을 때는 장례가 끝날 때까지 모든 일을 멈춰야 한다. 만약 장례를 치르는 동안에도 누군가 일을 하면 그는 일찍 죽게 될 거라고 했다. 죽은 사람이 '빨리 일을 마치고 나를 따라오라'며 데려갈 것이기 때문이라고 한다.

조금 지나자 집 마당이 여성들로 가득 찼다. 마을의 장례 때문에 모두가 일을 멈춰야 했고 그러다 보니 할 일이 없어진 사람들이 누구랄 것 없이 우리를 보러 몰려온 것이다. 우리는 그들에게 예수님을 믿는 사람은 이웃의 죽음 때문에 두려워할 필요가 없으며 따라서 일을 멈추지 않아도 된다고 했다. 죽음까지 다스리시는 하나님의 자녀가 된 그리스도인은 죽음을 두려워하지 않기 때문이라고 했다. 우리가 이렇게 말했을 때 다소 곤란한 문제가 생겼다. 우리가 머무는 집의 안주인이 마을 사람들에게는 당연히 예수님을 믿는 사람으로 보였기 때문이다. 그러므로 그녀가 마을에 초상이 났음에도 불구하고 일을 계속한다면 풍습을 지키지 않는다는 이유로 이웃에게 조롱을 받을 테지만, 일을 하지 않는다 해도 그와 전혀 반대의 이유로 이웃에게 조롱을 받을 상황이 된 것이다. 그녀는 어떤 선택을 내렸을까? 부고 소식을 들었을 때 그녀는 잠시 동안은 실 뭉치를 들고 열심히 일을 하다가 이내 내던져버렸다. 그러고는 하루 종일 다시 실 뭉치를 잡지 않았다.

그날 저녁도 안주인이 마련한 밥과 김치로(우리는 조선 음식에 약간의 버터를 넣어서 먹곤 한다) 식사를 마치고 잠시 쉴 새도 없이 여성들이 오기 시작해 곧 방이 사람들로 가득찼다. 일부는 앉을 자리가 부족해 줄을 지어 벽에 기대고 서 있어야 했다.

그들에게 인간의 죄와 구원의 길에 대해 설명하는데 우리의 마음이 얼마나 안타까웠는지 모른다. 그들은 우리의 말을 귀기울여 들었다. 한 여성이 우리의 증거에 반응했다. 자신은 삶 가운데 많은 문제를 안고 있으며 지옥에서 벗어나 내세에는 행복하기를 원했지만 그 방법을 몰랐다고 했다. 어느 누구도 이렇게 말하지는 않는다. 사람들은 착한 사람이 천국에 가고 악한 사람이 지옥에 간다고 말하지 어떤 누구도 자신이 악하고 자신이 망할 거라고 말하지 않는다. 오직 성령이 그녀의 눈을 열어주시고 자기 안의 죄악을 보게 하셔야 그것을 깨닫고 회개할 수 있다. 우리는 구원에 관한 지식을 그들에게 전하고 가르쳤다. 그러나 우리가 할 수 있는 것은 그것이 전부다. 그 지식이 그들을 구원하지는 못한다. 성령께서 그들이 마음으로 진리를 깨달아 자신의 죄악을 보게 하시고 진정한 회개로 나아가도록 이끄시길 기도할 뿐이다.

그들은 성경을 지식적으로 알고 예배에 참석하고 교인이 되면 필요한 모든 것을 다 했다고 생각한다. 무언가를 단순히 행하는 것으로만 신앙의 수준을 가늠할 수 있다는 식이다. 나의 고향 사람들이 교회 신자로 명단이 올라가고 주일마다 예배에 참석하는 것이 하나님이 원하시는 전부라고 생각하는 것과 비슷하다. 나의 판단으로는 이곳 사람들의 이런 태도가 천주교로부터 다소 영향을 받은 것으로 보인다.

1899년 11월 17일

9일부터 이어진 우리의 전도여행이 끝났다. 아침 일찍 집을 향해 길을 나서는데 하룻밤 새 기온이 떨어져 얼음같이 차가웠다. 우리와 늘 함께 다니던 가마꾼들이 다른 사람에게 고용되어 새로 구해야 했다. 오늘 온 가마꾼 중 한 사람은 일하러 전부터 취해 있었는데 일하는 동안 쉴 틈이 생길 때마다 막걸리를 마셨다. 우리 집에 도착할 즈음엔 혼자 서 있기도 힘든 정도였다.

15킬로미터 넘는 거리를 다닐 때 보통 가마꾼 네 명이 나를 들었다. 그런데 체중이 거진 나의 두 배가(정확히 말하면 내 몸무게 딱 2배에서 10킬로그램이 모자란다) 되는 테이트 양도 네 명이 든다. 나는 이번 여행에서 가마꾼 두 명만 고용해 볼 계획이었다. 물론 가마꾼 숫자가 적으면 그만큼 여행은 불편해진다. 가마꾼 역시 이전보다 힘이 더 들 것이다. 하지만 가마꾼들이 큰 불평만 하지 않는다면 그렇게 해서라도 비용을 줄이고 싶다. 장기적으로는 자전거를 타고 다닐 계획이다. 오랫동안 기다리고 기다리던 자전거가 마침내 배송 중인데 며칠 뒤면 타볼 수 있을 것이다. 자전거로 다니는 것은 비용을 줄이는 측면도 있지만 타는 거 자체가 즐거운 일이라 몹시 기다려진다.

전도여행 기간 동안 일정의 대부분을 밖에 나가지 못하고 바닥에 앉은 채로 지내다 보니 몸이 딱딱하게 굳어버린 것 같다. 거의 운동을 하지 못했다. 우리가 새로운 지역을 방문한 경우에는 밖으로 나가 걸어다닐 기회가 없다. 복음 전도 사역에 집중하고 몰려오는 환자를 연이어 진료하다 보면 하루가 훌쩍 지나간다. 게다가 낯선 서양 여성이 집 밖을 돌아다니는 것도 그리 지혜롭지 않은 행동이다. 그렇다 보니 의자에 앉을 수 있고 식탁에서 밥을 먹을 수 있고 푹신한 침대에서 잘 수 있는, 안락함이 있는 우리 집이 참 좋다!

우리는 이 씨 부인이 며칠 더 이웃 마을에서 사역하도록 남겨두고 왔다. 그렇게 그녀는 사역을 마치고 천천히 집으로 걸어오는 동안에도 전도를 했다. 만약 이 씨 부인과 같은 신실한 그리스도인이 몇 명 더 있다면 우리 사역에 큰 도움이 될 것이다. 우리는 이곳에도 언젠가는 그런 일꾼을 많이 볼 날이 있을 것이라고 믿는다.

1899년 12월 2일 / 나는 이 사역에 적합하지 않다

올해 선교부 연례 회의를 마치고 서울로 가서 잠시 지내는 동안 장로교 선교사 연례 회의에도 참석해 사람들과 반가운 교제를 나눴다. 제물포와 서울 간 운행을 막 시작한 기차 덕분에 서울을 오가는 여행이 즐거워졌다.

그렇게 전주를 벗어나 한 달 남짓 외지에서 보낸 우리(테이트 양과 나)는 전주로 돌아온 다음 날부터 2주에 걸쳐 시골 전도여행을 떠났다. 그곳에서 곧바로 다른 지역으로 자리를 옮겨 열흘간 또 사역을 진행했다. 이전에 한 번도 가보지 않은 지역이었고 우리는 이곳에 사는 여성 대부분을 만났다. 결과적으로 풍성한 열매를 맺는 말씀의 좋은씨앗이 뿌려졌다고 믿는다. 테이트 양과 나는 지금은 휴식을 취하면서 겨울나기를 준비하고 있다.

레이놀즈 선교사가 성경번역 사역 때문에 이곳이 아닌 서울에서 겨울을 보내야 한다는 것을 최근에 알게 됐다. 해리슨 선교사 가족 또한 해리슨 선교사의 건강 문제로 미국으로 돌아가게 되었다. 아쉬운 일이기도

하고 우리의 이번 겨울이 더 외롭겠지만, 그나마 다행인 건 이번 겨울에는 해야 할 일이 많다는 것이다.

나는 이전 어느 때보다 한글 공부를 즐기고 있고 이번 겨울에 상당한 진도를 내보려고 한다. 전주 성 안에 자리한 해리슨 선교사의 집에서 주일예배를 시작했는데 이 사역이 순조롭게 진행되었으면 좋겠다. 그리고 레이놀즈 부인이 시작한 소년 주일학교와 더불어 주일 오후학교를 계속 돕고 있다. 지난 겨울에 여성들을 대상으로 진행했던 찬송가 배우기는 몇몇 사람들을 더 불러모아 주일 밤에 실시할 예정이다. 특별히 그 시간에 성경 읽기도 추가할 계획이다.

지금 진료소는 개점휴업 상태다. 환자가 거의 찾아오지 않는다. 앞서 오랫동안 진료소를 비운 탓인지, 아니면 아무도 아프지 않아서 그런지 알 수 없다. 이렇게 가다가는 도무지 내가 쓸모없는 사람이 될까 싶어 두렵다. 어쩌면 내가 이 사역을 감당하기에 자격이 없는 건 아닐까.

1900년 1월 1일 / 전주 / 첫 번째 관료 왕진

선교부 연례 회의와 11월의 시골 전도여행 이후 우리는 전주에 줄곧 머물며 겨울 사역을 하고 있다. 진료소에 찾아오는 환자와 손님을 맞고 개인적으로는 어학공부와 전도를 계속하고 있다. 성경번역 사역을 위해 서울에 머물고 있는 레이놀즈 선교사 가족은 봄까지 돌아올 수 없다는 슬픈 소식을 전해 왔다. 서울에 설치된 성경번역위원회 사역은 레이놀즈 선교사 없이는 진전이 되지 않는다고 한다. 만약 그가 떠나고 나면 사역은 아예 중단될 것이다. 어쩔 수 없이 우리 세 사람이(테이트 선교사 남매와 나) 조금은 외롭지만 오붓하게 이번 겨울을 나고 있다.

테이트 선교사는 며칠 뒤에 선교사역을 위해 목포로 간다. 테이트 양과 나는 2주 동안 이 요새를 지켜야 한다. 나는 사역 때문에 전주를 떠나게 된 레이놀즈 선교사 가족의 비어 있는 사택에서 지내는 중이다.

주일 오전에는 전주 성 안에 자리한 해리슨 선교사의 집에서 여성 예배를 드리고 오후에는 레이놀즈 부인이 맡았던 소년 반을 가르치고 있다. 정확히 말하면, 가르치려고 노력하고 있다. 아직 여성 예배에 많은 수가 참석하지는 않지만 항상 누군가를 오게 하는 것만큼은 성공하고 있다. 우리는 성 안으로 들어갈 때마다 할 수 있는 한 많은 집을 방문하려고 한다. 이곳의 여성들은 대부분 우리를 보러 왔었고 이제는 우리가 방문을 해야 할 차례다. 한두 해 전만 해도 이곳 사람들은 호기심에 우리를 찾아왔었다. 이제는 입장이 바뀌었다. 그때 그들보다 훨씬 더 간절한 심정으로 우리는 그들을 방문하길 원하고 있다.

우리가 이곳 사람들을 방문하려면 사전 절차가 반드시 필요하다. 우리를 돕는 여성을 보내 그들을 만나고 싶다는 의사를 먼저 전해야 한다. 만약 이처럼 우리를 잘 아는 누군가가 중간에 다리를 놓아주지 않는다면, 우리 같은 낯선 외국인이 그들의 집에 들어갈 방도가 없다. 이전에 우리와 만남을 가졌던 사람이라고 해도 그가 어디에 사는지 알 수 없을 뿐만 아니라 어디에서 찾아야 하는지도 알 길이 없다.

나를 돕고 있는 여성은 나를 만나기 전 오랫동안 점술가로 살았던 이력 덕분에 아는 사람들이 아주 많다. 그만큼 인맥이 넓다. 사람들은 그녀에게 예전처럼 점을 치는지 묻곤 한다. 그녀는 복음을 듣고 받아들이는 데는 여느 사람들보다 늦었지만, 이제는 그 특별한 이력 덕분에 사람들에게 복음을 더 많이 전할 수 있는 장점을 갖게 되었다. 점쟁이로 살면서 사람들에게 거짓을 말해야 했던 그녀는 하나님 말씀의 위대한 진리를 말할 수 있다는 사실에 자부심을 느끼곤 한다.

꽤 오랜 기간 진료소를 비웠던 탓에 이번 겨울에는 진료소를 방문하는 사람이 거의 없다. 진료소를 찾아왔던 사람들은 몇 번이고 실망하며 돌아갔을 것이다. 전적으로 나의 책임이다. 최근 며칠은 이전보다 환자가 늘었지만 더 이상은 늘 것 같지 않다.

최근에 나는 전주 도심에 사는 정부 관리의 부인으로부터 왕진을 부탁받았다. 의사라는 직업상 왕진은 필수 활동이지만 그 동안은 전주 성 안으로 왕진할 기회가 없었다. 일부러 기회를 마련하려고 시도한 적도 있으나, 매번 환자들은 이런저런 이유를 대며 나의 방문을 거절했었다. 그러니 이번이 도성 안으로의 첫 번째 왕진인 셈이다. 지금 진료소에는 입원 환자가 딱 한 명 있다. 그녀는 시골에서 올라왔고 병이 나을 때까지 계속 진료소에 머물게 할 수 있다면 최소한 2주는 더 머무를 예정이다.

안 그래도 선교부에 사람이 적어 조용한 크리스마스를 보냈는데, 새해가 되었는데도 여전히 다른 때보다 조용한 것 같다. 그래도 새해의 소망은 작년보다 더 간절하다. 나의 소원은, 부르심에 순종하는 노력을 새롭게 할 뿐만 아니라 온전하게 이루는 한 해를 만들어가는 것이다. 고국에서도 이곳의 우리 사역을 위해 기도와 관심으로 계속 지지와 격려를 보내주기를 부탁한다. 사랑하는 친구들 위에 우리 주님의 놀라운 축복이 임하길 소망한다.

1900년 2월 1일 / 전주

조선이 변하고 있다! 올해 1월 1일, 조선이 만국우편연합(UPU)에 가입

함으로써 국제 우편 제도에 참여하기 시작했다. 이로써 외국과의 우편 교류가 체계적으로 이루어질 수 있게 된 것이다. 우리는 새로운 우편협정 체결 덕분에 해외 우편물을 우리 집 문 앞까지 배달받을 수 있게 되었다. 말하자면 당신은 이제부터 나에게 쓴 우편물을 '아시아 조선 전주'로 곧바로 보낼 수 있게 되었다. 편지가 오다가 분실되지 않는다면 말이다. 내가 지금 쓰는 이 편지 역시 새로운 우편 체계를 통해 당신에게 보내질 것이다. 만약 제대로 도착하지 않는 안타까운 일이 일어난다면 그건 이 엄청난 변화에 사람들이 아직 익숙하지 않아서 그럴 것이다. 우편물을 직접 당사자 손에 전달할 수 있게 되면서 우리는 외부 세계와 조금 더 긴밀하게 소통하고 있다는 느낌을 갖게 되었다. 게다가 국제 우편물의 경우 제물포에서 별도의 추가 요금을 지불해야 했기 때문에 선교사의 재정부담을 절반으로 덜어주게 되었다.

지난달까지 이곳에는 별다른 일이 없었다. 여성들은 여느 때처럼 새해맞이를 준비하느라 너무 바빠서 우리를 찾지 않고 우리의 방문을 받고 싶어 하지도 않는다. 진료소에 내원한 사람들도 늘지 않았다. 봄이 꽃망울을 터뜨릴 시기가 올 때까지는 별 기대를 않고 있다.

진료소에 입원한 환자의 상태가 좋아지고 있다. 입원한 지 6주째다. 그녀는 20세 정도인데 한의사들이 바늘 같은 기다란 '침'으로 손을 찔러 많은 고통을 겪게 했다. 그녀에게 흡사 타르처럼 검고 끈적한 고약까지 발라 놓아서 그것을 제거하는 것도 힘들었다. 두 달간 손과 손가락에 심한 고통을 호소하던 그녀에게 한의사들은 온갖 처방을 했다. 하지만 자신들의 노력에도 불구하고 차도가 없자 한의사들은 결국 그녀에게 치료가 불가능하며 평생 불구로 지내게 될 것이라고 했다. 그들은 내가 운영하는 진료소를 알려주며 가보라고 했다. 남편의 전언에 따르면 서양 의사인 내가 환자를 위해 어떤 치료를 할 수 있는지 보기 위해 그녀를 데려가라고 했다는 것이다. 그녀는 수술을 받고 곧 좋아지기 시작했다. 한 달이 지나고 나서는 설날에 가족이 입을 새 옷을 준비하기 위해 집에 가고 싶어 했다.

나는 그녀의 남편에게 가족이 설날에 새 옷을 입는 것보다 그녀의 회복이 훨씬 더 중요한 일이라고 말했다. 아내의 호전에 매우 기뻐하던 남편도 나의 조언에 수긍했다. 아내에게 다 나을 때까지 절대로 집에 올 생각을 하지 말라고도 했다. 그녀는 아무 말도 하지 않았지만 표정을 보면 기뻐하고 있다는 걸 알 수 있다. 처음 이곳에 왔을 때 그녀는 하루 종일 울기만 했다. 지금은 울지 않는다. 걸어서 두 시간 거리에 그녀가 사랑하는 두 살 난 아이가 있음에도 말이다.

남편은 쌀을 가져다준다는 핑계로 아내를 자주 보러 온다. 아내에게 정말 잘 하는 것 같다. 어느 주일 아침에도 습관처럼 쌀을 가지고 왔는데, 마침 우리는 예배를 드리고 있었다. 아내는 남편에게 다음부터 주일 이 시간에는 오지 말라고 당부를 했다. 사람들은 그녀가 '믿고 싶은 마음'이 있다고 넌지시 알려주었다. 그 때문인지 그녀는 거의 매일 성경을 배우고 있다. 남편도 가끔 참여하고 있다. 이 두 사람이 그리스도인이 된다면(나는 그렇게 될 거라 믿고 있다) 그들이 사는 마을에도 좋은 영향을 줄 것이라 확신한다. 이 두 사람을 위해 특별히 기도를 부탁한다.

어제는 설날이었고 이제부터 15일간 축제가 시작된다. 밝은 빨간색, 녹색, 보라색 옷을 입은 아이들은 너무 귀엽고, 흰 옷을 깨끗하게 차려입은 어른들도 좋아 보인다. 사람들은 가능하면 새해 연휴에는 깨끗한 옷을 입지만 안타깝게도 모든 사람이 그럴 수 있는 것은 아니다.

1900년 3월 14일

성경번역위원회의 레이놀즈 선교사와 부인이 몇 주 전에 서울에서 돌아왔고 그 대신 이틀 전에 테이트 양이 미국으로 여행을 떠났다. 오늘은 그녀를 따라 뒤늦게 테이트 선교사도 미국행 여정에 오른다. 그렇게 되면 이곳에는 레이놀즈 선교사 가족과 나만 남는다. 누군가는 돌아오고 돌아오자마자 누군가는 떠났다. 나는 다시 이전처럼 외로울 것 같다.

전주에 있는 선교부 소유의 선교사 주택들을 정부에 매각하는 협상이 거의 마무리되고 있다. 우리는 가능한 빨리 새로 마련한 터에 새 집을 짓기 위해 분주해질 것이다.

1900년 4월 2일 / 전주 / 빛과 그림자

지난 주일에 우리에게 기쁜 일이 있었다. 성례식이 거행된 것이다. 남성 5명과 여성 3명이 주님 안에서 신앙을 고백함으로 세례를 받고 정식 교인으로 받아들여졌다. 그들은 교리문답 반에서 몇 개월, 길게는 2년 동안 성경과 기독교 교리를 배웠다. 그 중에 한 명은 레이놀즈 선교사의 어학 선생인데 이전에는 천주교인이었다. 그는 우리를 만나 처음으로 성경을 읽어 보았다고 했다. 여기 있는 천주교인도 다른 곳에서처럼 사람들에게 성경을 주지 않는데, 우리에게서 받은 성경을 읽으면서 천주교의 가르침이 우리가 가르치는 것과 다르다는 것을 발견하고 놀랐다고 한다.

세례를 받은 사람 가운데 나를 돕는 여성도 있었다. 나와 함께 지내는 동안 그녀가 보여준 모습은 한결 같았다. 그녀가 처음으로 영혼을 구원하는 일에 관심을 보인 것은 2년 전이다. 그녀는 평생 점술가로 살았다. 나와 함께 지내면서 점차 미신과 점을 치는 것에 대한 믿음을 버리고 자신이 가지고 있던 점술 관련 책도 팔아 버렸다. 나중에 그녀는 자신이 책을 팔아 버린 것에도 죄책감이 든다고 했다. 다른 사람이 그 책을 읽고 그녀처럼 점을 치며 거짓을 말하게 될 것임을 깨달았기 때문이다. 결국 그녀는 자신에게서 책을 사간 사람을 찾아 먼 곳까지 갔다. 돈을 되돌려주고 자신이 팔았던 책을 되돌려받기 위해서였다.

며칠 전에 그녀가 자신이 팔았다가 되돌려받은 그 점술 관련 책을 나에게 보여주었다. 나는 그 책의 내용이 궁금했고 그녀도 나의 그런 마음을 눈치챘다. 내가 그 책을 미국에 가져가고 싶다고 하자 그녀는 망설임없이 건네주었다. 하지만 지금도 그녀는 자신이 보는 앞에서 그 책을 불태웠어야 했다고 생각하고 있다.

이번에는 약 30명의 세례 신청자가 있었다. 그 중에는 이전부터 교회에 나오긴 했지만 세례를 받을 준비가 되지 않은 사람도 더러 있다. 또 다른 이 씨 부인은 전주에 우리 선교부가 처음 시작할 때부터 남편과 함께 복음을 들었다. 이 씨 부인과 마찬가지로 친절한 남편 역시 책을 읽을 줄 알고 복음을 잘 알고 있다. 하지만 그는 외국인도 좋고 말씀도 좋다고는 하지만 친구들의 조롱 때문에 복음과 아무런 상관없이 살아간다.

이번 겨울에 이 씨 부인은 남편에게 자신은 그리스도인이 되어 교회에 나가 예배를 드리기로 결심했다고 말했다. 그러면서 남편도 원한다면 말씀을 진심으로 받아들이고 그리스도인이 될 수 있다고 했다. 그녀는 자신의 결심은 확고하므로 남편에게 반대하지 말 것을 부탁했다. 그녀는 겨울 내내 교회 예배에 꾸준히 출석했다. 하지만 남편의 친구들이 가만두지 않았다. 그들은 친구의 아내가 교회에 가는 것을 내버려뒀다며 심하게 조롱했다. 남편은 더 이상 참지 못했고 그녀가 예배에 참석하는 것을 금지했다. 그날 이후 그녀는 자신이 감당해야 하는 고통이 너무 크다고 토로했다. 어느 날 그녀는 아이를 우리에게 보내 신자 명단에서 자신의 이름을 지워달라고 했고 더 이상 교회에 오지 못한다고 했다. 그렇지만 신앙을 버리지는 않을 것이며 집에서 예배를 드리겠다고 했다. 물론 우리는 기회가 닿는 대로 그녀를 방문할 것이고 할 수 있는 한 그녀를 돕고 싶다.

유 씨 부인은 지난 3년 동안 가끔씩 남편의 허락을 받고 예배에 참석하는 교인이었다. 이 씨 부인과도 친한 사이여서 이번 겨울부터는 이 씨 부인을 따라 교회에 나오는 횟수가 많아지는 중이었다. 그러다 이 씨 부인이 남편의 반대에 부딪혀 예배 참석을 못하게 되면서 유 씨 부인도 더 이상 교회에 나오지 않는다. 그녀는 남편과 연로한 시어머니와 함께 살고 있다. 남편의 잦은 폭력을 묵묵히 견디며 지내지만 누가 봐도 힘든 삶이라는 걸 알 수 있다. 이 두 가정을 위해 특별히 기도를 부탁한다.

지난 3개월간 이곳에서 치료받은 환자가 마침내 거의 회복되어 며칠 전에 집으로 돌아갔다. 통증이 어느 정도 줄어든 때부터 그녀는 집에 가고 싶다는 의사를 내비쳤다. 막상 우리와 헤어지려니 그동안 받은 관심과 치료에 고맙기도 하고 미안하기도 해서 퇴원 일주일 전부터 매일 울었다. 그녀는 초신자 반에 들어와 신실한 그리스도인이 되겠다는 약속을 했다. 게다가 그녀는 여기에 있는 동안 글 읽는 법을 배워 집으로 돌아갈 때 몇 권의 기독교 책을 가져갔다. 그녀가 그 마을과 가정을 위한 선교사로서 살기를 기대한다. 그녀는 아직 한 달에 몇 번은 전문적인 치료가 필요하고, 이번 주에 그녀를 보기 위해 왕진을 갈 예정이다.

테이트 선교사 남매가 지난 달 중순에 미국으로 떠나고 며칠 뒤에 레이놀즈 선교사가 선교부 업무를 처리하기 위해 자리를 비우는 바람에, 3주 동안 레이놀즈 선교사 부인과 아이들과만 함께 지내고 있다. 친밀한 누군가가 떠나고 나면 한동안은 외로움이 찾아든다. 현지 여성들도 테이트 양과의 이별을 아쉬워했고 작지만 세심히 준비한 선물들로 그녀를 향한 사랑과 존경을 보여주었다. 나는 테이트 양이 감당하던 사역까지 떠안게 되어 더욱 바빠졌다. 그 덕분에 외로움을 느낄 시간이 훨씬 줄었다.

인원 부족에 따른 불가피한 결정으로 내가 선교부 교회에서 드리는 여성 예배를 맡느라 도성 안에서 드리는 여성 주일예배를 포기해야 하는 상황이 되었다. 그 대신 나를 돕는 여성을 그곳으로 보내 사람들을 이곳으로 오도록 했다. 그렇지 않아도 최근 몇 달 동안 예배에 참석하는 사람들이 상당히 늘어 우리의 선교사역이 힘을 얻고 있다.

우리 선교부 재산 매각에 관한 정부와의 협상은 모두 마무리되었고 우리는 10개월 내로 집을 비워야 한다. 지금도 레이놀즈 선교사는 서울에서 이 일과 관련한 협상 및 신규 건축을 대비한 계약을 위해 애쓰고 있다.

레이놀즈 선교사의 집과 나의 집, 그리고 진료소는 올 여름에 새로 건축해야 한다. 이 문제와 관련해 우리와 정부 사이의 협력은 매우 우호적이다. 계약에 따른 대금 지불도 완료되었다. 또한 정부는 우리에게 다시 이주 요청을 하지 않을 것이라는 약속과 함께 새로 지을 건물 부지를 제공했다. 부지는 현 건물의 위치와 비교해 현지인 마을에서 조금 더 멀리 떨어졌다. 사역하기에 적합하지는 않지만 이것이 우리가 내릴 수 있는 최선의 선택이다.

1900년 4월 24일 / 선교부 신축과 학교

서울로 올라간 레이놀즈 선교사 없이 레이놀즈 부인과 아이들 이렇게만 단출하게 한 달을 보냈다. 대부분의 기간 동안 아이들은 이런저런 이유로 몸이 아팠고 그 때문인지 기억에 남는 좋은 일들도 없다. 그리고 마침내 레이놀즈 선교사가 돌아왔다. 레이놀즈 선교사가 우리에게 얼마나 큰 의지가 되는지 새삼 느끼고 있다. 레이놀즈 선교사의 복귀와 함께 우리가 옮겨갈 새로운 터전에서 건축도 시작되었다. 오늘 현장에 나갔더니 기초 다지기를 위한 땅고르기 작업이 진행중이었다.

우리의 새로운 선교 부지를 살펴본 현지인들은 한목소리로 우려를 드러냈다. 맞은편 가까이에 유원지가 있으니 진료소 운영이나 선교사들이 편하게 지내는 데도 제약이 따를 것이라고 했다. 생활은 물론 사역에도 좋지 않을 거라는 우려에도 불구하고 우리는 다른 선택의 여지가 없다. 앞으로의 일은 주님께서 해결하시도록 맡기는 것뿐이다.

늘상 바쁘기만 한 레이놀즈 선교사는 이번 여름 들어 너무 많은 일을 하고 있다. 무엇보다 그의 건강이 염려된다. 평소에도 그다지 튼튼하달 수 없는 사람인데 이번 일로 몸이 축날까 봐 걱정이다. 내가 지낼 집과 진료소를 건축할 때 어떻게든 도움을 주고 싶지만 내가 할 수 있는 일은 거의 없다.

테이트 양을 돕는 여성의 딸인 한 씨 부인이 얼마 전부터 어린 소녀들을 가르치고 있다. 나는 만약 그녀가 여섯 살 이상의 소녀 6명을 모을 있다면 내가 운영비를 부담하고 학교를 시작할 수 있다고 말했다. 그랬더니 그녀가 금방 여섯 명을 확보했다. 통학 거리가 멀어 이곳에서 기숙 생활을 할 아이를 제외하고, 오늘부터 정식 수업을 시작했다. 찬송가로 시작해 성경공부와 기도 시간이 갖고 난 뒤 한 자리에 모인 다섯 명의 어린 소녀들에게 앞으로의 일정과 과제에 대해 알려주었다. 나는 비록 지금의 시작이 작고 미약하지만 멀지 않은 미래에는 학교 사역의 핵심이 될 것이라 믿고 있다. 주님께서 이 학교와 아이들을 축복하셔서 아이들의 가정마다 선한 능력이 드러나고 풍성한 열매가 맺힐 것이다.

1900년 5월 1일 / 전주 / 나를 관광하러 온 사람들

지난 편지에서 레이놀즈 선교사가 정부와의 선교사 부지 매매 관련 협상을 마무리짓고 한 달 만에 서울에서 전주로 돌아왔다고 알렸다. 모든 일이 순조롭게 진행될 것이라는 기대와 달리 정부 당국이 일을 너무 느리게 처리하고 있어 이것이 문제로 대두하고 있다. 새로 지을 선교부 부지의 땅고르기만 진행되었을 뿐 다른 일정은 지지부진해서 어쩌면 우리의 성탄절 만찬을 새로운 보금자리에서 갖지는 못할 것 같다.

오랫동안 진료소에 입원해 있는 환자를 보러 갔다. 우리를 보고 어찌나 반가워하던지 우리는 그녀를 위해 거의 하루종일 함께 있어주었다. 입원 생활이 적적했던 그녀는 이웃집뿐만 아니라 다른 마을에 사는 여성들까지 진료소로 불렀다. 그렇게 해서 여성들 몇 명이 소위 나를 '관광'하러 왔다고 한다. 나는 그들의 호기심을 충분히 채워준 뒤에 잠시 복음을 전할 기회도 가졌다. 그녀는 자신의 질병으로 교회에 가지 못하고 있음을 안타까워했고 할 수만 있다면 예배를 드리고 싶다는 간절함을 드러냈다. 교회에 나가지 못하는 대신 그녀는 성경을 매일 조금씩 읽으며 교회에서 배운 가르침을 잊지 않고 있다고 했다.

진료소에는 스물다섯 살 남성이 입원해 있다. 그는 아직 총각인데 그럴 만한 것이, 청력에 문제가 있고 말을 하지 못한다. 그와 우리 사이는 급속도로 가까워져서 입원한 날부터 우리를 보겠다고 종종 찾아올 정도다. 있다. 며칠 전 어린 소녀가 대나무로 활과 화살을 만들고 남은 막대기를 총각에게 던졌는데, 날카로운 쪼가리 하나가 총각의 눈에 박혔다. 눈에 박힌 대나무를 뽑아내는 건 끔찍하고 고통스러운 일이었다. 듣지도 말하지도 못하는 그가 시력까지 잃게 될까 봐 두려웠다. 사건의 발단이 된 소녀의 아버지는 가끔 우리의 외출 때 일을 돕던 가마꾼이었다. 그가 총각을 진료소로 데려왔고 앞으로 벌어질 일 때문에 몹시 괴로워했다. 만약 총각의 시력에 문제가 생긴다면 소녀의 아버지를 죽이겠다며 총각의 가족들로부터 위협을 받았기 때문이다.

마을 사람들은 닥쳐올 위험 때문에 다른 마을로 이사갈 것을 권했다고 한다. 어느 날 소녀의 어머니를 만나 소녀가 이 일로 많이 놀랐는지 물었다. 그녀는 자신과 남편이 아이를 크게 혼냈으며 깊이 뉘우치고 있다고 전했다. 조선의 문화와 풍습에 대해 잘 모르지만, 나는 내가 할 수 있는 최선의 조언을 해주었다. 그렇게라도 해야 나의 마음이 조금이나마 편할 것 같았다.

여성 예배 참석 인원이 점점 늘어 지난 주일 예배 시작 때 40명 넘는 인원이 참석했다. 예배가 끝났을 때는 그렇게 많지 않았다! 교인들은 별다른 사정 없이 주일 예배에 참석하지 않는 이들이 너무 이상하다고 말한다. 하지만 정작 자신들도 그럴 수 있기를 은근히 바라고 있다.

나는 화요일에 여성 성경공부 반을 맡고 목요일 밤에는 연합기도회를 인도한다. 성경공부는 구약 창세기부터 시작했다. 참석자들은 이렇게 성경을 공부하는 모임을 좋아해서, 다음 과의 성경 구절을 미리 알려주면 그 다음 주에는 언제나 외워서 온다. 다음 주 본문은 노아의 홍수 이야기다. 구약은 아직 한글로 번역이 되어 있지 않아 필요할 때마다 중국어 성경을 한글로 번역해 사용한다. 물론 번역 작업은 나의 어학 선생의 몫이다. (우리나라 최초의 한글 구약 성경은 1910년에 완성되었다-편집자).

1900년 6월 7일

나의 긴 침묵은 뭔가 쓸 것이 부족했기 때문이 아니라 쓸 시간이 부족했기 때문이다. 마지막으로 글을 쓰고 난 이후 너무 많은 일이 일어났고 어디에서부터 시작해야 할지 잘 모르겠다.

새로운 선교부 신축은 계속 지지부진 상태다. 거기에 더해 레이놀즈

군산 예수병원

선교사가 갑작스레 귀국을 결정했다. 고향에서 전해진 어머니의 건강 소식에 줄곧 힘들어했었다. 하지만 이곳에 산적한 문제들 때문에 선뜻 귀국하겠다는 말을 꺼내지 못하던 상황이었다. 그러던 차에 미국 선교부에서 먼저 연락이 온 것이다. 날을 정해 귀국하라는 귀국 승인서까지 보내왔다. 그는 미국으로 들어가기로 결정했고 그가 이곳에 돌아올 때까지 우리의 지지부진한 선교부 신축 문제는 당분간 놔두기로 했다. 결과적으로 나는 최소 2년은 이 집에서 더 살아야 한다는 결론이 내려졌다. 귀국 준비는 신속하게 이루어졌다. 이번 달 5일에 레이놀즈 부인과 자녀들은 먼저 전주를 출발했고 레이놀즈 선교사는 오늘 아침 일찍 뒤이어 출발했다.

나는 현재 테이트 양의 집에 머무르고 있다. 5월 말에 이곳으로 옮겨온 상황이고, 군산으로 가야 하는 일정을 기다리면서 당분간 홀로 지내고 있다. 영광스럽게도, 테이트 양의 집에 머물면서 잠시나마 레이놀즈 선교사를 대접하는 즐거움을 누렸다. 그녀가 사용하던 요리 기구를 사용해 나만의 조리법으로 몇 가지 음식을 도전해 본 셈이다. 집안 일은 나름대로 즐겁지만 그동안 혼자서 사느라 어떻게 하는지 거의 잊어버렸다. 딸기잼을 만들어 저장해 두었고 군산으로 가기 전에 버찌로 잼도 만들려고 한다.

1900년 6월 18일 / 까마귀 섬(오죽도)

이달 11일에 군산에 왔다. 여름 동안에 무더위를 피해 선교사와 가족들이 이곳에서 지낼 계획이다. 말하자면 천막 선교부가 시작되는 것이다. 우리는 드류 의료선교사, 오웬(Dr. Owen) 의료선교사, 스트래퍼(Miss

Straeffer) 양, 애클스(Miss Ackles) 양과 함께 '까마귀섬(오죽도)'에 들어왔다. 우리보다 먼저 온 윌리엄 불(Mr. William Bull) 선교사가 천막으로 임시 선교부를 설치해 놓고 우리를 기다리고 있었다. 태풍과 차가운 날씨가 계속되어 드류 부인과 아이들, 스테드먼(Mr. Frederick W. Steadman) 선교사 부부와 아기는 아직 오지 못했다. 우리의 천막 선교부는 군산에서 약 22킬로미터 떨어진 바다가 내려다보이는 아름다운 언덕에 설치돼 있다. 더 멀리 떨어진 고군산도에 가고 싶었지만 태풍 때문에 가지 못했다. 그래도 감사하다. 이상적인 천막 생활을 하기엔 날이 약간 추웠지만, 천막이 편하게 설치된 덕분에 지난밤에 모두가 숙면을 취할 수 있었다. 오늘은 벚나무 섬에 가서 버찌를 딸 수 있을까 싶었는데 바람과 조류가 좋지 않다고 한다.

1900년 6월 26일

매일 글을 쓰려고 노력하는데 글을 쓰기에 캠프가 너무 혼잡하다. 20에는 드류 부인과 아이들, 스테드먼 가족 그리고 휘팅(Dr. Whiting) 의료 선교사가 합류해 즐거운 시간을 가졌다. 우리 중 일부는 버찌를 따겠다는 목표로 버찌 섬 모험을 떠났다. 평평한 개펄을 4킬로미터 걸어 들어가 벚나무 군락을 둘러봤는데 정작 버찌는 채 익지 않았다. 우리는 빈손으로 버찌 섬을 나왔다. 돌아올 때는 다른 길을 이용했는데 이번에는 개펄에 무릎까지 빠져 걷는 것조차 힘들었다. 결코 잊을 수 없는 시간이 될 것 같다.

23일 토요일 밤에 큰 태풍이 와서 천둥, 번개, 우박, 비, 바람이 한꺼번에 몰아쳤다. 힘겹게 버티던 천막이 새벽 3시경에 한순간 굉음과 함께 주저앉아 버렸다. 천막을 떠받치던 지지대가 모두 부러져버린 것이다. 천막 안에서 자고 있던 여성들과 아이들, 그리고 일부 남성들은 빗물에 온몸이 젖었지만 꼼짝할 수가 없었다. 폭우는 몇 시간째 물을 들이붓듯 쏟아졌고, 불을 밝힐 성냥도 젖어버려 우리는 어둠 속에서 무력하게 앉아 날이 밝기만을 기다렸다. 다행히 현지인들이 불을 들고 우리를 구하러 왔다. 우리는 불을 받아 빛을 밝히고 임시로 지지대가 될 만한 것을 찾아 천막 가운데를 받쳐 세웠다. 그러자 사람들이 허리를 구부리고 돌아다닐 수 있게 되었다.

해가 뜨고 폭우가 그치자 우리 모두는 엉망이 된 몰골로 짐을 정리해 궁말(구암)로 떠날 채비를 했다. 한 소년이 배를 해변에 대었고 남성들은 피난민과 짐을 잔뜩 실은 배를 출발시키기 위해 애를 썼다. 우리가 탄 배는 오전 10시쯤 오죽도 해변을 출발해 오후 1시쯤 궁말에 다다랐다. 궁말에서 가장 먼저 젖은 짐들을 펼쳐 햇볕에 말리는 작업을 했다. 그런 다음에야 우리는 비로소 혼란에서 벗어나 어느 정도 정상을 찾았다.

언제 그랬냐는 듯 날씨가 다시 맑아졌다. 스테드먼 선교사 부부는 남는다고 했는데 일주일 또는 더 길게 머물지도 모르겠다. 선교사 일행들과 함께 했던 휴식의 시간이 갑작스럽게 끝나서 아쉬웠다. 우리는 여기에서 며칠 더 머물며 배를 타고 여행을 할지도 모른다. 수영을 하고 해변을 걷고 조개를 줍기도 하고 바위에 앉아 파도를 바라보며 여유로운 휴식을 좀 더 가져보려고 한다.

이번 오죽도 캠프의 한 가지 특별한 기억은 성경공부였다. 오웬 의료선교사가 인도했는데 우리 중에 이보다 영적인 사람은 없을 것이다. 성경을 깊이 묵상하고 풀어 주는 그의 가르침은 큰 유익이 되었다. 더불어

오웬 의료선교사와 휘팅 의료선교사의 약혼 발표도 아주 특별한 기쁨이었다. 우리는 뜻밖의 소식에 놀랐지만 한마음으로 축하해 주었다. 부부의 연을 맺게 될 두 사람은 서로 잘 어울리는 한 쌍이다. 휘팅 의료선교사 역시 우리 선교부에 큰 도움이 될 것을 기대하고 있다. 우리 모두는 그녀를 사랑하고 있고 그녀의 삶에 찾아온 새로운 변화가 평생의 기쁨이 되기를 바라고 있다.

레이놀즈 부인은 이곳을 떠난 후로 소식이 없어 어떻게 지내는지 궁금하다. 어제 테이트 양에게서 연락이 왔는데, 테이트 선교사 남매는 지금 멋진 항해를 하는 중이며 포트사이드(Port Said)에 들렀을 때 이 편지를 부쳤다.

1900년 7월 2일 / 군산

지난 달 초에 편지를 부치고 며칠 뒤에 레이놀즈 선교사 부부가 미국행 증기선에 올랐다는 소식을 들었다. 나는 며칠 혼자서 지내다가 지난달 11일에 군산으로 이동했다. 나를 돕는 여성과 테이트 양을 돕는 이씨 부인도 그곳에 두고 떠나왔다.

전주와 나의 사랑하는 현지인 친구들을 떠나게 되어 말할 수 없이 미안하지만 어쩔 수 없는 선택이었다. 부족한 나 대신 하나님께서 그들을 평안하게 돌봐주시길 기도한다. 그들이 우리를 의지하는 것은 너무 쉽다. 그렇기에 지금의 이 시기는 그곳에 남겨진 그리스도인들에게 시험을 통과하는 시간이자, 외국인보다 하나님을 더 의지하는 법을 배워야 하는 시간이 될 것이다. 나를 돕는 여성과 이 씨 부인은 나 없이 많은 일을 감당해야 한다. 진료소를 찾는 방문객을 맞이해야 하고 복음을 전하고 말씀을 가르치기 위해 여러 마을과 사람들을 방문해야 한다.

며칠 전 이 씨 부인에게서 편지가 왔다. 내가 전주를 떠난 뒤부터 자신이 많이 아팠고 나를 돕는 여성도 귀한 손자를 잃었다고 했다. 나의 어학 선생은 레이놀즈 선교사의 집에서 다른 그리스도인 남성과 힘을 모아 복음을 전하고 교회에서 예배를 인도하고 있다. 우리가 떠나 있어도 사역은 결코 멈추지 않았다. 어려움과 아픔 속에서도 조선의 그리스도인들이 빈 자리를 든든하게 메우고 있다. 우리는 하나님께서 그곳에 뿌려진 말씀의 좋은씨앗이 깊이 뿌리내리도록 축복하셔서 우리가 돌아갈 때에는 숱한 영혼들이 하나님 나라에 들어가는 것을 볼 수 있도록 하실 것을 기도한다. 또한 조선의 그리스도인들이 죄로 인해 넘어지지 않도록 붙드시길 기도한다.

군산에 도착하니 스테드먼 부부, 애클스 양, 스트래퍼 양, 휘팅 양과 오웬 의료선교사로 구성된 일행이 천막 선교부 설치를 위해 드류 의료선교사의 집에 모여 있었다. 스테드먼 부부와 애클스 양은 보스턴에 있는 고든(Gordon) 박사 교회의 신자들이 시작한 독립 선교회 회원으로 사역 중이었다. 그들은 전주에서 55킬로미터 떨어진 강경에서 사역을 하고 있다. 나는 이전에 한두 차례 그곳을 방문했던 언급을 한 적이 있다. 그들은 우리 선교부에 가입하겠다는 의사를 전했다. 이곳에서 선한 열매를 맺을 주님의 사역자들을 우리 선교부와 고국의 교회가 기쁘게 받아들일 수 있었으면 좋겠다. 휘팅 의료선교사는 아직 북장로교 선교회의 회원이지만 결혼 후에는 오웬 선교사 부인이 되어 우리 선교부 회원으로 활동할 예정이다.

스테드먼 부부가 전도용으로 사용하는 대형 천막을 가지고 왔다. 여름 동안에 우리가 사용할 천막 선교부였다. 우리는 군산에서 22킬로미터 떨어진 섬을 목적지로 정했고 우리 모두는 드류 의료선교사가 마련한 배에 올랐다. 오죽도에 도착해 10일 동안 시원한 바람과 바다 수영을 즐기고 낚시를 했다. 날씨만 좋았더라면 그곳에서 3주 더 머무를 예정이었다.

그러나 이제껏 경험해 보지 못한 태풍이 하룻밤 사이에 섬을 휩쓸고 지나갔다. 우리가 숙소로 사용하던 천막은 태풍의 위력을 견디지 못하고 지지대가 부러지며 굉음과 함께 주저앉았다. 모든 것이 물에 잠겼고 날이 밝자마자 우리는 급히 짐을 싸 군산으로 돌아왔다. 몰골은 엉망이었지만 아무도 다치지 않은 것에 감사했다. 다행히 날씨가 좋아지면서 우리 중 몇 사람은 며칠 더 머물면서 50킬로미터 떨어진 아름다운 섬들을 여행했다. 뱃멀미를 하지 않는다면 배로 하는 여행은 너무나 즐겁다. 나는 이렇게 여름날의 한 때를 마음껏 즐기는 호사를 누렸다.

애클스 양과 나는 추수철에 몇 주간 중국 산둥성 치푸(옌타이)에 갈 계획을 세웠었다. 하지만 중국 내에서 벌어지는 혼란 상황이(의화단 사건) 우리의 일정을 무산시켰다. 게다가 중국 내륙에 들어가면 숙박시설조차 구하기 어려울 거라는 친구들의 우려 섞인 조언도 들었다. 나의 계획이 실현되면 좋겠지만, 여기 있는 동안에는 친구들과 함께 지내다가 다른 방도가 없으면 가을에는 다시 전주로 돌아가는 게 맞을 것 같다.

1900년 7월 18일 / 강경

일주일 전 애클스 양과 함께 강경에 내려왔다. 그러나 비가 계속 내리는 바람에 하루 종일 거의 집 안에서만 지내고 있다. 곧 군산으로 돌아가려고 기다리는 중인데 비가 그치지 않으면 우리가 탈 배가 언제 올지 모른다고 했다. 애클스 양의 숙소 옆에는 작은 테니스장이 마련돼 있다. 고국에 있을 때처럼 즐겁게 운동하기 좋은 기회이지만 비 때문에 두 번밖에 치지 못했다. 그나마 다행인 건 스테드먼 선교사 부부의 집이 가까이에 있어 두 사람과 자주 교제를 나누었다는 것이다. 이곳은 풍경이 아름답다. 특히 숙소 바로 앞에 탁 트인 바다에서 조수가 밀려드는 장면은 일품이다.

거의 매일 아침마다 편지를 썼고 한번에 부치려고 모아 놓았다. 이곳에선 중국의 상황을 소식으로 접하기가 힘들다. 군산을 떠나기 전에야 들게 된 바에 따르면 우리 같은 선교사에겐 가장 절망적인 내용이었다. 하나님께서 그 땅에 있는 선교사들과 외국인들을 보호해 주시고 잘못된 정보와 판단으로 폭력을 일으키는 사람들의 마음을 잠잠케 해주시길 기도한다.

1900년 8월 22일 / 목포

일주일 간 목포에 내려와 있다. 몸이 약간 좋지 않은 것을 제외하면 즐거운 시간을 보내고 있다. 이곳에 내려온 주된 목적은 스트래퍼 양의 새 집을 방문하는 것이었다. 그녀가 앞으로 살아갈 집은 작지만 아담하고 안락했다. 벨 선교사 부부도 만났다. 두 사람은 최선을 다해 우리를 기쁘게 섬겨 주고 있다. 이곳의 교회 예배에는 무척 많은 조선 사람들이 참석한다. 그 중에서도 유독 여성들이 많다는 사실에 놀라고 있다. 이곳의 선교 사역은 희망적이다. 스트래퍼 양은 그녀의 집에서 매 주마다 한번 여성들과 모임을 갖고 있다. 나도 함께 참석해 이런저런 대화를 나누며 뜻깊은 시간을 보냈다. 예전 진료소에서 나를 돕던 여성인 오미가 어머니가 이곳에서 스트래퍼 양을 돕고 있다. 모든 집안일과 식사를 맡고 있는데 스트래퍼 양도 아주 만족하고 있다. 벨 여사는 곧 다가오는 선교부 연례 회의 때 아이들 돌보는 일을 그녀에게 일임하겠다고 했다. 올해 8월의 목포는 습하지는 않지만 너무 더워서 함부로 밖에 나가기가 힘들다. 꽤 오랫동안 비가 내리지 않았다고 한다. 그 때문에 가뭄이 더 길어지면 쌀농사를 망칠 위험이 크다. 중국의 위급한 상황과 더불어 이곳의 가뭄 등으로 동양 세계는 큰 고통을 겪고 있다. 이곳에는 단비가 내리고, 중국에도 하루 빨리 평화를 허락해 주시길 하나님께 기도드린다.

1900년 9월 8일 / 제물포

거의 자정에 되어서야 전주 선교부 보고서를 마무리했다. 서울에서 언스버거(Dr. Emma M. D. Ernsberger) 의료선교사와 함께 지내고 있는데 그녀가 맡고 있는 의료선교에 관한 대화를 나누며 즐거운 시간을 보내고 있다. 어제 참석했던 회의는 오늘 끝난다. 우리 자체 선교부 주관 연례 회의는 월요일인 10일에 시작한다.

1900년 9월 20일 / 평양 / 로제타 홀 의료선교사의 평양 초대

내가 평양에 왔다는 사실이 나 스스로도 믿기지가 않는다. 우리 선교부 연례 회의가 끝난 직후에 홀(Rosetta Sherwood Hall) 의료선교사로부터 평양으로 초대하는 편지를 받았다. 노블(Mr. and Mrs. Noble) 선교사 부부가 막 평양으로 올라가려던 참이라 나도 동행하기로 했다. 평양 방문은 조선에 처음 왔을 때부터 바라던 바였다. 이렇게 갑작스럽게 초대를 받아 그 바람이 이루어질지 전혀 예상치 못했다. 그것도 북부 지역 선교회 모임이 열리는 중에 오게 되어 너무 기쁘다. 나는 북부 선교회 측으로부터 이곳에 머무는 동안 숙식 등의 편의를 제공받고 있다. 애클스 양도 이곳에 왔는데 그녀는 노블 여사의 초대를 받았고 우리는 가까이에 있다. 우리는 사흘 일정으로 9월 12일 정오에 제물포를 출발해 목요일 오후에 이곳에 도착했다. 제물포에서 증기선을 타고 이곳에서 50킬로미터 떨어진 진남포에 도착한 후 거기서 다시 삼판선으로 갈아타고 대동강을 거슬러 평양에 도착했다. 꼬박 이틀이 걸리는 여정이었다. 우리 선교부 연례 회의는 월요일부터 금요일까지 이어졌는데 필요 이상으로 길어졌지만 적은 인원임에도 불구하고 우리의 회의는 즐거웠다.

1900년 9월 29일 / 평양 근처 대동강

당신은 내가 이곳에서 편지를 쓰고 있다는 것을 알면 분명 놀랄 것이다. 나 자신도 내가 여기에 있다는 사실에 적잖게 놀라고 있다. 평양 여행은 내가 전혀 예상하지 못한 일정이었다.

선교부 연례 회의는 특별한 것 없이 잘 마쳤다. 회의 이후에 곧장 군산이나 전주로 돌아가지 못했다. 감사하게도 나는 홀 의료선교사로부터 평양에 갈 수 있는 기회를 제안 받았고 제물포에서 출발해 일주일 또는 그보다 길게 평양에 머물기로 했다. (중략)

평양에서 드리는 주일 예배는 현지인이 천 명 넘게 참석했다. 교회 안은 이미 신자들로 가득 찼고, 어떻게든 안에 들어가려는 듯 문과 창문 쪽으로 사람들이 계속 몰려들었다. 만약 당신이 나와 다르지 않다면 이렇게 큰 교회에 모인 현지 그리스도인들을 보면서 마음이 온통 하나님께 돌리는 영광과 찬양으로 가득했을 것이다. 이곳에서 헌신하는 사역자들과 일꾼들을 향한 축복의 기도는 당연했을 것이다. 게일 선교사와 언더우드 선교사가 인도한 예배는 처음부터 끝까지 경이롭고 흥미로웠으며 영원한 진리인 하나님의 말씀이 분명하게 선포되고 있었다.

예배를 드릴 때는 얇은 천을 내려 남자와 여자를 양쪽으로 나눈다. 서로가 보이지 않게 두껍고 기다란 천으로 완전히 가리지는 않았다. 남쪽 지방 여성들은 감추려고 하는 경향이 강한데 여기는 전반적으로 그런 것이 거의 없어 보였다. 자신이 남보다 낫다고 여기는 양반 계급의 우월감도 거의 없어 모든 사람이 사회적으로 동등한 위치에 있는 듯하다. 예배 후에 우리는 여성들 사이를 오가며 만나는 사람마다 악수를 나누고 다정하게 인사를 건넸다.

오늘 이 교회에서 드린 주일 예배는 우리 삶에 큰 희망을 주는 기억으로 남게 될 것이다. 씨앗을 뿌리지만 분명한 결실이 거의 없는 우리에게 상당한 위로가 됐다. 능력의 하나님은 남녁 땅에서도 이곳처럼 그분을 위해 사람들을 기꺼이 모으실 것을 믿는다. 말씀을 전하기가 힘든 사람들이라 해도 성령님은 다른 민족에게 하셨던 것처럼 이 민족에게도 동일한 은혜를 베푸실 것을 믿는다. 더 인내하면서 신실하게 주님의 때를 기다리면 우리 가운데도 이와 같은 영적 대각성을 볼 수 있을 것이다. 우리는 이미 그 약속을 소유하고 있다. 그렇기에 일꾼이 부족함에도 불구하고 우리의 선교부는 낙관적인 전망을 하고 있다.

평양의 새 예배당은 건축자금이 모아졌을 때 세우려고 계획 중인 더 큰 건물의 일부분이다. 오른쪽에 두 채의 건물이 세워질 텐데 한쪽은 남성들을 위한 공간이 되고 다른 한쪽은 여성들을 위한 공간이 될 것이다.

감리교 역시 이곳 사역에 관심을 가지고 있지만 장로교만큼 크지는 않고 선교사 세 가정이 사역 중이다.

나는 뉴욕에서 알게 된 홀 의료선교사의 초대로 이곳에 머물고 있다. 의사로서 그녀가 담당하는 사역도 대단하지만, 특별히 시각장애인을 위한 교육사역은 남다르다. 시각장애를 가진 세 명의 소녀를 데려다가 종이를 바늘로 눌러 만든 점자책을 읽을 수 있도록 가르치고 있다.

이 도시에 머무는 동안 기자(箕子)의 우물과 궁전 터 그리고 흔적으로 남은 옛 성벽 등 흥미로운 유적지를 방문했다. 은나라의 왕족으로 알려진 기자가 이곳에 세웠다는 아치 모양의 궁궐 입구는 오래되어 곳곳이 갈라지고 부서졌지만 그 오랜 세월을 견디고 여전히 서 있었다. 그가 오래전 이곳에 터를 잡고 도시를 세웠다는 곳은 현재 도시가 자리한 곳보다 위치적으로 나아보인다. 다만 이제는 흔적으로만 남아 있고 대부분이 키 큰 잡초로 뒤덮여 있다. 여기서 멀지 않은 숲에 기자의 무덤이 있고 조금 더 가면 배처럼 생겨 '닻을 내린 곳'이라고 이름 붙인 바위가 있다. 역사적으로 기자의 무덤 터의 위치가 두세 차례 바뀌었는데 역사 기록도 가능한 빨리 닻을 내려야 할 것 같다. 성 안에 우물을 만들면 강의 수위가 낮아지고 배가 가라앉을 것을 염려해 이곳 성 안에 땅 파는 것이 금지되었고 인구 5만 명이 먹는 물은 모두 강에서 길어 나른다.

하루는 두 남성의 상투가 서로 묶여 있는 걸 보았다. 두 남성은 묶인 상투 때문에 머리를 똑바로 세울 수가 없었고 삐딱한 자세로 걸어가는 두 사람 뒤로 경찰이 따라오고 있었다. 누군가 들려준 바에 따르면, 두 사람이 술을 마시다 크게 싸웠고 그 때문에 경찰에게 붙들려 그렇게 되었다고 했다. 일종의 체포이자 처벌인 셈이었다.

1900년 9월 30일 / 평양(주일)

오늘 아침 노블 선교사가 사역하는 교회 예배에 참석했다. 250명을 수용할 수 있는 예배당에 들어찬 사람들 앞에서 무어(Mr. John Moore) 선교사가 설교를 전하고 성경봉독은 켄뮤어(Mr. Alexandr Kenmure) 선교사가 맡고 노블 선교사가 통역을 담당했다. 예배가 끝난 뒤에 주일학교에 참여하는 새 신자들을 만나 이야기를 나누었다.

오후 2시에는 또다른 교회를 방문했는데 그 곳에도 1,000명 넘는 사람들이 예배를 드리기 위해 모여 있었다. 교회의 한쪽 부속 건물은 아직 완공되지는 않았지만 사용할 수는 있었고 얇은 천을 내려 양쪽에 여성과 남성이 각각 나누어 앉아 있었다. 예배당에 들어오지 못한 사람들은 밖에서 문과 창문 주변에 모여 안을 들여다보며 서 있었다. 이렇게 많은 사람들이 예배를 드리기 위해 한 곳에 모였다니 정말 놀라웠다. 오랜 세월 갇혀 있던 어둠에서 빠져나와 빛 되신 하나님을 예배하고 찬송하는 현지인들의 거대한 무리를 지켜보는 건 감동 그 자체였다. 결코 잊을 수 없을 것 같다. 무엇보다 하나님의 말씀과 사역으로 말미암아 많은 무리들이 하나님께 영광을 돌릴 수 있게 되었다는 사실이 내게는 감사한 일이었다. 이날 예배에서는 게일 선교사와 언더우드 선교사가 말씀을 전했고 예배당에 가득한 현지 신자들 모두가 귀를 기울였다.

1900년 10월 2일 / 군산

낯설고도 신기한 평양에서 선교사들과 현지 그리스도인들과의 은혜로운 교제를 나눈 후 9월 30일에 돌아왔다. 애클스 선교사와 하인즈(Hines) 선교사와 함께 군산에 도착한 뒤, 두 사람은 작은 나룻배에 올라 강경으로 떠나고 나는 드류 의료선교사를 만나러 갔다. 아직 군산에 머물고 있는 벨 선교사와 마침 일정이 맞아 내일 함께 전주로 떠날 예정이다.

1900년 10월 18일 / 전주

평양 일정을 마치고 전주로 돌아온 지 일주일이 됐다. 당신이 짐작하는 것처럼 나의 귀환을 모두가 반겨 주었다. 하지만 가장 기뻐한 사람은 아마도 나였을 것이다. 뜰과 정원에 잡초가 무성하게 자란 것을 빼고는 우리가 떠날 때와 달라진 것이 별로 없었다. 내가 자리를 비운 동안 주일과 평일 저녁 예배는 잘 유지됐고 참석률도 상당히 좋았다고 한다

내가 이곳에 돌아온 지 이틀 후에 애클스 양이 강경에서 내려와 지금은 나와 함께 지내고 있다. 그러는 사이 내가 전주에 돌아왔다는 소식을 들은 환자 몇 사람이 찾아오기도 했다. 물론 나를 '구경'하러 오는 방문객은 거의 매일 끊이지 않는다. 아직은 10월이지만 이번 겨울을 대비하려면 일찍 서둘러야 한다. 월동 준비와 다른 몇몇 일정이 겹쳐 상당히 바쁜 시간을 보내고 있다.

최근에 태인 지역에서(정읍의 한 지역. 동학혁명 당시의 주요 활동지) 부자들의 재물을 빼앗아 가난한 사람들에게 나눠주고 이른바 '새로운 세상'을 구현하겠다는 이들에 의해 혼란이 발생했다. 이 혼란 과정에서 적지 않은 사람들이 체포되거나 총상을 입었다고 했다. 내가 전주로 돌아오기 며칠 전에는 처형된 사람도 있다고 들었다. 그에 따른 여파인지, 어떤 사람들은 외국인인 내가 왜 남의 나라에 와서 교회를 열고 예배를 드리는지, 왜 성경을 가르치는지 그 이유를 묻기도 했다. 얼마 전 중국에서 기독교

인들이 박해를 당했던 사건을 떠올리게 하는 순간이었다. 그런 이유로 이곳의 현지인 친구들은 이번 가을에 태인 지역을 방문하려던 나의 계획이 시기상 현명하지 않다고 조언했다.

애클스 양과 나는 내일 이곳에서 32킬로미터 떨어진 송지동(태인 지역)으로 갈 예정이다. 그곳은 군산에서도 약 24킬로미터 떨어져 있는데 전킨 선교사와 일행이 머물고 있다. 그곳에서 몇몇 마을을 방문할 계획이고 애클스 양은 나와 함께 지내다가 돌아갈 예정이다. 엘리자베스 앨비(Elizabeth A. Alby) 양은 빠르면 11월 25일에 올 것으로 예상되므로 나는 그때쯤 군산으로 돌아가려고 한다.

송지동에 약 일주일 정도 머물고 있는데 이곳 그리스도인들과 함께 지내는 것이 너무 좋다. 애클스 양은 나와 함께 사흘 머물렀고 그녀가 떠나고 나면 전주에서 함께 내려온 오 씨 부인을 제외하면 나 홀로 남는다.

이 마을과 이웃 마을에 세례를 받은 여성 7명이 있다. 나는 그녀들이 사는 마을들을 방문하고 싶었다. 두 명의 가마꾼에게 인근 마을에 데려다 줄 것을 요청했고 그들도 그렇게 하겠다고 했다. 하지만 그들이 애클스 선교사를 군산으로 데리고 간 후에 소란을 일으키는 바람에 더이상 그들을 고용할 수 없게 되었다. 그래서 이번에는 내가 걸어갈 수 있는 마을로 방문을 한정해야 했다. 어제는 3킬로미터 떨어진 두 곳을 방문했고 그 중 한 곳에서 3개월 전에 턱이 탈구된 할머니를 만났다. 그녀는 그리스도인이었다. 나는 그녀의 탈구된 턱을 원래 위치로 돌려놓으려고 시도했지만 마취제 없이는 불가능했다.

집주인의 배려로 우리는 이 집에서 저녁을 먹었다. 수수와 콩이 섞인 쌀밥과 두 종류의 '김치', 양파 한 접시, 삶은 달걀 7개가 나왔다. 그동

전킨, 불 선교사 가족(1903년)

안 우리가 있는 집으로 이웃의 여성들이 찾아왔다. 우리는 한참을 머물며 이들과 많은 이야기를 나누었다. 다음날 오후에는 할머니의 아들이 사는 이웃 마을을 방문했는데 그도 그리스도인이었다. 우리가 왔다는 소식에 15명의 여성들이 찾아왔고 그들과도 긴 시간 대화를 나누었다.

그리스도인이 없는 마을에는 오 씨 부인을 먼저 보내 마을을 방문하려는 목적을 설명한 후에 찾아간다. 이렇게 하지 않고 무작정 마을에 들어가는 것은 현명한 방법이 아니다. 그리스도인이 있는 마을과 그렇지 않은 마을을 방문하는 것은 상황이 완전히 다르다.

우리는 아침과 저녁 기도 시간에 성경공부와 교리공부를 진행한다. 성경공부는 마가복음으로 하고 십계명으로 교리를 공부한다. 만약 현지인이 믿음을 고백하고 세례를 받기 원할 경우, 이를 바탕으로 교리문답을 진행한다. 질문은 대략 10가지를 하고 이에 대상자가 대답하는 방식으로 진행한다. 우리는 '교회'에서 머물고 있는데 여성의 방은 가로세로

2.5미터 크기로 난방이 되는 유일한 공간이고 남성 방은 이보다 더 크기는 하지만 난방이 되지 않는다. 나는 이곳을 주방과 잡동사니를 두는 공간으로 사용하고 그 대신 작은방은 비워놓고 공간을 사용할 수 있게 했다. 주일에는 나와 애클스 양, 몇 명의 아이들을 제외하고 한번에 22명의 여성이 이곳에 모였다.

1900년 11월 1일

일주일 내내 비가 내렸다. 밖에 자주 나갈 수 없는 상황이었지만 그 대신 방문객들이 찾아준 덕분에 그들과 교제할 수 있었다. 내일은 내가 전주에 온 지 2년이 되는 날이다. 날씨만 허락된다면 강 건너 마을 몇 곳을 다니며 그곳에 사는 세례 교인들을 만나보려고 한다. 약 한 달 정도의 일정이 될 것 같다. 다른 선교사 없이 나 혼자서 다니는 경험은 처음이지만 만족스럽게 지낼 수 있을 것 같다.

새로운 조선말을 더 많이 배우는 것보다 이미 알고 있는 조선말을 잘 사용할 수 있도록 연습하는 데 힘을 기울이고 있다. 매일 오전과 오후 두 차례 어학공부를 하고 그 중간에는 방문객을 맞아 서로 대화를 나눈다. 일종의 실전 연습이다. 이렇게 하는 것이 조선말을 배우는 데 큰 도움이 된다.

여기 와서 알게 된 현지인들은 내가 이곳에 오래 머무르기를 원하지만 나는 날씨가 더 추워지기 전에 다른 곳도 방문하기 원한다. 이곳에 있는 동안 다양한 조선 음식을 먹어보려고 시도했었다. 며칠 고생 끝에 완전히 포기했다. 그나마 내가 별 거부감 없이 먹을 수 있는 닭, 달걀, 감자, 그리고 순무는 충분히 구할 수 있어 다행이다. 가끔은 소고기와 생선도 살 수 있다. 감사하게도 드류 의료선교사가 일주일에서 열흘 사이에 한 번씩 빵을 보내준다. 이 때문인지, 시간을 아끼거나 요리하기 힘든 조건일 경우가 아니면 일부러 조선 음식을 먹기보다 빵을 먹게 된다. 그럴 때마다 내가 대는 핑계는 조선 음식을 '제대로' 만들 줄 모른다는 것이다. 하지만 식탁에 어떤 음식이 차려지든 내가 가장 바라는 것은 당신도 이곳에 와서 나와 함께 따뜻한 방바닥에 앉아 식사를 같이 하는 것이다.

1900년 11월 / 조선의 풍경

외국인이 마주치는 조선의 모든 것은 낯설다. 바느질에 사용하는 골무는 아름다운 수가 놓인 천으로 만들어졌으며, 사람들이 입는 옷은 단추나 핀으로 여미는 대신 가늘고 긴 끈으로 묶는다. 비누는 분말 형태로 판매하고 성냥은 끝에 부스러기 유황만 묻어 있어 불을 일으키려면 또 다른 불에 이것을 대야 한다.

시장 풍경은 흥미롭다. 긴 겉옷을 입고 높은 모자에 방울 술을 단 남성들을 볼 수 있으며 머리부터 녹색 외투(쓰개치마)를 뒤집어쓴 여성들과 야채를 나르는 소년들도 있다. 대부분이 일찍 일어나기 때문에 아침 5시부터 시장은 상인들과 장을 보려는 사람들로 북적인다. 그러다 대략 2-3시간이 지나면 시장은 마감하고 모든 좌판이 일제히 치워진다. 그 이후에 장을 보려면 소매점이나 작은 가게를 이용해야 한다.

조선의 달걀은 막대기 형태로 길게 묶어 불을 때는 장작처럼 쌓아 놓는다. 달걀 10개를 놓고 양쪽 끝을 짚으로 묶기 때문에, 하려고만 하면 세로로 빳빳하게 세울 수 있고 얼핏 달걀이 아닌 곤봉처럼 보이기도 한다. 상점에 진열된 달걀 한 꾸러미의 가격은 대략 3센트 정도다.

1900년 11월 25일 / 전주

10월 10일에 전주로 돌아온 나는 일주일 정도 있다가 송지동으로 갔다. 이틀 늦게 전주에 들어온 애클스 양은 나와 며칠을 함께 지내다 강경으로 돌아갔다. 나는 송지동에서 2주일 정도 머무를 예정이었다. 송지동에서 지내는 건 언제나 기분이 좋다.

성경을 배우고 싶은 그리스도인 여성이 우리를 찾아와 하루 두 차례 만남을 가졌고, 인근 마을 세 곳을 직접 방문했다. 그런 다음 그곳에서 강 건너 마을로 옮겨 일주일을 보냈다. 그곳에는 꽤 많은 그리스도인들이 있었고 성경공부 모임 때마다 최대 20명이 참석했다. 이곳 사람들은 해가 떠 있는 오전 시간보다 저녁에 모임을 갖기가 수월하다. 동이 트자마자 모두들 각자의 일로 바쁘게 지내기 때문이다.

그곳 외에도 다른 마을 네 곳을 방문한 후, 나는 자전거를 타고 나를 돕는 여성은 걸어서 11킬로미터 떨어진 망산으로 갔다. 그곳에서 저녁시간을 이용해 그리스도인 여성들과의 만남을 가진 후, 돌아가는 길에도 두 군데의 마을을 더 들렀다.

외부에 나와 있는 3주 동안 계속된 전도여행은 만족스러웠다. 점점 더 현지 생활에 적응해 가는 내 모습도 마음에 든다. 드류 의료선교사를 방문했을 때 나는 해리슨 선교사의 부인인 데이비스 선교사가 전주에 왔다는 소식을 접하고 3주 만에 급히 전주로 돌아왔다. 그러다 1주일 후에 우리는 다시 강경으로 가서 이틀을 보냈다. 마침 그날은 주일이었고 우리는 예배 때 윌리엄 불 선교사가 12명의 교인에게 세례를 베푸는 장면을 지켜보았다.

11월 20일에야 전주로 돌아와 오늘까지 집을 수리하느라 분주했다.

주일인 오늘 아침예배 때 19명의 여성들이 참석했다. 해리슨 선교사 부인이 오후 예배를 맡고 나는 주중 성경공부반을 인도하기로 했다. 모든 것이 계획대로 이루어지지는 않지만, 지난 해와 다른 풍성한 결실을 안고 올 겨울을 맞게 될 것 같다. 지금 나는 테이트 선교사 남매가 살던 집에서 지내고 있고 해리슨 선교사 가족은 레이놀즈 선교사네 집에서 지낸다.

1900년 12월 1일 / 전주

송지동에 머물던 때 서신을 보내고 2주가 흘렀다. 우리는 송지동 앞을 흐르는 강 건너 마을 남전리에 갔다가 그곳에서 꽤 많은 그리스도인들을 만났다. 저녁마다 그들과 함께 모여 성경공부를 했다.

그곳에서 20명 가까운 여성들이 우리를 찾아왔다. 특별히 우리의 관심을 끈 것은 꽤 교육을 잘 받은 아이들이었다. 우리가 진행한 모임에는 여성들뿐 아니라 아이들도 함께 참여했는데, 아이들은 성경을 읽고 공부하는 것은 물론 찬송 부르는 것을 즐겼다. 이곳 아이들은 심지어 십계명과 주기도문과 사도신경까지 알고 있었고 우리가 소개한 찬송가도 여러 곡을 이미 알고 있었다.

우리는 도보로 갈 수 있는 거리의 인근 마을 네 곳도 방문했다. 감사하게도 이곳들을 방문하는 내내 현지인 여성 몇이 우리와 동행하며 안내를 해주었다. 우리가 방문한 한 가정에서 만난 여성은 예배에 종종 참석하는 남편을 통해 이미 복음을 전해 들었다고 했다.

방 안에는 쌀을 넣고 묶은 종이 봉지가 천장에 매달려 있었다. 이는 대부분의 현지인 가정에서 볼 수 있는 것으로 귀신에게 바치는 일종의 제물이다. 이곳 사람들은 모든 집마다 그 집을 거처로 삼은 귀신이 있다고 믿는다. 그 집 귀신에게 가정의 불행을 없애고 복이 들어오게 해달라고 비는데 특별히 정해진 날에는 제물을 바쳐야 한다. 그렇게 하지 않을 경우 귀신의 분노를 사게 되어 해를 입게 된다고 했다. 우리와 함께 있던 한 여성이 그 집의 여 주인에게 천장에 매단 것을 버리도록 권했을 때 이웃 사람들은 의심의 여지없이 그녀에게 큰 벌이 내려질 것이라며 우려했다. 하지만 여 주인은 "우리가 믿고 예배하는 하나님이 세상에서 유일한 진짜 신이라면 집 귀신은 아무 쓸모가 없는 가짜"라고 말했다. 그러면서 사람들이 보는 앞에서 종이 봉지를 마당으로 내던졌다. 이웃 사람들 앞에서 그녀가 보여준 행동은 놀라움 그 이상의 믿음의 고백이었다.

나는 이곳에서 일주일을 보낸 후 약 24킬로미터 떨어진 드류 의료선교사 집으로 돌아왔다. 도중에 그리스도인 몇 명이 살고 있다는 마을을 한 곳 더 들르느라 예정된 일정이 하루 더 길어졌다. 나는 자전거를 타고 현지인 여성들은 걸어서 이동했다. 아무도 그러라고 강요하지 않았음에도 여성들은 그 먼 거리를 도보로 이동하면서 우리만 홀로 가게 하지 않았다.

망산 어귀에 있는 제법 규모가 있는 마을에서는 꽤 많은 그리스도인 여성들이 모였다. 우리가 도착한 오후와 저녁 그리고 우리가 떠나는 다음날 아침까지 방에 사람들이 넘쳐났다. 그들을 만나 복음을 전하고 성경을 가르치는 특권을 누렸다는 사실이 우리는 너무 기쁘고 감사했다. 오는 길에 두 곳의 다른 마을에도 들렀기 때문에 드류 의료선교사의 집에 도착했을 때는 거의 밤이 다 되었다. 이곳을 떠난 지 거의 5주 만에 돌아온 것이다.

이번 전도여행은 이제껏 경험한 것 중에 가장 보람있었다. 조선 사람들에게 도움과 축복이 되었기를 바라고 나 또한 큰 도움과 축복의 시간이었다고 확신한다. 이번 여행을 계기로 조선 사람들의 생각과 풍습에 대해 보다 많은 것을 알게 되었고 그들에게 친근하게 다가갈 방법에 대해서도 많이 배웠다. 무엇보다 이전에는 갖지 못했던 조선 사람들을 향한 연민과 이해의 노력이 큰 도움이 되었다.

우리는 앨비 양을 만날 수 있기를 기대하며 전주로 돌아가는 것을 미뤘다. 오래 지체할 계획은 아니었지만 하루하루 그녀를 기다리는 동안 일주일이 지나버렸고 그녀는 결국 오지 않았다. 결국 우리는 강경에서도 이틀을 머문 후에 이달 20일에 집에 돌아왔다. 그날 이후로 이곳에서 겨울을 날 준비를 하느라 바빴다. 해리슨 의료선교사 가족이 레이놀즈 선교사 집에 거주하는 상황이라 나는 테이트 선교사 집에서 잠시 신세를 지고 있다. 우연한 기회에 우리의 식문화에 관심을 보이는 조선 사람들에게 서양식 요리법을 가르쳤다.

교회는 지난 몇 달간 선교사 없이 지내야 했지만 신실함을 잃지 않았고 이번 일이 밑거름이 되어 앞으로는 큰 어려움을 겪지 않을 것으로 보인다. 물론 도중에 어려움은 있었다. 몇몇은 진정한 그리스도인임을 입증해야 하는 시험대에 올랐었고 다행히 그 결과는 좋았다. 예배는 쉼없이 계속될 것이고 성경책과 소책자를 판매하는 사역도 결코 중단되지 않을 것이다.

내일은 성찬식이 있다. 송지동에서 온 7명의 남성들이 세례문답을 하고 세례 받기를 기대했지만 여러 모로 부족함을 드러냈다. 세례를 받으려면 좀 더 준비해야 한다고 하자 실망이 컸다. 세례를 받기 원하는 이들의 기대와 다른 결정을 내리는 것은 물론 힘든 일이다. 하지만 섣부르게 교회의 일원으로 받아들였다가 나중에 부적격자로 드러나 제명해야 하는 상황은 더욱 힘들다. 천천히 신중하게 진행하면서 가능한 한 확실한 절차를 밟는 것이 가장 좋은 방법이다. 또한 진심으로 믿음을 갖게 된 사람들이라면 세례를 받는 것이 잠시 미뤄지더라도 이것이 자신의 유익을 위한 결정임을 받아들일 수 있을 것이다. 이와 반대로 자격을 갖추지 못한 이들이 단순히 개인의 욕심에 의해 세례 받기를 원한다면 이런 지연된 과정을 통해 그들 나름의 동기가 드러나게 된다.

한동안 우리 없이 교회를 지켜낸 친구들을 다시 볼 수 있게 되어 기쁘다. 그들 덕분에 우리는 평화롭게 성공적으로 이곳에서 지난 해보다 나은 겨울 사역을 감당할 수 있으리라 믿는다. 하지만 아직 우리의 역량이 부족하다. 특히 수적으로 그렇다. 여러분의 기도가 그 어느 때보다 절실한 시간이다.

1901년 2월 / 군산 / 선교사의 삶

잉골드 의료선교사로부터 온 편지에는 조선에서 활동하는 선교사들의 여러 경험이 기록되어 있다. 그녀는 병에 걸린 전킨 선교사 부인을 진료하러 군산으로 갔다가 그곳에서 편지를 썼다.

2월 6일에 군산에 도착해 일주일을 머무른 후 목포로 내려가 그곳에서 일주일을 보내고 다시 군산으로 돌아오는 일정을 가졌다. 3주간 이어진 일정 속에서 매주 금요일마다 같은 증기선을 타고 오르내리며 3차에 걸친 전도여행을 성공적으로 마치고 살아남은 우리는 일종의 '생존'을 알리는 신호로서 이 편지를 쓰고 있다. 굳이 생존이라는 표현을 쓰는 것은 전도여행의 마지막 사흘 동안 엄청난 폭풍우가 몰아쳤고 우리가 탄 증기선이 경로를 벗어나 섬 뒤편으로 휩쓸려갔었기 때문이다.

군산에서 지내는 일상은 무척 즐겁다. 최근 새로 개통된 운송로로 인해 많은 물품들이 군산으로 들어올 수 있게 되었고, 거리의 상점마다 온갖 것들이 팔리고 있기 때문이다. 선교사들은 평소 구할 수 없었던 것들이 넘치게 들어온 덕분에 마치 자신들을 위한 선물처럼 여기고 감사할 정도다. 이런 운송로가 계속 열리고 공급망이 뒷받침된다면 우리의 사역에도 시간과 여력이 많이 늘어나리라고 생각한다.

어제는 하루 종일 사역으로 바쁘게 보냈다. 외국인 학생들을 오전 9시부터 정오까지 가르쳤고 마거릿 불(Miss Margaret Bull, 윌리엄 불 선교사의 이복누이) 양을 도와주는 소녀들을 대상으로 오후 수업을 진행했다. 두 번의 수업 때 찾아온 두 무리의 관중까지 합해 25명 정도 되었는데 이들을 위해서는 수업 후에 오르간 연주회를 열었다. 그 다음 시간에는 주중 여성 성경공부 수업이 있는데 어제는 내가 정성을 기울이고 있는 소녀 29명 대부분이 참석했다.

시기적으로나 인력면에서나 여러 조건상 사역에 다시 매진하기에 적절하다. 그래서 윌리엄 불 선교사와 나는 다음 주에 국내 여행을 계획하고 있다. 아마도 목포 지역이 될 것 같다. 목포는 기독교에 대한 관심이 크게 증가한 상황이어서 그곳 주민들이 선교사의 방문을 요청하고 있을 정도다. 이에 대해서는 다음에 편지로 자세히 설명할 계획이다. 최근 군산에서 진행되는 남성 연례 성경공부 반에 50명의 남성이 등록하고 기쁜 마음으로 참여하고 있다. 몇몇은 목포에서 이곳까지 성경공부에 참석하기 위해 200킬로미터를 걸어오기도 했다. 올해 우리 선교부 연례 회의는 8월 마지막 주에 전주에서 열린다.

1901년 7월 28일 / 주일

지난 몇 개월 동안의 일은 나의 게으름으로 인해 기록으로 남기지 못했다. 물론 기억에 남을 만한 특별한 사건이 없었던 이유도 있지만, 그래도 기록으로 남길 만한 것이 있었음은 분명하기에 나의 부족함을 탓할 수밖에 없다.

오늘은 친교 모임에서 카메론 존슨(Mr. Cameron Johnson) 선교사가 우리에게 전한 유익한 가르침에 대해 알려야겠다는 강한 확신이 들었다. 우리는 함께 예배를 드리고 그리스도의 고난을 묵상하고 기도한 후에 서로 교제하는 시간을 가졌다. 그리스도가 우리를 위해 당하신 고난 덕분에 우리가 그리스도인이 되는 놀라운 은혜가 허락되었다. 그 특권을 값없이 누리고 있으면서 나 자신이 너무 안이하고 나태했던 게 아닌가 되돌아보게 되었다. 회개하는 심정으로 나의 삶을 재정비하고 은혜받은 사람으로서 열매를 맺어야겠다는 소망을 품게 되었다. 이 모든 날들 동안 하나님께서 나를 그분의 선한 도구로 사용하실 것이라 믿는다.

1901년 8월 22일

오늘 언스버거 의료선교사가 서울에서 내려왔다. 나는 그녀와의 만남을 고대했던 터라 무척 기다렸고 불행히도 이곳으로 오는 배편이 없어 2주를 기다린 끝에 그녀를 볼 수 있게 되었다. 서울에서 배를 타고 내려오는 여정조차 녹록지 않았을 그녀가 앞으로 이곳에 머무는 동안 건강하고 유익한 시간을 보내길 바란다.

1901년 9월 1일 / 주일

화요일에 제물포로 출발하는 배가 있다고 전보가 와서 언스버거 의료선교사와 함께 다음날 아침 군산에서 출발할 수 있도록 짐을 꾸리고 떠날 채비를 했다. 이곳에 와서 편하게 쉬지 못하고 짧게 머물다 떠나는 그녀에게 미안한 마음이 들었다.

1901년 9월 6일

군산에서 이틀을 기다린 후 배를 타고 제물포를 거쳐 오늘 서울에 도착했다. 우리가 탄 배가 낡고 비좁아서 언스버거 의료선교사와 나는 배 갑판에 실은 내 트렁크 위에서 잠을 자야 했다! 이곳으로 오는 여정 내내 너무 힘들었다.

1901년 10월 10일 / 전주

테이트 선교사 남매와 함께 전주로 돌아온 지 이틀째다. 나는 독감에 걸린 데다 말라리아까지 겹친 상태라 꼼짝없이 누워만 있다. 아무 것도 할 수가 없다. 몸이 아픈 레이놀즈 선교사 가족과 전킨 선교사 가족이 아직 전주에 당도하지 않은 상황이라 선교부 연례 회의를 열지 못하고 있다. 속히 이곳에서 모임을 갖게 되길 기대한다.

1901년 10월 16일

오늘은 나의 연례행사와도 같은 이사를 했다. 이번에는 레이놀즈 선교사

네 집에서 살게 되었다. 거의 해마다 거처를 옮겨다니는 형편이라 이곳에선 얼마나 오래 지내게 될지 모르겠다. 어쨌든 지금 당장은 어딘가 머무를 곳이 있다는 사실이 반가울 뿐이다.

1901년 12월 25일 / 전주

이번 성탄절은 아주 기쁘게 보냈다. 주일학교 아이들과 어머니들을 초대해 모두들 즐겁고 신나는 성탄 축하 아동 예배를 드렸다.

이달 22일에 테이트 양과 나는 군산에서 열린 선교부 연례 회의를 마치고 돌아왔다. 해리슨 의료선교사 가족은 건축 관계로 오지 못했고 윌리엄 불 선교사는 폐렴이 심해 참석하지 못했다. 오웬 의료선교사, 전킨 선교사, 테이트 선교사 남매, 그리고 나만 참석했지만 뜻깊은 모임이었다. 회의를 마치고 군산에서 전주로 돌아오는 내내 눈이 내리고 매서운 바람이 불어 추웠지만 이번 여행은 너무 좋았다.

1902년 1월 / 어린이 사역 소식지 / 어린이 환자에게 그림카드를

나는 지난번 편지에서 아이들을 위한 카드를 보내줄 것을 요청하면서 다음번에 이곳 주일학교에서 일어나는 일을 알려주기로 했었다. 내가 예상한 것보다 편지를 쓰기까지 오랜 시간이 걸렸지만 여러분은 이해해 주리라 믿는다.

나의 요청에 따라 그림카드를 보내준 사람은 그린빌의 마거릿과 로라 베일리, 사우스 캐롤라이나 주 하워드 파커 부인의 아이들, 테네시 주 캐스웰 스테이션의 존슨 부인이 맡은 주일학교반, 플로리다 주 호손의 엘라 스트링펠로우, 그레이스, 우나 맥기니스, 루스 데이, 테네시 주 갈라틴

영아반, 버지니아 주 록브리지 배쓰의 베데스다, 버지니아 주 브로드웨이의 윌리 와이트머, 그리고 텍사스 주 조지타운의 마리안의 자녀들이다.

사랑하는 모든 친구들에게 나와 조선 아이들의 깊은 감사의 마음을 전한다. 그림카드 뒤에 암송할 성경구절이나 글을 적어 아이들에게 주면 아이들은 이 같은 방법으로 십계명, 시편 1편, 주기도문, 다음 주일을 위한 마태복음 5장 16절을 배운다.

처음 주일학교를 시작하던 때에는 소녀보다 소년의 수가 더 많았다. 주일학교를 진행하면서 점차 그 격차가 줄어들더니 지금은 소녀의 수가 소년보다 더 많다. 주일학교 참석 수가 가장 많은 경우에는 25명이었으며 평균 16명에서 20명 정도 모인다. 어린 아이들이 함께 예배드리는 장면을 여러분이 보게 된다면 정말 기뻐할 것이다. 비록 아이들이 하는 말을 알아듣지 못하겠지만 그저 바라만 봐도 그 아이들이 얼마나 열정적으로 참여하고 있는지 확인할 수 있다. 이 아이들에게 하나님과 그분의 놀라운 사랑을 가르칠 수 있어 정말 감사하다.

지난 여름에 세례를 받은 열네 살 된 소녀가 있다. 나는 그 아이가 진정한 그리스도인이라고 확신한다. 지금까지 40주 동안 주일학교에 단 한 번도 빠진 적이 없다. 지난 주일에는 한글 신약성경을 상으로 받았는데 스스로를 자랑스러워하는 그녀의 모습이 정말 사랑스러웠다. 다른 아이들 중에서 가장 나이가 많아 우리는 그녀를 '큰 애기'라고 부른다.

이곳의 여성들은 정식 이름이 없다. 대부분의 소녀도 마찬가지다. 어린아이 때 부르는 이름이 있었더라도 대개 열 살 또는 열두 살이 되면 더 이상 그 이름으로 부르지 않는다. 그렇기에 우리들 사이에서 '큰 애기'는 최고의 사랑을 담아 그 소녀를 부르는 애칭으로 여겨진다. 큰 애기의 여동생은 '작은 애기'라고 불렀는데, 어느 날 그녀보다 어린 소녀가 오면서부터는 그냥 '작은 애'로 부른다. 그녀는 여덟 살이며 매우 밝고 사랑스러울 뿐만 아니라 글도 제법 잘 읽는다.

40주 동안 이어진 성경학교가 마무리될 때 한번도 결석하지 않은 '큰 애기'는 한글 신약성경을 상으로 받았고 20주 동안 개근한 6명은 찬송가를 선물로 받았다. 10주 동안 꾸준히 주일학교에 참석한 15명의 아이들은 초급 요리문답서를 받았다.

지난 여름 카메론 존슨 선교사가 와서 찍은 아이들의 사진을 이번에 보내고 싶었지만 내가 그 사진을 아직 받지 못했다. 사진을 받으면 다음 편지를 보낼 때 함께 보내야겠다.

나는 한 부부에게 그들의 아기 이름을 지어주면 어떻겠냐는 제안을 했다. 아이는 태어난 지 2년 6개월이 되었다. 부부는 나의 제안을 기쁘게 받아들여 이름을 지어줄 것을 부탁했다. 그렇게 해서 아이는 나의 제안에 따라 '새별'(Morning Star)이라 불리게 되었다. 그리스도인인 새별의 부모는 딸에게 이름을 지어주지 않는 대부분의 조선 부모와는 사뭇 다르다.

병에 걸리거나 다쳐서 진료소에 찾아오는 아이들을 위해 준비한 선물이 있다. 성경 구절이 적힌 카드다. 나의 어학 선생이 카드에 한글로 성경 구절을 써놓으면 그것을 진료소에 찾아오는 아이들에게 준다. 여러분이 보낸 카드가 이렇게 사용된다. 이곳에 있는 꼬마 형제자매들을 잊지 않고 기도해 주기 바란다. 나와 조선의 아이들 모두가 멀리 바다 건너 있는 미국의 작은 친구들에게 진심 어린 사랑을 전한다.

1902년 2월 13일 / 군산 궁말

어제 군산으로 올 때는 쾌청한 날씨 덕분에 마음이 가벼웠는데 오늘 날씨는 끔찍하다고 말해도 괜찮을 정도다. 하루 종일 매서운 눈보라가 몰아치고 굉장히 춥다. 해리슨 의료선교사와 오웬 의료선교사는 이곳에서 회계 장부를 감사하며 며칠 머무르게 될 것이다.

1902년 3월 / 전주 / 크리스천 옵저버 기고문 / 진료소 기록

오늘 한센병 환자 한 명이 진료소를 찾아왔다. 조선에 한센병을 앓고 있는 이들이 많지만 나에게 도움을 요청하는 경우는 드물다. 그러나 의사인 나로서는 정작 이들을 위해 할 수 있는 일이 얼마나 빈약한지 새삼 느낀다. 나를 찾아온 그녀는 외국인이 가져온 약을 먹고 병이 나았다는 소문을 어디선가 들었다고 했다. 그러니 자신도 나을 수 있다는 일말의 희망을 가지고 진료소에 온 것이다. 그런 그녀에게 한센병은 고칠 수 없다고 말하기가 너무 힘들다. 내가 그렇게 말해도 환자는 희망을 놓으려 하지 않는다. 울면서 나에게 '살려 줄 것'을 간청한다. 한번은 한센병에 걸린 딸을 데려온 한 여성이 치료가 불가능하다는 나의 진단을 듣고 집으로 돌아가 스스로 목숨을 끊으려 했다는 소식을 들었다. 비소를 먹었다고 했다. 그 사건 후에 그녀에게 무슨 일이 있었는지는 듣지 못했다.

오늘 진료소에 온 여성은 이제 스무 살이었다. 그녀의 남편은 천형에 걸린 그녀를 집에서 내쫓아 버렸다고 했다. 어느날 그녀는 손의 감각을 잃어 뜨거움을 느끼지 못하는 상태로 큰 화상을 입었다. 병도 병이지만 화상으로 그녀의 손은 심한 기형이 된 상태였다. 발목에도 큰 흉터가 있었다. 손에 화상을 입은 지 얼마 지나지 않아 발에도 감각이 사라져 화상을 입었다고 했다. 나는 그녀에게 존재하지 않는 치료약 대신 복음을 전했다. 나을 수 없다는 나의 말에 낙심하던 그녀는 복음을 듣는 내내 진지함을 유지했다. 내가 전한 복음을 잊지 않고 기억할 뿐 아니라 그녀가 다시 나를 찾아올 때는 예수 그리스도에 조금 더 열린 마음이 되어 있기를 바란다. 진료소를 떠나는 그녀에게 나는 약을 처방해 주면서 다 먹으면 또 줄 테니 다시 찾아오라고 했다. 물론 별 효과가 없는 약이지만 최소한 그녀가 낯선 서양인이 자신을 위해 뭔가 했다는 사실에 작게나마 안도감을 느끼길 바란다.

어제는 집 없이 거리에서 살아가는 여성이 진료소에 왔다. 병에 걸려 무척 쇠약해진 상태였다. 그녀의 친척들은 그녀를 더 이상 감당하기 힘들자 거리로 내몰았다. 그녀에게 아직 어린 아들이 있는데 마찬가지로 거리에서 살아가고 있었다. 아들은 자신의 어머니가 치료를 받으면 나을 수 있을지 확인하러 어머니를 데리고 왔다. 하지만 진찰 결과는 위암이었고 치료가 불가능할 만큼 진행이 되어 있었다. 아들은 자신의 어머니는 치료 불가능하다는 나의 진단에 수긍하지 않고 무엇이라도 해달라고 애원했다. 내가 어머니에게 해줄 수 있는 거라곤 잠시나마 통증을 덜어주는 것 정도였다. 거동하기조차 힘든 어머니를 나에게 맡긴 아들은 어머니를 먹이겠다며 말린 생선을 구하러 나갔다. 다행히 오늘 그녀의 상태는 좀 나아진 것 같다. 진료소로 돌아온 아들은 어머니의 모습을 보고 내가 처방한 효과 좋은 약 덕분이라며 감사를 전했다. 그녀가 이곳에 머무르는 동안 나의 바람은 예수 그리스도를 영접하고 영생을 소유한 채로 이 세상과의 이별을 준비하는 것이다.

오늘 아침 나는 환자를 만나기 위해 가마를 타고 언덕을 넘어 8킬로

미터를 갔다. 날씨가 매우 더웠던 지난 여름에 그곳의 이웃 마을에 몇 차례 다녀온 적이 있다. (중략)

길 상태가 좋지 않았고 산은 눈으로 덮여 있었기 때문에 가마꾼 넷이 나를 들고 가야 했다. 환자의 집에 도착했을 때 신분이 높은 사람들이 나를 맞아주었다. 여주인은 지난 여름에 만난 적 있는 여성이었다. 서양인 여성 의사를 대하는 그들은 매우 신중하고 사려 깊은 태도를 보였다. 내가 진찰해야 하는 환자는 그 집의 며느리였다. 그 집에 가기 전 미리 알게 된 안타까운 정보에 따르면 그녀가 딸만 넷을 낳았을 뿐 아들을 낳지 못했다고 한다.

진찰 결과는 심장 문제였다. 상태는 심각했다. 나로서도 어쩔 수 없는 경우였지만 어느 정도 도움과 안정을 줄 수 있는 약은 있었다. 그녀를 위한 처방을 마치고 이것 저것을 물었다. 다른 가족들은 복음에 대해 들었지만 그녀는 한 번도 들어본 적이 없었다고 한다. 가족 중 아무도 그녀에

잉골드 사택(1902년)

게 복음에 대해 말해 주지 않았던 것이다. 나는 그녀에게 평소처럼 복음에 대해 들려주었다. 그녀가 얼마나 이를 받아들일 수 있을지는 모르겠다. 나는 그녀에게 소책자를 주면서 남편에게 읽어 줄 것을 부탁하라고 했다. 환자를 진찰하고 대화하는 동안 이웃의 많은 여성들이 찾아왔다. 대다수는 전에 만난 적 있는 사람들이었다. 나는 이들과도 이야기를 하고 복음 소책자를 나누어주었다.

집으로 오던 중에 또 다른 집에 들러 병에 걸린 여성을 진찰하고 약을 처방해 주었다. 그런 후 지난 여름 나의 환자로 잠시 진료소에 머물렀던 오 씨 부인을 만나러 갔다. 그녀와 가족은 예기치 못한 방문에도 나를 반겨 맞아주었다. 나를 중심에 둔 채로 에워싸듯 둘러 앉은 가족은 연신 반가운 표정으로 나의 손을 부여잡고 놓아주지 않았다. 그녀가 아팠던 때에 기울인 나의 노력과 헌신이 그 어루만짐으로 다 보상을 받은 것 같았다. 나의 바람은 그녀의 가족 모두가 회심해서 하나님을 믿게 되는 것이다. 그곳에 있던 여성 중 세 명은 '마음으로 믿는다'고 했고 오씨 부인은 너무 바빠서 '성경을 공부하지' 못하지만 좋은 말씀이 담겼다는 것은 알고 있다고 했다.

지난 주일 밤에 멀리 떨어진 외진 지역에 사는 한 여성이 배가 잔뜩 부풀어오른 임산부를 데리고 찾아왔다. 내가 실력이 뛰어난 의사라는 소문을 들었다며 아픈 자신의 여동생을 진찰해 줄 것을 부탁했다. 출산이 임박했으나 무언가 문제가 있는 듯 아기는 나오지 않고 임산부는 내내 괴로워하고 있었다. 뱃속에서 아이가 나오지 못하는 응급상황이었다. 몇 시간의 사투 끝에 쌍둥이가 태어났다. 안타깝게도 한 아이는 죽었지만 다른 아이와 엄마의 목숨은 구했다. 며칠 후 산모의 가족들이 나의 수고에 대해 어떻게 보답해야 할지 모르겠다며 나를 돕는 여성을 통해 감사를 전해 왔다. 나를 돕는 여성이 나를 대신해 그들에게 말했다. "거짓 신을 버리고 하나님을 믿으십시오. 아픈 사람들을 치료하도록 의사를 이곳에 보내주신 하나님을 여러분이 믿는다면, 그것만큼 그녀를 기쁘게 하는 일은 없을 겁니다."

추운 날이 계속 이어지고 눈도 많이 쌓인 상황이라 환자들이 진료소를 많이 찾지 않는다. 하지만 이 편지를 읽을 즈음에는 날이 풀리고 다시 많은 수의 환자들이 진료소를 방문하리라 예상한다. 그러니 부디 기도해 주시기를 부탁한다. 이곳 사람들의 몸과 영혼의 질병을 함께 고칠 수 있는 내가 될 수 있도록 말이다. 특별히 남성 환자를 진료할 수 있는 남성 의사가 필요하다. 동양이라는 특수성을 고려할 때 여성인 내가 이곳 현지인 남성들을 진료하는 일은 매우 적절치 않다. 하나님께서 남성 의료선교사를 이곳에 보내주시도록 잊지 말고 기도해 주시기를 부탁한다.

1902년 5월 4일 / 전주

3월 마지막 날까지 궁말에 머물렀다. 함께 궁말에 머물렀던 레이놀즈 부인과 아이들은 일주일은 테이트 양과 함께, 사흘은 나와 함께, 그 다음 일주일은 레이놀즈 선교사와 함께 보냈다. 짧은 기간 이들과 함께 지내면서 나는 화목한 가정이 주는 기쁨을 경험할 수 있었다. 그들과 헤어지는 것이 너무 아쉬울 정도였다.

전주로 돌아오자마자 기다렸다는 듯 많은 이들이 진료소를 찾아왔고 대신 개인적으로 나를 찾아온 방문객이 많지 않아 성경공부는 그다지 하지 못했다.

1902년 10월 1일 / 전주

9월 6일에 전주를 출발해 9월 10일에 서울에 도착했다. 이곳에서 2주 넘게 머물며 장로교 선교사 연례 회의와 위원회 모임에 참석했다. 그러는 사이 조선에 콜레라가 발생해 매일 수백 명의 사망자가 발생했다는 소식이 들려왔다. 전주로 돌아온 날이 9월 30일이었는데 다행히도 이곳에 콜레라로 인한 사망자 보고는 없었다. 아마도 콜레라가 이 지역까지 확산되지는 않은 듯하다. 부디 아무 일 없이 그냥 지나가기를 바랄 뿐이다.

전주로 돌아온 후 바로 이사할 수 있으리라 기대했으나 아직 칠이 마무리되지 않았고 목수들의 작업도 여전히 진행중이라 이사하기까지 더 기다려야 할 것 같다. 정확한 일시는 모르겠지만 그리 오래 걸리지 않고 새 진료소 이전이 완료되어 새로운 기분으로 진료를 다시 시작할 수 있기를 무척 기대하고 있다.

1902년 10월 18일

11일에 진료소 이전이 완료되었고 오늘부터 새로운 진료소에서 환자들을 맞이할 수 있게 되었다. 더불어 나의 마음도 새로워진 느낌이다. 이곳에서 이어지는 의료사역에 하나님의 치유와 풍성한 열매가 있기를 소망한다.

1902년 10월 / 전주 / 어린이 선교지 / 조선의 주일학교 카드

지난번 편지를 보낸 후에 미국의 동역자들이 정성들여 만든 주일학교 카드를 받았다. 어니스트 워커스, 미시시피 주 파스 크리스티안, 톰슨 부인, 볼티모어 주 오나 심스, 텍사스 주 맥키니의 무명, 켄터키 주 루이스빌 1727-1번지, 뉴올리언스 루이스 보스 목사님이 보냈다. 모두에게 감사를 전한다.

주일학교에선 아이들 20명 정도가 매주마다 모여 예배를 드린다. 그중 9명은 짧은 교리문답을 공부하고 있는데 이해하기 어려워하는 표정들이 역력하다. 5명은 몇 달 전에 세례를 받았다. 아직 나이는 어리지만 신실한 그리스도인이라 자부한다. 이 아이들이 주변의 믿지 않는 사람들을 예수님께로 데리고 나올 수 있도록 기도를 부탁한다.

허벅지를 다친 다섯 살 소년에 대해 이야기를 하려 한다. 부모가 밭에 일하러 나갔다가 저녁에 집에 와보니 아이가 걷지 못하고 있었다. 친구들끼리 '말타기' 놀이를 하다가 바닥으로 떨어진 후부터 그렇게 되었다고 했다. 겉으로는 멀쩡해 보였지만 아이는 몸을 움직이려 할 때마다 고통을 호소했다. 놀란 어머니가 아이를 나에게 데리고 왔다. 고관절이 탈구된 상태였다. 나는 내가 할 수 있는 온 힘을 다해 탈구된 아이의 뼈를 제자리에 돌려놓았다. 아이는 금세 좋아졌다. 이리저리 돌아누워 보더니 더이상 다리가 아프지 않다며 밝은 표정을 지었다.

하지만 아이의 경과를 지켜보려면 당분간 진료소에서 지내야 하는 상황이 되었다. 엄마는 더 이상 아이와 같이 있을 수 없어 집으로 돌아갔다. 진료소에 혼자 남은 아이는 엄마가 보이지 않자 울기 시작했다. 나는 그 아이에게 여러분이 보낸 카드를 주고 어떻게든 아이의 관심을 다른 곳에 돌리려 노력했고 몇 개 없는 장난감도 가지고 놀게 했다. 이곳 아이들에게는 우리처럼 가지고 놀 수 있는 장난감이 없다. 그때문인지 아이들은 부모와 떨어져 지내야 하는 불안감만 아니라면 장난감 없이도 하루종일 즐겁게 노는 것에 익숙하다.

이곳 상황에 대한 여러분의 이해를 돕기 위해, 내가 서울에서 머물 때 찍은 사진을 동봉한다. 옥에 갇힌 현지인 죄수를 다른 곳으로 옮기는 장면인데, 도망을 방지하고 운신을 어렵게 하기 위해 그들의 머리를 나무틀 구멍 안에 강제로 넣어놓았다. 나의 어학 선생이 말하기를 모든 죄수가 이런 방식으로 묶여 있는 것은 아니고 사형수에게만 해당한다고 한다.

그러고보니 나의 주변에 있는 수천 명의 사람들도 어쩌면 죽음을 앞둔 사형수나 마찬가지라는 생각이 든다. "범죄하는 그 영혼은 죽으리라"(겔 18:4)는 하나님의 선포에 의하면 그 많은 사람들이 하나님께 범죄한 죄인으로서 사형 선고를 받은 것이기 때문이다. 하지만 그들은 자신들이 범죄한 죄인으로서 사형선고를 받았을 뿐 아니라 죄의 형틀에 단단히 구속되어 있음을 모르고 있다. 하나님의 진노를 면해야 한다는 경고의 목소리에 무관심한 것도 당연한 반응이리라. 단지 하나님께서 보내신 우리를 통해 복음을 전해 들은 몇 사람만이 이러한 죽음의 심각성을 깨달아 주 앞에 나와 죄 사함을 받는다. 성령께서 이 사람들의 마음 가운데 역사하시어 그들이 자신들의 죄를 깨닫고 주님을 찾을 수 있도록 기도를 부탁한다.

5.
조선 사역 5년

1902년 11월 1일

오늘은 기념할 만한 날이다. 새로 짓는 '나의 집'에 대해 여러 차례 언급한 것을 기억할 것이다. 조선에 와서 5년이 지난 오늘에야 바로 그 집으로 이사를 했다. (그리고 내가 아직 알지 못하는 여성도 나와 함께 살기 위해 이곳에 올 예정이다). 내가 새로 마련한 이 집에 들어올 수 있도록 여러 모로 애를 써준 다정한 친구들과 이 집을 지은 테이트 선교사에게 감사를 전한다. 여기까지 우리 모두를 인도해주신 하나님께는 최고의 감사를 드린다. 집을 단장하는 데 너무 공을 들일 생각은 없다. 그러다보면 그저 편하게 안주하고픈 마음이 들 것 같기 때문이다. 다만 이 멋진 집에서 더 열심을 내 주어진 사역을 감당하리라 다짐한다. 무엇보다 진료소나 병원과 거리가 더 가까워져서 전보다 일하기는 수월해졌다. 주께서 이곳의 많은 영혼들이 구원을 받는 데 선용하시도록 이 집을 복주시리라 확신한다.

1902년 연례 보고서 / 6개월 반 동안 1586명 진료

지난 8개월 넘는 시간 동안의 사역을 요약한 이 보고서로, 첫 5년 동안의 나의 조선 사역을 정리하고자 한다. 1월의 선교부 연례 회의 이후 2월부터 진료소 업무, 어학공부, 왕진과 성경을 가르치는 것으로 시간을 보냈다.

2월 12일부터 3월 말까지 궁말에서 대체 진료를 했다. 이 지역 선교부의 의사가 당분간 자리를 비워 내가 그 자리를 대신해야만 했다. 곧 그 의사가 돌아와 진료를 다시 시작할 수 있기를 바란다.

주일학교 아동반 교육은 계속되었고 6월에 문을 닫을 때까지 주간 학교에서 소녀들을 가르쳤다. 나를 찾아오는 방문객과 환자들을 진료소나 집에서 가르쳤고 여성을 대상으로 하는 주간 성경수업을 맡아서 하다가 궁말로 가면서 테이트 양에게 정식으로 넘겨주었다.

주일학교는 지난 1년 간 평균 참석자가 늘었다. 매주일마다 15명 정도의 학생들이 오고 단순 방문자는 두 명 정도이다. 9명의 큰 아이들이 짧은 교리문답을 공부하고 말씀을 암송했으며 어린 아이들은 아동용 교리문답을 공부했다. 이 중 다섯 명은 지난봄에 신앙고백을 하고 세례를 받아 신실한 그리스도인이 됐다.

올해 40주 동안 한 번도 빠지지 않고 주일학교에 참석한 5명의 아이들에게 성경 한 권씩을 선물했으며 20번의 주일을 지킨 5명의 아이들에게 찬송가를, 그리고 10번의 주일을 지킨 7명의 아이들에게 초급 요리문답서를 선물했다. 아이들은 주일학교에 오는 것을 좋아하고 배우는 일에도 열심을 보인다. 소녀들을 대상으로 하는 주간학교는 일주일에 두 번 열리는데 매번 1시간씩 진행된다. 반면 진료소 성경공부는 대부분 나를 돕는 여성들이 맡아왔는데 올해는 환자수가 늘어 진료에 집중해야 하는 바람에 내가 맡은 성경공부 시간은 훨씬 줄어들었다.

여성들이 내 집을 방문하는 날이면 그녀들과 함께하는 내내 즐겁다. 내가 전하는 복음과 성경 말씀을 열심히 듣는 사람도 있고 '말씀대로 살겠다'며 다짐하는 사람도 있다. 겨울을 지나 봄이 오는 시기까지 거의 매일 아침마다 나의 어학 선생과 공부를 했지만 조선말이 얼마나 늘었는지는 잘 모르겠다.

바쁜 일정을 쪼개 아동을 위한 요리문답을 만들어 심사위원회에 제출했다. 나의 문답서를 검토한 위원회에서 일부 교정을 위한 제안과 함께 매우 호의적인 반응을 얻었지만, 안타깝게도 원고를 다시 돌려받는 중에 배달사고가 발생해 잃어버린 상황이다. 어디서 분실했는지 확인이 어려워 아직 회수하지 못하고 있다.

올해 내가 주력한 부분으로 당연히 의료사역을 꼽을 수 있을 것이다. 무엇보다 고무적인 성장세를 보였다는 점에서 감사하다. 어쩔 수 없이

당시 교육 자료인 요리문답

문을 닫아야만 하는 날들을 제외하면 6개월 반 동안 진료소 사역을 벌였으며 이 기간에 재진 환자를 포함해 1,586명을 진료했다.

대부분 도시에서 찾아온 환자들의 질환은 식량 부족에 따른 영양 불량이 원인이었다. 작년에는 대부분의 환자가 시골에서 왔다. 시골 지역보다 외국인에 대한 선입견이 훨씬 많은 이곳 전주에서의 의료사역이 사람들에게 좋은 인상을 남기기 시작했다는 것이 매우 기쁘다. 시골 사람들에 비해 도시 사람들은 약을 복용하는 것을 훨씬 두려워한다. 이제는 도시 사람들도 상당한 신뢰감을 갖고 외국인이 건네주는 약을 별다른 거부감없이 받아들인다. 이전에는 외국에서 가져왔다는 약을 먹으면 이런저런 무서운 결과가 일어날까 하는 두려움이 컸던 것 같다. 그 두려움을 풀기까지 그들은 쉴새없이 질문을 쏟아내곤 했다. 지금은 그 정도는 아니라고 해도, 여전히 남편이 먹지 말란다며 약을 되돌려주거나 처음부터 아예 받지 않는 사람도 있다.

남편의 반대 때문에 진료소에 오지 못하던 한 여성이 있었다. 외국인 의사에게 아픈 몸을 보여야 한다는 것에 몹시도 거부감을 갖던 남편은 아내의 병이 깊어지고 고통이 심해지면서 선택의 여지가 없게 되었다. 남편이 나를 자기네 집으로 부르는 것을 허락했고 곧 그녀의 상태는 좋아졌다. 진료를 받던 여성이 내게 말했다. "제 남편이 술 먹는 것을 멈추게 하는 약을 주세요. 그 사람은 술을 많이 마시면 저와 아이들을 때려서 제가 살 수가 없어요." 나는 그녀에게 남편의 병을 고칠 약으로, 복음이 있다고 했다. 남편이 예수님을 믿고 그 가르침대로 산다면 다시는 그런 짓을 하지 않을 것이라고 알려주었다.

그녀는 이미 복음에 대해 알고 있었고 다른 사람들도 그녀에게 비슷한 얘기를 했지만, 남편이 복음에 대해 귀기울일 생각조차 하지 않는다고 했다. 그녀는 그리스도인이 되고 싶다면서 “진심으로 예수님을 믿는다.”고 했다. 그 후에도 그녀는 나에게 하소연했다. “남편이 마을의 그리스도인 집에 가지 못하게 하고 아이들이 예수 믿는 집의 아이들과 함께 놀면 가차없이 매를 들어요. 우리 집이 교회와 아주 가까운데도 한 번도 교회에 가는 것을 허락한 적이 없답니다. 어떻게 하면 좋지요?” 그녀가 들려준 이야기를 들으면 들을수록 안타까웠다. 더욱 안타까운 건 이러한 사례가 어느 지역이든 드물지 않다는 데 있다.

또 다른 여성은 약 2년 전에 진료소에 와서 한동안 입원했던 것이 계기가 되어 지금은 정기적으로 예배에 참석하고 있다. 그녀의 남편 역시 자기 아내가 교회에 가는 것을 반대했다. 하지만 그녀가 진료소에서 나에게 큰 도움을 받았다는 사실 때문에 어쩔 수 없이 교회에 나가는 것을 허락한 상황이었다. 하지만 그녀 역시 이번 여름에 힘든 시련을 겪었다. 4명의 자녀가 죽었고 그녀의 모친도 콜레라에 걸려 사흘만에 죽었다. 이토록 큰 고통을 겪은 그녀에게 나는 그녀가 여전히 예수님을 신뢰하고 있는지 물었다. “물론이지요. 아이들이 심하게 아팠을 때 내가 너무 무력하다는 사실을 깨달았습니다. 유일하게 할 수 있는 것이 기도 밖에는 없었답니다.” 그녀는 아직도 큰 슬픔 가운데 있지만 믿음을 잃지 않았고 매주마다 교회에 나와 하나님을 예배하고 있다.

한 여성은 나에게 자신의 집에 와서 아픈 아들을 위해 기도해 달라고 부탁했다. 아픈 아들의 치유를 위해 자기가 열심히 기도했지만 조금도 차도가 없다고 했다. 그녀는 내가 기도하면 분명 확실한 효과가 있을 것이라고 생각한 것 같다. 나는 그녀에게 아들을 위해 기도하겠다고 약속하면서, 아들이 내가 주는 약을 먹어야 한다고도 했다. 그녀는 나의 제안에 순순히 그러겠다고 했고, 소년은 며칠 만에 좋아졌다. 우리의 진료가 분명한 효과를 내자 그녀는 크게 기뻐했다. 나의 기도와 처방약 중에 그녀는 무엇이 더 효과적이라 믿고 있을지 궁금하다.

올해는 모두가 경제적으로 어려운 시기를 보내느라, 진료비는 커녕 처방약 비용도 감당하기 힘든 환자들이 대부분이다. 그런 이유로 형편이 되지 않는 모든 이들에게는 전액 무료로 진료하고 약을 처방해준다. 하지만 그때문에 환자들이 진료소에 오는 걸 망설인다는 걸 알게 됐다. 돈을 내지 않고 약을 받으면 신세를 진다고 생각하기 때문에, 나중에 다시 와서 약을 더 달라기가 민망하다는 것이다. 그들이 고민 끝에 선택한 방안은 진료소에 올 때 자신들에게 있는 그나마 값진 것을 처방약 값 대신 가져오는 것이었다. 어떤 이들은 닭을 가져오고 다른 이들은 달걀 꾸러미를 가져온다. 값어치로 환산하면 약 값보다 더 비쌀 것이다. 이런 당황스러운 상황에 대처하기 위해 나는 약 값으로 20푼 혹은 30푼의 정찰제를 시행하게 되었다. 이곳 시세로 거의 무료나 다름없지만 사람들은 신세를 지지 않는다는 사실에 마음 편히 진료소 방문을 하기 시작했다.

물론 모든 경우가 이렇지는 않다. 몇몇은 처방약을 공짜로 받기를 바라고 공짜 진료와 처방이 계속되어도 부담을 갖기 보다 오히려 더 좋아한다. 또한 내가 알고 지내는 부유한 사람들에게는 정상 금액을 받고 약을 처방한다. 이런 경우에는 약 30달러에 준하는 비용을 청구하고, 선교사들의 경우에는 약 5달러에 해당하는 돈을 받는다.

현재 진료소에 21명의 환자가 입원해 있다. 입원한 지 며칠 된 사람도 있지만 두 달 넘게 이곳에서 지낸 사람도 있다. 나는 시간과 힘이 허락되는 한 더 많은 왕진을 가려 하고, 그 결과로 52가정에 150회의 왕진을 했다. 진료소에서는 진료와 함께 복음을 전하고 기회가 되면 성경을 가르치고 소책자도 판매하고 있다. 경제적으로 어려운 시기다 보니 올해는 적은 수량의 책만 판매됐다.

6개월 반의 시간 동안 이뤄낸 결과이기에 나는 무엇보다 감사하고 있으며 새로 입주한 진료소 시설이 있기에 지금보다 훨씬 더 큰 결실을 맺을 것이라고 기대와 격려를 받고 있다. 물론 여전히 진료소 운영에 약간의 걱정이 있지만, 그렇다고 이곳을 지혜롭고 성공적으로 운영할 자신이 없다는 의미는 아니다. 지금의 추세가 계속 이어지고 여러분의 변함없는 기도가 더해진다면 충분히 감당할 자신이 있다.

마지막으로 올해 좋은 집과 진료소를 지어 준 테이트 선교사에게 감사를 전하고 싶다. 그 모든 과정에서 그는 나에게 어떠한 부정적인 말 한마디도 하지 않았지만 분명 남모를 고충과 무거운 책임감이 있었을 것이기 때문이다.

처방약을 제조하는 마티 잉골드

6.
진료, 전도, 교육

《《 마침내 유 씨 부인이 입을 열었다. "제가 병에 걸려 여기서 3개월 동안 지내며 치료를 받았지요. 그리고 복음에 대해 들었답니다. 그 복음의 말씀을 듣는데 너무 좋았습니다. 저는 그날 저의 죄를 회개했을 뿐 아니라 예수님이 저의 구주가 되신다는 사실을 믿음으로 받아들였어요. 그 후론 제 마음에 항상 기쁨과 평안이 가득합니다. 악한 귀신은 더 이상 두렵지 않습니다. 이 세상을 창조하신 전능하신 하나님이 계시니까요. 지금은 귀신들이 아닌 오직 하나님을 모시고 그분께만 예배를 드리고 있답니다." 》》

1903년 9월 1일 / 전주 / 잉골드 보고서

작년에 나는 더 크고 좋은 시설에서 이전보다 진료를 더 잘 할 수 있었으면 좋겠다는 바람으로 글을 맺었다. 나는 이 보고서가 이런 바람이 왜 이루어지지 않았는지를 주로 설명하게 되지 않을까 조심스럽다.

작년 가을 선교부 연례 회의 이후 전주로 돌아와 새로운 진료실 관련 문서 작성과 마무리 작업을 하고 이사까지 하느라 2주가 훌쩍 지나갔다. 진료소를 시작했을 때는 어느덧 10월 중순이었다. 내가 살 집이 거의 완성되어 11월 초에는 입주를 할 수 있을 정도가 되었고 새로운 거처로 이사하자마자 진료소 사역을 하면서 틈틈이 집의 울타리 세우기, 우물 파기, 잔디 깔기 등의 소소한 일들을 해나갔다. 새로 지은 집이라고 해도 여기저기 손볼 곳이 많아서 수리를 하는 것도 가을에서 초봄까지 꽤 많은 시간과 에너지를 쏟아야 했다. 모든 일들이 마무리된 지금은 나에게 허락된 멋지고 편안한 집과 의료 시설에 대해 충분한 감사의 마음을 품고 있지 못하는 것 같다.

11월 1일이 되면서 새로운 곳에 진료소가 생겼다는 것을 알고 찾아오는 조선 사람들이 늘어나기 시작했다. 날씨가 너무 추워지고 눈이 너무 많이 와서 사람들이 외출을 잘 할 수 없게 될 때 까지는 진료소를 찾는 사람들이 많았다.

1월에는 몸이 좋지 않아서 진료소를 2주간 닫아야 했고 다시 진료를 시작할 수 있을 때는 구정이 가까운 시점이었다. 명절을 준비하느라 오

예수병원 한옥 진료소(돌담을 쌓은 가운데 기와집과 그 옆집, 1903년)

랫동안 힘들게 일한 여성들과 그 자녀들이 이곳저곳이 아프다며 진료소를 찾았다.

이 기간 동안 나는 테이트 양의 도움을 받아 현지인 조력자들과 함께 꽤 많은 환자복을 만들었다. 예상보다 많은 환자들이 진료소를 찾아왔고 그만큼 입원 환자도 늘어나는 바람에 우리가 준비한 환자복으로는 이를 감당할 수가 없었다. 구정이 지나면서 진료소를 찾는 이들이 더 많아졌고 날이 따듯해지면서 환자수도 함께 늘었다. 아마도 완연한 봄 기운을 느끼게 되는 3월에 접어들면 일년 중 가장 바쁜 시기가 되리라는 반가운 예상을 하고 있다.

군산에는 내과의사가 없기 때문에 나는 4월 1일에 병원과 진료소 문을 닫고 군산으로 갔다. 군산 선교부에서 6주 동안 다양한 환자들을 진료하고 간호했는데 어찌나 환자가 많았던지 마지막에는 내가 병이 나고 말았다. 안타까운 사실은 나의 첫 번째 외국인 환자를 그곳에서 진료하게 되었지만 목숨을 살리지 못했다는 점이다. 환자는 전킨 선교사 부부의 아기였다. 그 아이의 마지막 숨이 사그러드는 것을 보는 것은 우리 모두에게 가슴 아픈 일이었지만, 슬픔 속에서도 우리 모두는 "그 아이에게 평안이 임했다"는 굳은 믿음을 나누었다.

5월 중순에 전주로 돌아왔을 때 곧바로 진료실 문을 열지 못했다. 나의 건강이 진료소 사역을 감당할 만큼 회복되지 않았기 때문이다. 그럼에도 환자들은 날마다 진료소를 찾아와 문을 열라고 재촉했고 개중에는 나에게 진료를 받기 전까지 떠나지 않을 거라며 버틴다거나 심지어 소란을 피우기까지 했다. 군산에 가 있던 시기를 포함해 전주로 돌아온 이후에도 건강 문제로 진료소를 열지 못했던 이 시기에 꽤 많은 환자들이 왔다가 실망하고 돌아갔다. 진료실 문을 열지 못하고 계속 미루는 것이 힘든 선택이었지만 건강을 회복하고 진료 사역을 오롯이 감당할 수 있기까지 기다리는 것이 현명한 결정임을 나는 믿고 있다.

6월 1일에 진료소를 열 수 있게 차근히 준비를 했다. 그 사이에 군산에서 전킨 선교사가 많이 아프다는 전보를 받았다. 군산에 40일 동안 머무른 후 전주에 돌아와 힘들게 진료소 문을 열었는데 이번에는 해리슨 선교사 부인이 발진티푸스에 걸려 고열 증세를 보인다고 했다. 군산으로 급히 넘어가 12일 동안 밤낮으로 치료하고 간호를 했지만 그녀는 6월 20일에 세상을 떠났다. 우리는 가장 신실하고 친밀했던 동료를 잃었고 선교사들과 조선 사람들 모두가 그녀를 그리워할 것이다.

더위가 본격적으로 시작되는 여름에 나는 서울로 올라갔다. 서울 근

진료 대기실의 환자들

교의 산에서 여름을 보내면서 휴식과 재충전의 시간을 갖기 위해서다. 이제껏 조선에서 지내는 동안 얻게 되는 가장 긴 휴식이 되었다.

위의 기록과 같이 진료소는 이런저런 연유로 인해 5개월 동안만 문을 열었고 이 진료기간의 대부분이 추운 겨울이었다. 아픈 여성들과 아이들이 외출하기가 힘든 시기여서 환자들의 진료소 방문횟수는 1,523회, 입원 환자의 수는 35명이었으며 이 중 2명이 사망했다. 환자 왕진은 51차례 다녀왔다. 새로 나와 함께하게 된 현지인 조력자들은 진료소 대기실에서 복음을 가르치고 소책자를 나눠주거나 판매하는 일을 맡았는데 이전 사람들만큼 성공적이었다.

새로 마련된 대기실은 공간이 제법 넓은 덕분에 여러 모로 유익한 점이 있었다. 우선, 먼 곳에서 찾아오는 환자들은 별도의 숙소를 마련하지 못한 경우가 대부분이라 대기실이 여관 기능을 담당했다. 의사는 나 하나뿐인데 진료가 오래 걸리면 대기 시간이 길어지고 어쩔 수 없이 밤을 보내야 했기 때문이다. 게다가 대기실에서 오래 머무르는 환자들은 진료소에 잠깐 들렀다 돌아가는 이들에 비하면, 우리 선교사들과 우리의 사역에 대해 더 많은 것을 직접 보고 알 수 있었다. 매일 아침마다 우리는 입원 환자들과 진료소 방문객들과 함께 기도를 드리는데 이 때가 복음을 전할 수 있는 좋은 시간이 된다. 진료소에서는 환자의 질환에 집중하느라 진료 외에 복음을 전하는 일은 거의 할 수 없기 때문이다. 대기실에 오래 머무는 환자들을 위해서는 특별히 현지인 조력자들이 야간 기도회를 열고 있다.

올 봄 입원 환자 중에 젊은 여성인 박 씨 부인이 있었다. 그녀는 눈을 치료하기 위해 5킬로미터를 걸어 진료소를 찾아왔다. 박 씨 부인은 이곳에 6주를 머물렀고 이후 눈 상태가 호전되긴 했지만 완치되지는 않았다. 그동안 그녀는 복음을 듣고 믿음을 갖게 되었으며 집으로 돌아간 뒤에도 예수님의 가르침을 따르겠다고 했다.

얼마 후 나이 많은 여성 두 명이 박 씨 부인과 함께 진료소를 찾았다. 그녀들은 아파서 온 것은 아니었고 이웃에 사는 박 씨 부인에게 복음을 듣고 더 자세히 알고 싶은 마음이 생겨 방문했다고 했다. 그러면서 식구들이 읽을 수 있게 복음 소책자 몇 권을 달라고도 했다. 나는 그녀들에게 복음에 대해, 예수님에 대해 성경 말씀을 보여주며 자세히 알려주었고 그녀들은 소책자도 몇 권 사들고 만족하는 표정으로 돌아갔다. 이 여성들에 따르면, 집으로 돌아간 박 씨 부인이 남편에게 복음을 전했으며, 진료소에서 오랜만에 돌아온 아내가 달라졌다고 판단한 남편은 새로운 종교에 거부감을 드러냈을 뿐 아니라 그녀가 가지고 온 소책자를 불태우고 낯선 외국인들이 전하는 신앙을 믿어서는 안 된다며 금했다고 한다.

박 씨 부인은 남편이 금하고 막더라도 자신은 믿음을 버리지 않을 것이며 악령과 조상을 숭배하는 대신 하나님을 섬기겠다고 말했다. 노부인들은 박 씨 부인이 이웃에게 그 믿음을 전파하는 일에 무척 열심이며 이웃들도 그녀의 가르침을 좋아하고 더 많이 알기 원한다고 했다.

박 씨 부인과는 대조적인 경우로 양쪽 눈에 익상편(안구의 흰자위에서 각막 쪽으로 섬유 혈관 조직이 증식, 침범하는 질환)이 크게 자라서 눈이 거의 실명 위기에 빠진 또 다른 여성 환자가 있었다. 익상편을 제거한 뒤 이 환자의 시력은 많이 호전되었고 그 덕분에 우리가 전한 복음에 대해서도 긍정적인 반응을 보였다. 이후에 이 여성의 이웃에 사는 다른 환자들이 와서 그녀가 진료소는 병을 잘 고치기는 하는데 거기서 전하는 복음은 들을 필요가 없다고 했다고 전해주었다.

또 다른 환자는 우리가 '발병이 난 여성'으로 부르는 환자로 거의 3개월간 진료소에서 지냈다. 이 여성은 발이 아픈 지 6년이나 되었고 통증이 점점 심해져 지난 3년 동안은 걸을 수조차 없었다. 그녀는 높은 신분에 속하는 여성이었고 이전에 거의 한의사에게만 의존해 치료를 받았으나 별 효과를 보지 못했다고 한다. 여성의 발에서 다량의 괴사된 뼈를 제거하자 증상이 호전되었고 그녀를 괴롭히던 극심한 통증도 사라졌다. 우리는 이 환자에게 걷는 데 도움이 되는 목발을 사용하도록 했는데, 당시에는 목발이란 게 사람들에게 알려지지 않았었다. 목발을 짚고 걷는 연습을 하면서 차츰 걸음이 편해졌고 때로는 지팡이만을 이용해 걸을 수도 있게 되었다. 마침내 지팡이를 짚고 퇴원하는 여성을 보며 환자와 가족들은 우리의 치료에 만족했다. 게다가 약값을 조금만 받는다며 더 좋아했다.

진료소에서 지내는 내내 그녀는 언제나 듣고 배울 준비가 되어 있는 듯했다. 그녀는 우리를 찾아오기 전에는 누군가를 아주 미워하고 할 수만 있다면 해를 가하고 싶었지만 이제 더 이상 그런 마음은 사라졌다고 했다. 하나님의 말씀을 배운 덕분이라고도 했다. 더 나아가 앞으로는 무익한 제사에 참여하지 않겠노라고도 다짐했다.

진료소를 찾아온 환자 중에 남의 집에서 종살이를 하는 일곱 살 된 소녀도 있었다. 너무 가난하여 가족을 부양할 수 없었던 터라 남의 집의 종살이를 보낸 것이다. 소녀를 부리는 집의 여주인은 그 대가로 엄마에게 2달러를 지불한다고 했다. 소녀는 아름답고 순수한 아이였고 진료소에 머무르는 며칠 동안 금세 친해져서 여주인이 그녀를 데려갔을 때 우리는 한동안 헤어짐을 아쉬워했을 정도였다. 그녀 말고도 이곳에서 종살이를 하는 소녀들이 자주 진료소로 오는데 소녀들을 부리는 집에선 그 부모에게 2달러에서 5달러를 지불한다고 했다.

시골에 비해 경제적으로나 문화적으로 발전했다는 도시에도 편견을 가진 사람들은 여전히 존재한다. 한 여성에게 왕진을 간 적이 있었는데 진찰 결과로는 입원 치료가 시급한 상황이었다. 앞서 한의사들이 열 차례 진료하고 많은 약을 써봤지만 차도를 보이지 않았다. 결국 마지막 수단으로 우리에게 도움을 청하기로 한 상황이었다. 나는 이 환자는 약을 써야 하는 상황은 아니며 오히려 효과가 없고, 만일 환자를 입원시킨다면 증상을 완화시킬 수 있노라고 설명했다.

아픈 당사자와 그 모친은 나의 제안대로 하길 원했지만 남편이 허락하지 않았다. 나는 남편에게 최대한 자세히 설명했다. 우리가 운영하는 진료소는 환자의 질병을 집중 치료하기 위해 적합한 곳이며 필요하다면 남편도 환자와 함께 머무르면서 모든 상황을 지켜볼 수 있다고도 했다. 그럼에도 남편은 요지부동이었고, 환자의 모친은 남편의 이해할 수 없는 반응을 이렇게 설명했다. "남편이 자기 아내를 외국인 진료소에 입원시키면 친구들의 조롱을 받을 것이기 때문입니다."

나는 되물었다. "우리가 진료소에 머무르는 환자들에게 비난 받을 일을 했었나요?"

"그렇지 않습니다. 하지만 당신도 알다시피 이곳 사람들은 외국인에 대해 안 좋은 시선으로 바라보기도 하고 혹여 비난하는 말을 하면 잘 모르는 사람들은 그 말을 그대로 믿는답니다." 그녀가 대답했다.

"네, 저도 그런 형편은 알고 있습니다. 다만 이 경우에 우리에 대해 잘못된 확신을 갖고 있는 사람들이 진실을 확인할 유일한 길은 그들 스스로 와서 확인해야 한다는 겁니다. 누구 말이 옳은지 확인하려는 이 방법 밖에 없습니다. 만약 환자가 치료를 받지 못하고 이 상태로 있으면 분명 생명이 위험합니다. 그러나 입원을 하면 며칠 안에 약을 먹지 않아도 될 만큼 좋아질 수도 있습니다. 이 사실을 딸의 남편에게 말하고 잘 설득해주세요. 환자를 빨리 데려오지 않아서 너무 늦게 되면 우리도 도움을 드릴 수 없습니다." 그렇게 말하고 하루 종일 기다렸으나 환자는 오지 않았다.

나는 여성의 남편이 용기를 내어 그녀를 데려오는 대신 차라리 죽게 내버려두는 편을 선택한 것이 아닌가 하는 생각으로 두려워지기 시작했다. 날이 저물고 짙은 어둠이 내린 후에 가마 한 대가 진료소 입구에 당도했다. 여성의 모친이 뒤를 따라왔다. 딸을 진료소로 데려가라고 사위에게 말했지만 듣지 않았으며 사위와 크게 싸운 후 직접 데려왔다고

리니 데이비스 해리슨 선교사 묘 앞의 선교사들(1903년)

했다. 며칠 만에 환자의 상태는 호전되었고 남편에게 돌려보낼 수 있을 정도가 되었다. 남편은 가망이 없었던 아내의 병세가 호전되자 안도하는 듯했다.

몇 주가 지나 퇴원했던 그 여성이 또 다른 병으로 아팠고 그녀의 모친은 나에게 왕진해 줄 것을 청했다. 나는 환자를 찾아가 이틀 치 약을 주었고 약을 다 먹으면 진료소에 와서 환자의 상태가 어떤지 알려달라고 했다. 그러면 그때 다시 환자를 진찰하겠다고 말했다.

4, 5일이 지나도 소식이 없자 나는 환자의 상태가 호전되었으려니 생각했다. 그때 여성의 모친이 급히 진료소를 찾아와 "아주 위험한 짓을 했다"며 민망한 표정을 지었다. 여성은 내가 처방해주고 온 약을 먹고 상태가 많이 좋아졌지만 남편이 이제는 기력보충할 일만 남았다며 그녀에게 몸에 좋다는 한약을 잔뜩 먹였다는 것이다.

딸의 상태가 급격히 악화되자 놀란 그녀의 남편이 모친을 대신 진료소로 보냈다고 한다. 만약 한번 더 왕진을 와서 환자를 진료해준다면 그때부터는 나를 믿고 더 이상 한약을 먹이지 않겠다는 약속을 했다고 한다. 나는 당연히 그녀를 보러 왕진을 갔다.

또 다른 두 명의 환자 사례가 있다. 이들은 백내장으로 인해 완전히 실명한 상태였고 환자들은 더 이상 나빠질 것이 없었기 때문에 나에게 눈 수술을 하도록 허락했다. 나는 이 분야 수술이 처음이었기 때문에 용기를 냈다. 수술 후 한 여성은 편안하게 돌아다닐 수 있을 정도로 잘 볼 수 있게 되었고 또 다른 환자는 시력을 잃기 전처럼 잘 볼 수 있게 되었다고 기뻐했다. 이 환자는 또 다른 쪽 눈 수술을 앞두고 있다. 지금 이 두 여성은 교회에 출석하고 있으며 아직 그리스도인으로 믿음을 고백하지 않았으나 최소한 기독교에 대해 열린 마음을 갖게 될 것이라 기대한다.

나는 매주 주일에 전주 어린이 주일학교에서 아이들에게 성경을 가르쳤다. 아이들은 성별에 따라 두 반으로 나뉘었고 남자아이들은 예배 전에, 여자아이들은 예배가 끝나면 바로 이어서 성경공부를 했다. 각 반마다 보통 10-12명의 아이들이 참석했고 만족스러울 만큼 성장하는 것이 보였다. 올해 나는 어학 공부를 거의 하지 못했다. KP(Kepi) 씨가 나의 어학 선생이 되어 도움을 주었지만 내가 공부할 시간이 없다는 것을 알고 그만두었다.

내년 사역을 전망하면서 내가 바라는 것은 작년보다는 진료를 방해받는 일이 적었으면 좋겠다는 것이다. 그러나 이 지역에 더 많은 의료 인력이 파견되지 않는 한 그것을 기대하기는 어렵다. 모든 선교사가 그렇지만 특별히 의료선교사는 자기에게 맡겨진 자리를 확실하게 지켜야 한다. 마지막 희망을 안고 낯선 외국인 의사를 찾아 멀리서 힘들게 찾아온 환자에게 의사의 부재로 인한 실망보다 의료사역에 더 나쁜 영향을 끼치는 것은 없다.

1903년 10월 10일

내가 거의 1년 가깝게 기록을 하지 않았다는 것과 그동안 그렇게 많은 일이 일어났다는 것이 놀랍다. 지난 겨울은 나의 개인적인 일로 분주하게 보냈고 4월 1일에는 진료소 문을 닫고 군산에 가서 6주간 머물렀다.

전킨 선교사 부인의 아이는 태어난 지 3주 만에 사망했다. 윌리엄 불 선교사의 아이는 5월 1일에 태어났다. 그곳에 있는 동안에 나도 건강이 나빠졌고 그때문에 전주로 돌아와서도 바로 일을 시작할 수 없었다. 전주로 돌아오고 나서 얼마 되지 않아 전킨 부인이 아프며 군산에 다시 와달라는 요청을 받았다. 해리슨 선교사 부인이 발진티푸스 열로 투병하다 20일에 사망한 후에 나는 전주에 돌아오지 않았다. 해리슨 부인이 너무 그립다.

얼마 후에 나와 테이트 양은 서울 근교 산에 올라 그곳에서 무더운 여름을 보냈다. 애초부터 계획한 일은 아니어서 그런지 지난 6개월의 거의 대부분 시간 동안 집을 떠나 있다가 다시 돌아오는 내내 가슴이 두근거릴 정도였다. 우리는 이틀 전에 전주에 돌아왔다. 내가 진료소에 복귀한 것을 알리지 않았는데 오늘도 7명이 진료를 받기 위해 왔다. 나의 진료가 다시 시작되었음을 알린다면 훨씬 많은 사람들이 찾아올 것이다. 내년 여름에 잠시 미국으로 돌아갈 예정이다. 이곳에서 진료할 수 있는 날이 그리 많지 않다. 남은 시간을 잘 활용해야 한다.

1904년 4월 9일

몇 년 전 진료소에 3개월 동안 입원했던 유 씨 부인이 다음날 열릴 친교 모임 참석을 위해 남편과 함께 찾아왔다. 진료소 입원 당시엔 복음을 들어본 적이 없었으나 지금 유 씨 부인은 독실한 그리스도인으로 살아가고 있다. 모임 당일에 많은 여성들이 대기실에 모여들었고 나와 나를 돕는 여인은 오랜 시간 그들과 이야기를 나누며 말씀을 가르치기도 했다.

마침내 유 씨 부인이 입을 열었다. "제가 4년 전 복음에 대해 알지 못했던 때는 마음에 항상 두려움이 있었어요. 밤에는 무서워서 대문 밖으로 나가지 못했고 어두워지면 부엌에 가는 것도 무서워했죠. 제게 해를 끼치는 나쁜 귀신들이 언제 어디서나 돌아다닌다고 믿어서 무섭고 불안 했어요. 그러나 제가 병에 걸려 여기서 3개월 동안 지내며 치료를 받았지요. 그리고 복음에 대해 들었답니다. 그 복음의 말씀을 듣는데 너무 좋았습니다. 저는 그날 저의 죄를 회개했을 뿐 아니라 예수님이 저의 구주가 되신다는 사실을 믿음으로 받아들였어요. 그 후론 제 마음에 항상 기쁨과 평안이 가득합니다. 악한 귀신은 더 이상 두렵지 않습니다. 이 세상을 창조하신 전능하신 하나님이 계시니까요. 지금은 귀신들이 아닌 오직 하나님을 모시고 그분께만 예배를 드리고 있답니다."

7.
조선 사역 7년

《《 지난 사역과 비교하면 경험과 지혜도 쌓였다. 하지만 나는 무엇보다 나의 모든 도움이 하나님으로부터 온다는 사실을 굳게 붙잡고 싶다. 내게 주어진 사명을 완수할 힘과 지혜를 주님께서 허락해주시기를 간절히 기도드린다. 나에게 무슨 일이 일어날지 나는 모르지만 그분은 알고 계신다. 그러므로 주님과 동행할 때 나는 평안과 행복을 누릴 수 있으며 그분의 손에 이끌릴 때만 바른 길로 다닐 수 있을 것임을 확신한다. 》》

1904년 5월 6일 / 군산

낯선 이방인의 땅 조선 전주에서 7년 간의 사역을 이어간 끝에 나는 그곳의 많은 친구들에게 "안녕"이라 말하고 미국으로 향하는 긴 여정에 올랐다. 돌아보면 의료 선교사로서 나의 사역은 만족함보다 아쉬움이 조금 더 크다. 어쩌면 나의 부족함이 많았던 탓이라고 생각한다.

다만 나는 하나님께 이렇게 기도할 뿐이다. 나의 잘못을 용서해 주실 뿐 아니라 나의 잘못조차 선한 것으로 사용하시도록 말이다. 주님께서는 이 땅에 뿌려진 좋은 씨앗들이 먼 훗날 하나님의 이름에 영광이 되는 좋은 나무로 자라 풍성한 열매를 거둘 수 있게 하실 것임을 확신한다.

지금 나는 비록 무거운 마음으로 떠나지만 행복하고 유익한 안식년이 되리라 믿으며, 모든 위로의 하나님께서 나와 남겨진 이들 모두와 함께 하시기를 또한 확신한다.

1904년 5월 18일 / 제물포

일본으로 출항하는 배를 기다리면서 일주일 동안 서울에서 머물렀다. 우리는 내일 떠난다. 우리 선교사 일행은 아이들을 포함해 모두 14명이다. 이번 여정이 기대가 된다.

1904년 5월 24일 / 일본 고베

5일간의 항해 끝에 어제 우리는 고베에 도착했다. 다음 일정 때까지 일주일의 여유가 있다. 그동안 이곳에 머무르면서 필요한 물건을 구입할 계획이다. 상냥한 프라이스(Mrs. Price) 부인과 함께 다녀보기로 했다.

1904년 5월 31일 / 일본 고베

이곳에서 체류하는 일주일은 매우 즐거웠으며 내일 이곳을 떠난다. 이번 여정에 함께하는 존슨(Mr. and Mrs. Johnson) 선교사 부부 덕분에 유쾌하고 유익한 시간을 보낼 수 있었다. 우리는 여기서 교토로 이동해 다시 사흘간 머물 예정이다.

1904년 6월 9일 / 일본 고치

6월 11일 우리가 고베에서 타고 온 배의 검역이 모두 끝난 뒤 존슨 선교사 부부와 함께 배에서 내려 맥일웨인(McIllwaines) 가족과 함께 며칠을 보냈다. 그 뒤 존슨 부인과 나는 사가와(Sagawa)로 가서 에반스(Miss Evans) 양과 이틀을 보낸 뒤 무어(Moores) 선교사 가족을 만나기 위해 스사키(Susaki)로 갔다. 고베로 가는 배가 내일 출항할 예정이어서 미국으로 가는 배가 11일에 도착한다면 시간에 맞추어 그곳에 도착할 수 있을 것이다. 존슨 선교사와 나는 무어 선교사 가족과 스사키에서 며칠을 더 보내는 존슨 부인을 남겨두고 이곳으로 돌아왔다.

친구들과 함께 즐겁고 유익한 일정을 보낼 수 있어서 기쁘다. 이곳에서 이토록 많은 선교사들을 만나 교제할 수 있을 줄은 몰랐다. 당장의 불안함이 있다면, 배가 고베로 제시간에 돌아가지 못할 수 있다는 것, 그리고 미국으로 항해하는 도중에 폭풍우를 만날지도 모른다는 것이다.

1904년 6월 18일 / 태평양 한 가운데 SS 코리아 호

우리는 6월 12일에 고베를 떠나 요코하마에서 36시간을 보낸 뒤 호놀룰루로 다시 출항했다. 본격적인 귀국 여정에 오른 것이다. 다행히 쾌청한 날씨에 바람도 세지 않고 파도가 잔잔해 뱃멀미 걱정 없이 선상 생활을 즐기고 있다. 우리가 탄 배는 160미터에 달하는 대형선박이라 태평양 바다 위를 빠르게 미끄러지듯 나아간다. 이런 속도면 요코하마에서 샌프란시스코까지 태평양을 건너는 데 12일이면 가능하다고 한다. 객실 승무원들도 친절해 여행하기에 더할 나위 없이 좋은 조건이다. 이 모든 축복에 감사를 드린다.

1904년 6월 24일 / 호놀룰루 인근

우리는 어제 오전 5시에 호놀룰루에 도착해 오늘 오전 5시에 다시 출항했다. 호놀룰루는 아름다운 장소들이 많아 짧은 시간이었지만 차를 타고 이곳저곳을 둘러보며 즐거운 시간을 보냈다. 지금 우리는 샌프란시스코를 향해 나아가고 있으며 이달 30일에 도착할 예정이다.

1904년 7월 1일 / 샌프란시스코

어제 독감에 걸린 채 이곳에 도착했다. 다시 고국 땅을 밟게 되어 너무 감사하다.

1904년 7월 12일 / 네브래스카

8일 이른 아침에 네브래스카(Nebraska)에 도착했다. 독감에 걸린데다 계속되는 일정에 피곤이 겹쳐 그동안 너무 힘들었다. 나는 엘시(Elsie)에서 넷째 언니 사라 건지(Sarah Guernsey)를 만나 곧바로 언니네 집으로 갔다. 지금은(12일) 여정도 거의 다 끝났고 건강 상태도 많이 좋아져 기쁘고 감사하다. 오빠와 언니와 함께 즐거운 여름을 보낼 생각을 하고 있다.

1904년 10월 8일 / 노스캐롤라이나 히커리

나는 이달 6일에 히커리(Hickory)에 도착했다. 도중에 세인트루이스를 경유했는데 그곳에 며칠 동안 머물며 박람회를 관람했다. 그곳에서 셋째 오빠 존(John)을 만나 집으로 같이 돌아왔다. 5개월 간의 모든 귀국 여정을 마치면서, 지난 몇 달 동안 수많은 위험 가운데 하나님께서 은혜로 보호해 주셔서 안전하고 건강하게 지낼 수 있었음을 크게 감사드린다. 선하신 하나님께서는 나를 집으로 데려와 다시 친구들과 친척들을 만날 수 있게 하셨다. 부르심을 따라 살아온 지난 시간들을 돌이켜보면 모든 것이 주님의 뜻 안에서 순적하게 흘러왔다는 것을 알게 된다. 그 과정에서 나는 많은 복을 누렸고 큰 은혜를 누렸다. 선하신 하나님이야말로 내가 끝까지 의지해야 할 단 한분이심을 믿는다.

1904년 10월 19일 / 노스캐롤라이나 캐터바

그제 캐터바(catawba)에 내려와서 사촌 로라(Laura)와 함께 하룻밤을 보냈다. 다시 이곳에 오게 되어 정말 기쁘다. 오빠 존과 나는 어제 아버지의 집으로 갔다. 올해로 여든여섯이 된 아버지는 주름이 더 생기지도, 회색머리가 더 나지도 않아 놀라울 정도다. 좀 멀리서 보면 아버지의 머리는 검은 색으로 보인다. 부인할 수 없을 만큼 소리를 잘 듣지 못하시는 것만 빼면 아버지는 10년 전과 비교해 전혀 나이가 드신 것 같지 않았다. 내가 머나먼 이국 땅에 가 있는 동안에도 하나님께서는 아버지를 돌보아주셨으며, 다시금 이곳에서 우리의 재회를 허락하셨다. 아버지는 7년 만에 돌아온 나를 무척 반기셨고, 조선 전주의 어느 여성이 나에게 보낸 한글 편지에 관심을 보이셨다. 바로 위의 언니 엘렌(Ellen)은 늘 그렇듯 변함이 없다.

1904년 12월 30일 / 사우스캐롤라이나 록힐

캐터바에서 11월의 마지막 열흘을 보내고 노스캐롤라이나 모건턴(Morganton)으로 옮겨 맥코믹(Mrs. McCormic) 부인과 며칠을 보냈다. 12월 대부분은 노스캐롤라이나 히커리의 사촌 엠마(Emma) 집에 머물렀고 즐거운 크리스마스를 함께 보냈다. 사흘 전에 히커리에서 출발했지만 샬롯에서 갈아타는 기차를 놓치는 바람에 그곳에서 하룻밤을 보내고 어제서야 록힐에 도착했다.

샬롯으로 가는 기차에서 린 무어(Dr. Lynne Moore) 의료선교사를 만났다. 그는 7년 전에 우리와 함께 동행했던 선교사 일행에 속했었고, 그가 일본에서 결혼할 당시 예식에 참석하기도 했다. 지금 그의 부인은 샬롯에 있으며 그는 나를 그의 장인 집으로 데려가 하룻밤을 묵게 했다. 다음날에는 무어 부인과 아이들도 만날 수 있었다. 무어 의료선교사는 중국에서의 사역을 멈추고 유니온신학교에서 신학을 공부한다고 했다.

다시 록힐로 돌아와 오랜 친구들을 만날 수 있어 반가웠다. 지금은 메리 화이트(Miss Mary White) 양과 함께 지내고 있으며 앞으로 많은 집회에 참석하게 될 것이다. 조선에서 활동하는 의료선교사라는 나의 존재가 사람들에게 꽤 많은 관심을 불러일으킬 것 같다. 벌써부터 많은 사람들이 나를 만나고 싶어한다.

1905년 1월 31일 / 사우스캐롤라이나 찰스톤

27일에 이곳에 도착해 친구인 셔피셔스(Sherfesus)와 지내고 있다. 내가 이곳에서 7년 전 마지막으로 본 후로 그녀는 큰 슬픔을 두 번이나 겪었다. 그녀의 남편과 아버지와 사망한 것이다. 여기서 그녀의 가족과 함께 하는 짧은 시간이 조금이나마 그녀에게 기쁨이 되었으면 한다.

오늘은 내가 사랑하는 한 남자에게 보낼 편지를 썼다. 편지를 쓰는 일은 그리 어렵지 않아 보이지만 그 안에 가장 진실한 마음을 담아야 하기에 무척이나 힘들고 어려운 작업이다. 그럼에도 편지 쓰기가 기다려지는 이유는 내가 그를 무척 사랑하기 때문일 것이다. 우리 두 사람 모두가 사랑 안에서 서로에게 적합한 사람이 되기를 기도드린다.

1905년 2월 20일 / 사우스캐롤라이나 록힐

찰스톤에서 3주간 머무른 후 어제 윈스보로를 경유해 록힐에 도착했다. 도착하자마자 우리는 이곳에서 모임을 가졌고 교회에서도 많은 자매들을 만났다. 모두들 선교에 관심 있는 이들이어서 내가 감당하고 있는 이 의료선교 사역에 많은 질문을 쏟아냈다. 이번 겨울 계속되는 모임과 만남을 통해 여러모로 격려를 받고 있다.

1905년 3월 2일 / 펜실베이니아 필라델피아

오후 1시에 이곳에 도착했다. 어제 이 시간에 도착했어야 했는데 우리 앞에서 발생한 교통사고 때문에 하루가 지체됐다. 어젯밤 10시 반에 워싱턴에 도착해 그곳에서 밤을 보냈다.

이달 28일 아침에 록힐을 떠나 포트밀에서 하루를 지내면서 한 번은 자매들, 한 번은 아이들과 두 차례의 만남을 가졌는데 이것이 우리의 마지막 만남이 될 것이다. 이곳의 종합병원에서 몇 주간 동안 상당히 바쁜 일정을 보내기로 했기 때문이다. 내가 조선으로 다시 돌아갈 수 있도록 허락을 받는다면 조선 사역에 도움이 될 많은 것들을 얻기를 기대한다. 나의 의학 지식을 다시 새롭게 하고 새로운 기술과 처방도 배울 수 있는 좋은 기회다.

1905년 4월 5일 / 버지니아 노퍽

볼티모어(Baltimore)에서 배를 타고 오늘 노퍽(Norfolk)에 도착했다. 지난 주에는 볼티모어 인근 맥도너(McDonough)에 사는 전킨 부인의 여동생 모어랜드(Mrs. Moreland) 부인과 함께하며 즐거운 시간을 보냈다. 목요일부터 어제까지 볼티모어에서 지내다, 아니타 도일(Anita Doyle)과 함께 노퍽을 방문했는데 모두들 우리를 다정하게 맞아주었다.

중국으로 간 올리비아(Olivia, 찰스 영[Charles Young] 의료선교사의 아내) 부인이 너무 보고 싶다. 어제 메릴랜드 선교회 모임이 플랭클린 스트리트 교회(Franklin Street Church)에서 열려 뜻깊은 시간을 가졌고 오후 모임에는 내가 발표를 맡았다. 볼티모어에서 나의 의대 시절 교수님 몇 분을 만날 수 있어서 더욱 반가웠다. 나에게 각별히 다정하셨던 우즈(Dr. Woods) 박사님은 이번 만남에서 감사하게도 나에게 맞는 안경을 선물해 주셨다. 다만 내가 그 안경이 필요하기 시작했다는 것이 안타깝다.

이 지역 선교회 모임이 강 건너편에 있는 포트머스에서 내일 열리는데 내가 그곳에서 발표를 해야 한다. 오늘은 하루 종일 비가 내려서 내일도 비가 올까 봐 걱정이다. 어제 저녁에 아니타와 함께 배를 탔다가 흠뻑 비를 맞았다.

오후에는 레이놀즈 부인의 자매들 여럿이 우리를 초대했기에 그녀들과 함께 보낼 예정이다. 의심의 여지없이 그곳에서도 많은 친구들과 레이놀즈 선교사, 윌리엄 불 선교사의 친척들을 만날 수 있을 것이다.

1905년 6월 9일 / 노스캐롤라이나 히커리

노퍽에서 2주를 보낸 다음 이곳으로 돌아왔지만 며칠 밖에 머물지 못하고 아버지 집으로 내려가 5월 한 달 동안 그곳에서 지냈다. 한적한 시골이라 그 느긋함이 좋았고 오후에는 바느질을 하며 여유로움을 즐길 수 있었다.

6월 2일에 히커리로 돌아왔고 이번에는 아버지가 나에게 오셔서 8일까지 머물다 가셨다. 아버지는 내가 히커리에 온 것을 기뻐하시는 것 같았고 이곳에서 옛 친구들을 많이 만났다. 아버지 친구분들은 아버지가 87세 연세에 그토록 건강한 것에 다들 놀라셨다.

내일은 더햄(Durham)과 윌밍톤(Wilmington)으로 갔다가 돌아오는 길에는 뉴튼(Newton)을 거쳐 거기에서 모임을 가질 예정이다. 이것이 내가 기대하기로는, 이달 말에 조선으로 떠나기 전 마지막 여행이 될 것 같다.

1905년 6월 23일 / 마지막 일정 / 조선 복귀 준비

이달 19일에 히커리로 돌아왔다. 날씨는 더웠지만 더햄에서의 중요한 만남을 방해할 정도는 아니었다. 이곳에서 전킨 선교사 부인의 어머니와 자매들을 만나 즐거운 시간을 가졌다. 윌밍톤에선 선교회 모임을 가졌는데 모임도 유익했지만 특별히 홀(Mrs. Hall) 선교사 부인도 만날 수 있어 감사했다. 그곳에서 대가족인 스프룬트(Sprunt) 가족을 만났는데 이들 모두가 멋있었다. 히커리에 당도하기 전 뉴튼에 잠시 들러 거기서 주일 모임을 가졌고 많은 사람들을 만났다. 이곳 히커리에 돌아온 지금은 얼마 뒤에 떠나게 될 조선으로의 장거리 여정을 준비하고 필요한 짐을 꾸리느라 바쁘다.

1905년 7월 7일 / 앨라배마 스티븐슨 / 두 번째, 조선을 향하여

이곳에서 아이다(Ida)와 그녀의 다섯이나 되는 아들들을 만나 한 주를 함께 보낸 뒤 내일 아침 내슈빌(Nashville)로 떠날 준비를 하고 있다. 이곳에서 패니(Fannie)를 만날 수 있어 나의 여정이 더 즐거웠다. 애쉬빌(Asheville)에서 이틀을 보내고 녹스빌(Knoxville)에서 하루를 머문 다음 이곳 스티븐슨(stevenson)으로 왔다.

1905년 7월 12일 / 테네시 내슈빌

8일 내슈빌에 도착해 나의 예전 교회 목회자였던 앤더슨(Dr. Anderson) 박사님과 그의 어머니를 만났다. 이곳에서 체스터 의료선교사와 윌리엄 불 선교사를 만나 각각 하루를 보냈다.

오늘 저녁에 내슈빌을 떠나 내일 세인트루이스에서 포사이드(Mrs. Forsythe) 부인을 만나기로 했다. 부인과 샌프란시스코로 같이 떠날 예정이다. 아마도 이번 주일은 네브래스카 주의 팍슨(Faxson)에서 보내게 될 것 같다.

여행은 즐거운데 그것과 상관없이 감기에 걸렸다. 어제는 위원회 모임을 가졌고 그곳에서 중국의 전킨 선교사를 만났다. 다만 부인이 함께 오지 않아 아쉬웠다.

1905년 7월 25일 / 태평양 한가운데

세인트루이스에서 포사이드 부인을 만나 함께 팍슨에 가서 15일과 주일인 16일 이틀간 머물렀다. 둘째 오빠 브랜슨(Albert Branson), 첫째 언니 새라(Sarah), 아이다와 아기, 휴(Hugh)는 토요일에 팍슨에 와서 우리와 주일까지 함께 지냈다. 또 한번의 헤어짐을 앞둔 만남이라 더욱 뜻깊었다.

우리는 월요일에 다시 출발했고 19일 수요일에 샌프란시스코에 도착했다. 그곳에서 포사이드 부인은 체스터 의료선교사가 보낸 전보를 받았다. 포사이드 의료선교사가 수술을 받으러 미국으로 돌아올 수도 있다는 연락이었다. 그렇다면 포사이드 부인의 여정은 거기서 끝날 수도 있었다. 그녀는 수술을 받으러 돌아오는 남편을 기다리며 샌프란시스코에 당분간 머무를지 아니면 집으로 돌아갈지, 또는 다른 결정을 내려야 할지 갈피를 못잡고 고민했다.

다음날 아침에 체스터 박사로부터 다시 전보가 왔다. 포사이드 선교사가 고향으로 돌아온다는 소식을 전하면서 그녀가 여행을 계속할 필요가 없음을 알렸다.

연락은 22일 토요일에도 왔다. 그날 아침 우리는 일본으로 향하는 증기선을 타야 했다. 출항 30분을 앞둔 때, 포사이드 부인의 딸이 보낸 전보를 심부름하는 사람이 가지고 왔다. 포사이드 의료선교사가 고향으로 돌아오고 있다는 소식이었다. 결국 나는 샌프란시스코에서 포사이드 부인과 작별 인사를 나누고 홀로 증기선에 올랐다. 출항이 임박한 시점이라 그녀와 오랫동안 인사를 나눌 여유가 없었던 터라, 나는 증기선이 출발한 뒤에야 비로소 샌프란시스코에 혼자 남은 그녀를 걱정할 수 있었다. 집으로 돌아가는 그녀를 위해 주님께서 숙소 및 교통편 등 도움을 줄 친구들을 보내시고 돌보아주시기를 기도했다.

이제 우리는 태평양을 사흘째 항해해 호놀룰루까지 약 3,900킬로미터 거리의 절반쯤에 와 있다. 여행은 순조롭고 뱃멀미도 없었다. 증기선에 함께 탄 여성 선교사는 모두 9명이었다. 그 중에서도 캠벨(Mrs. Campbell) 여사는 소녀 2명과 조선으로 돌아가고 다른 일원은 중국으로 간다고 했다. 같은 선교의 뜻을 품은 이들과 함께하는 여정은 당연히 즐거운 일이다. 필리핀에서 유치원 사역을 하고 있는 나의 선실 동료인 바셋(Miss Bassett) 양은 증기선이 요코하마에 도착하면 거기서 고베와 나가사키를 거쳐 중국 상하이까지 간 다음 최종 목적지인 마닐라로 갈 예정이라고 했다.

미국에서 일 년의 안식년을 보내고 다시 조선 사역을 위해 돌아가고 있다는 사실이 실감나지 않는다. 이제까지 날마다 지극한 사랑으로 보살펴 주시는 하나님께 감사 드린다. 1년 만에 사역을 재개하는 나의 마음은 사명감과 신실함으로 가득차 있다. 지난 사역과 비교하면 경험과 지혜도 쌓였다. 하지만 나는 무엇보다 나의 모든 도움이 하나님으로부터 온다는 사실을 굳게 붙잡고 싶다. 내게 주어진 사명을 완수할 힘과 지혜를 주님께서 허락해주시기를 간절히 기도드린다. 나에게 무슨 일이 일어날지 나는 모르지만 그분은 알고 계신다. 그러므로 주님과 동행할 때 나는 평안과 행복을 누릴 수 있으며 그분의 손에 이끌릴 때만 바른 길로 다닐 수 있을 것임을 확신한다.

1905년 7월 29일 /호놀룰루

우리는 어제 새벽 6시에 호놀룰루에 도착했다가 오후 5시에 다시 출항했다. 짧지만 알찬 하루를 보냈는데 팔리(Fali) 전망대와 지역 명소들을 차를 타고 둘러보았다. 해안에서 푸른 바다를 바라보며 친구들과 담소를 나누기도 했다. 이번 여행에서 가장 좋은 하루였다. 피로를 풀고 기운을 회복한 우리 모두는 가벼운 마음으로 배에 올라 다시 일본으로 향하는 긴 여정에 올랐다.

1905년 8월 27일 / 조선 서울

조선에 돌아와 거의 2주가 지났다. 정신이 없던 터라 아직 그 동안의 일을 기록하지 못했다. 우리는 8월 11일에 일본 고베에 도착했고 13일에 고베를 떠나 15일에 부산에 도착했다. 부산에서 테이트 선교사를 만나 하룻밤을 보낸 후 대구로 가는 기차를 탔다. 그곳에서 또 하룻밤을 지내고 다음 날 서울에 도착했다.

이곳에 도착한 다음 날 우리는 관악산으로 가서 레이놀즈 선교사와 함께 일주일을 보냈다. 우리 모두는 어제 서울로 돌아와 9월 2일 예정인 나의 결혼식을 준비하면서 바쁜 한 주를 보내고 있다. 우리는 이번 주에 올라오는 테이트 양을 기다리고 있다.

부르심을 따라 다시금 조선에 돌아올 수 있게 허락하시고 평생의 반려자를 만나 사랑 가운데 동행하게 하신 하나님께 감사드린다. 단 한순간도 나에게서 눈을 떼지 않으시는 주님을 언제나 신실하게 섬길 뿐 아니라 내 삶의 한결같은 걸음으로 주님의 주님되심을 드러낼 수 있다면 얼마나 좋을지 소망하며 다짐해 본다.

1905년 9월 2일 / 조선 서울 / 테이트 선교사와 결혼

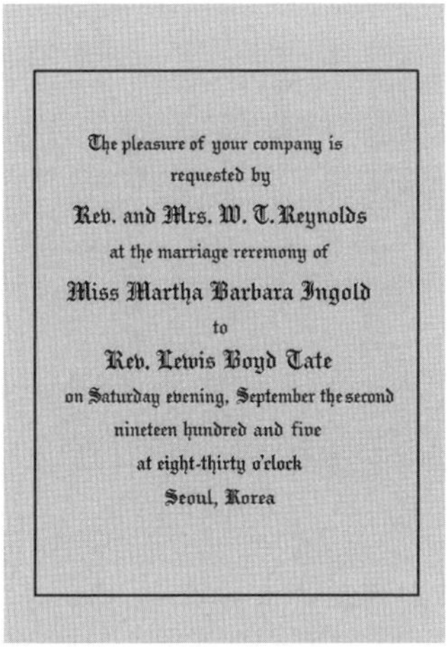

The pleasure of your company is
requested by
Rev. and Mrs. W. T. Reynolds
at the marriage ceremony of
Miss Martha Barbara Ingold
to
Rev. Lewis Boyd Tate
on Saturday evening, September the second
nineteen hundred and five
at eight-thirty o'clock
Seoul, Korea

〈 초청장 〉

마티 바바라 잉골드 의료선교사와

루이스 보이드 테이트 목사의 결혼식에

참석해 주실 것을

레이놀즈 목사 부부가

기쁜 마음으로 초청합니다.

일시: 1905년 9월 2일(토요일) 오후 8시 30분

장소: 대한민국 서울

마티 잉골드 결혼식(1905년)

1905년 9월 3일 / 조선 서울

어제 오후 8시 30분에 나는 테이트 선교사와 결혼해 아직 경험해 보지 않은 새로운 삶 속으로 들어갔다. 하나님의 축복과 서로를 향한 사랑이

예수병원 제2대 원장 포사이드

護照

大韓國外部爲給發護照事照得
大美國人醫師布斯義得前往各道遊歷
合行給照護送仰沿途各官驗照
放行毋令阻滯該人亦不得藉端
逗留致干査究須至護照者
光武八年十月五日
第四十五號
限回日繳銷

포사이드 여권

있기에 우리 두 사람 앞에 행복이 있을 것을 확신한다. 또한 하나님께서 그렇게 되도록 허락하실 것이다.

한 가지 아쉬운 점은 우리 선교부의 선교사 몇 명이 참석하지 못한 것이다. 레이놀즈 선교사 가족 외에 다니엘(Dr. Daniel) 의료선교사, 맥커첸(Mr. McCutchen) 선교사와 테이트 양 만이 참석했다.

일반적인 초대장을 발행했는데 서울에 있는 친구들과 아마 이 선교부에 관련된 방문자들이 꽤 많이 온 것 같았다. 결혼식 당일은 우리가 오랫동안 이곳에서 지내며 겪은 그 어떤 날보다 악천후였다. 하루 종일 비가 내리고 저녁에는 바람까지 불었는데 그 비바람을 뚫고 많은 사람들이 온 것이 놀라울 정도였다. 결혼식에 올 만한 사람들 가운데 대략 3분의 1 이상은 온 것 같다.

맥커첸 선교사와 테이트 양이 푸른 잎과 흰 꽃으로 식장을 아름답게 장식해주었고 주변에 꽃병과 꽃장식을 놓아 여느 결혼식 못지않은 풍경을 만들어주었다. 레이놀즈 선교사는 한결같이 은혜로운 말씀으로 결혼식 주례를 맡았다. 결혼식의 주 행사가 끝난 후에 하객들에게 아이스크림과 케이크를 대접했는데 모두가 먹고 남을 정도로 풍성했다. 기쁜 마음으로 언제나 이 행복한 결혼식을 떠올릴 것이다. 미국에 있는 사랑하는 사람들이 우리의 행복한 결혼식의 증인이 되지 못한 것이 아쉬울 뿐이다. 바람은 그쳤지만 오늘도 비는 계속 내린다. 오늘 열리는 모임에 우리는 참석할 수 없을 것 같다.

1905년 10월 7일 / 전주

이달 3일 아침에 서울을 출발해 5일 정오에 전주에 도착했다. 1년이 넘게 자리를 비운 터라 전주의 '집'으로 돌아와서 이곳 친구들을 만나 다시 일을 하게 된 것은 대단한 기쁨이다.

오는 중에 감기에 걸린데다 남편과 함께 살게 될 새로 이사한 집에 정리할 것이 많아 마음이 복잡했다. 다시금 이곳에 익숙해지려면 당분간 어려움을 겪을 것이다. 나의 이런 어려움을 알았는지, 고맙게도 많은 친구들이 나를 보러 오는 바람에 하루를 정신없이 보냈다. 아직 조선말 구사에 어색함이 있지만 곧 익숙해지리라고 기대한다.

포사이드 의료선교사를 만났다. 덕분에 그가 이곳에서 펼치는 의료사역에 더 많은 관심이 생겼다. 가능하다면 내가 도움을 줄 수 있기를 바란다. 또한 이곳에서 또 한번의 사역을 시작하면서 나의 부르심과 삶의 모든 면에서 충실할 수 있도록 기도한다. 아낌없는 지지와 도움을 보내는 다정한 남편과 함께한다는 사실이 나에게는 무엇보다 든든하다. 우리의 신혼집에서 행복을 일구면서 믿음으로 함께 걸어가는 이 길 가운데 주님의 인도하심과 축복이 충만하기를 기도한다.

10월 17일 집을 떠나 남편과 약 한달 일정으로 계획된 전도여행을 시작했다. 우리는 여섯 곳을 방문할 예정이었고 남편과 남편을 돕는 조력자들이 남성들을 가르치는 동안 나는 여성들을 가르치기로 했다. 오전에는 가능한 한 그 지역 교인들에게 교리문답을 가르치고 오후에는 진료도하면서 복음을 전하는 방식으로 진행된다. 우리 일행은 처음에 매계(Maikai)에서 시작해 천운(ChunUn)으로, 그리고 돗날(Totnal)과 개내기(Kenegie)로 이동했다. 선교 여행 중 여성들을 가르치는 일은 언제나 보람 있다. 그럼에도 불구하고 몇몇 여성들은 자신들이 무언가를 배운다는 사실에 대해 염려를 드러냈다. 혹여 이 사실을 가족이나 다른 사람이 알게 된다면 좋지 못한 말을 듣게 될 수도 있었기 때문이다.

그러다 갑작스런 포사이드 의료선교사의 부상 소식을 들었다. 우리는 모든 일정을 접고 열흘 일찍 돌아왔다. 애초에 계획했던 마지막 두 곳은 다음을 기약해야 했다. 11월 2일 전주에 도착해 포사이드 의료선교사를

전주에서 성경 번역작업 중인 레이놀즈 선교사와 조력자 이승두, 김정삼(1906년)

만나러 갔는데 다행히도 병세가 많이 호전된 상태였다. 우리는 그곳에서 다니엘 의료선교사도 만났다.

포사이드 의료선교사를 병문안 한 뒤에 남편 테이트 선교사는 우리가 전도여행 때 다녀갔던 몇 곳을 다시 방문하기 위해 오늘 아침에 떠났다. 복음을 전하고 말씀을 가르쳤던 그 곳에서 적지 않은 이들이 세례를 받기로 했기 때문이다. 우리의 전도여행 중 200명이 넘는 초신자들이 세례문답 시험을 보았고 그 중 150명이 세례를 받았다. 나는 최근에 다시

대한예수교장로회독로회 조직(1907년)

전주서문교회에 설치할 종을 싣고 온 장면(1909년)

시작한 소녀학교에서 아이들을 가르쳤다.

1906년 7월 7일

오랫동안 일기를 쓰지 못했는데 지금도 거의 쓸게 없다. 지난 5월엔 한 달 내내 아파서 거의 침대에 누워 있었고 그때문에 아무 것도 하지 못했기 때문이다. 오랫동안 진료소를 비워서 지금은 환자들이 많지 않다.

4월말에 미국으로 떠난 포사이드 의료선교사는 충분히 회복하고 나서 올 가을에 돌아온다고 한다.

6월에 광주에서 열린 선교부 연례 회의에 남편 테이트 선교사뿐만 아니라 나도 참석하지 못했다. 레이놀즈 부인과 자녀들은 그 모임 직전에 일주일 동안 우리와 함께 있었고 레이놀즈 선교사도 여기에 며칠 머물렀다.

1906년 9월 2일

오늘이 우리의 첫 번째 결혼기념일이다. 지난 일년은 달콤하고 행복한 한 해였다. 하나님은 나에게 큰 은혜를 베풀어 주셨다.

8.
조선 사역 12년

«« 지난 몇 년 동안 행복하고 분주한 시간들이 지나갔고 지금은 우리의 두 번째 안식년을 맞아 미국으로 가는 중이다. 우리는 어제 전주를 떠나면서 그동안 사랑과 감사의 증거를 많이 보여준 조선 사람들과 힘든 작별의 인사를 나누었다. 다시금 주님께서 우리를 축복하심으로 우리가 그들에게 돌아가고 변하지 않을 부르심의 사역을 감당하게 되기를 소망한다. »»

1909년 5월 24일 / 군산

일기를 쓴 지 오래 됐다. 지난 몇 년 동안 행복하고 분주한 시간들이 지나갔고 지금은 우리의 두 번째 안식년을 맞아 미국으로 가는 중이다. 우리는 어제 전주를 떠나면서 그동안 사랑과 감사의 증거를 많이 보여준 조선 사람들과 힘든 작별의 인사를 나누었다. 다시금 주님께서 우리를 축복하심으로 우리가 그들에게 돌아가고 변하지 않을 부르심의 사역을 감당하게 되기를 소망한다.

1909년 5월 31일 / 서울

이곳 핀더(Miss Pinder) 양의 집에서 즐겁게 며칠을 보낸 후 내일 평양으로 떠난다. 오늘 이화학당 실습을 참관했는데 열심히 공부하는 소녀들의 모습이 대견해 보였다.

1909년 6월 2일 / 평양

어제 기차를 타고 평양에 도착해 이 씨의 집에 머물며 스왈렌(Swallen) 가족과 저녁식사를 함께 했다. 오늘 아침에는 140명이나 되는 학생들이 가득 들어찬 신학대학의 수업을 참관했다.

1909년 6월 3일 / 선천

평양 인근 선천의 좋은 친구들과 함께 유쾌한 시간을 보냈다. 로스(Ross's) 씨 가족과 함께 지내고 있다.

1909년 6월 4일 / 만주

신의주 역에서 끝나는 경의선 기차에서 하차해 배를 타고 압록강을 건넜다. 거기서 다시 무크덴(Moukden, 선양)까지 이어지는 기차로 갈아탔다. 지금은 중국 안둥(Antung, 단둥)과 무크덴의 중간쯤 온 것 같다. 어젯밤에 안둥에서 묵고 오늘 협궤열차를 타고· 오면서 창밖으로 흘러가는 만주 지역의 경치를 감상했다. 이곳에는 독일에서 온 아버지와 아들, 그리고 영국 남성이 우리와 함께 여행을 하고 있다. 강 저편에는 조선 사람이 많은데 이쪽에는 한 명도 없어 의아했다.

1909년 6월 7일 / 무크덴

5일 토요일 저녁에 무크덴에 도착했다. 주일인 어제는 중국 교회에 갔는데 매우 흥미로웠다. 우리는 터얼리(R. T. Turley) 씨와 그의 부인과 함께 머물고 있다. 그는 영국성서공회(British and Foreign Bible Society) 만주 지부 대표로 사역 중이다. 오늘 오후에는 중국인이 운영하는 공업학교를 방문해 그들이 만드는 멋진 가구와 러그 등을 감상했다.

1909년 6월 12일 / 기차에서

8일에 하얼빈에 도착한 뒤 9일에 다시 기차를 타고 출발했다. 어제 아침에는 이르쿠츠크를, 그리고 어젯밤과 오늘 이른 아침에는 바이칼 호수를 지나갔는데 날이 어두워 호수의 일부분만 볼 수 있었다.

1909년 6월 16일

오늘 아침 일찍 우랄 산맥을 지나갔다. 기대했던 것과 달리 산이 낮아 웅장한 풍경은 없었다. 그제까지는 날씨가 상당히 춥지만 상쾌했고 어제와 오늘은 따뜻하다. 오늘 오후엔 우리 앞의 열차가 연착하는 바람에 기차에서 내려 몇 시간째 기다리고 있다. 이 사람들 말로는 기차가 출발하려면 다섯 시간 정도 걸릴거라는데 지금 3시간째 대기 중이고 언제 출발할 수 있을지 모르겠다. 그나마 기온이 따뜻하고 햇볕이 좋아서 기차역 나무 아래에서 쉴 수 있으니 다행이다.

1909년 6월 18일 / 모스크바

오늘 아침에 모스크바 도착 예정이었지만 출발이 지연된 탓에 오늘 오후 늦게서야 도착했다. 내일 저녁에 베를린으로 떠날 예정이라 시내를 둘러볼 여유는 없을 것 같다. 표시가 잘못되어 세관의 검사를 받지 못한 우리의 트렁크 하나를 가지고 갈 수 없다는 연락이 왔다. 여행하는 내내 여행 가방 때문에 힘들었을 뿐만 아니라 안내인이 우리가 가지고 갈 수 있다고 알려준 수화물 개수보다 적게 가지고 갔는데도 비용을 더 많이 지불해야 했다.

1909년 6월 19일

남편 테이트 선교사가 세관에서 하루 종일 기다렸지만 우리의 트렁크를 받지 못했다. 그들은 우리의 트렁크를 모스크바 북동쪽의 도시 알렉산드로프(Alexandrov)로 보낼 거라며 거기에서 받으라고 해 너무 화가 났다.

나는 나머지 일행들과 크렘린의 높은 종탑에 올라가 멋진 도시의 풍경을 감상했다. 아름다운 도시 가운데 러시아 비잔틴 풍의 화려한 반구형 지붕(성 바실리 대성당)이 솟아 있었다. 우리는 웅장한 크렘린 궁전에 이어 우스펜스키 대성당(Cathedral of the Dormition)과 아르항겔스키 대성당(Cathedral of the Archangel)도 구경했다. 사람들은 구세주 그리스도 대성당(Church of Our Savior)이 러시아 최고의 건축물이라고 했다. 그곳에는 진주, 다이아몬드, 수백만 달러의 값진 보석으로 장식된 예수님의 초상화가 있다. 남녀노소 가릴 것 없이 많은 이들이 차례로 유물 앞으로 나와 유리에 입맞춤 하거나 초에 불을 붙여 그림 앞에 놓는 것을 보고 나는 슬픔을 느꼈다. 그들은 분명 진정한 예배를 전혀 알지 못한다.

1909년 6월 21일 / 베를린

정오 무렵 베를린에 도착해 숙소인 YMCA 호스피스(Hospiz)에 왔다. 이곳에는 우리를 도와주는 몇 사람을 제외하고는 영어를 할 줄 아는 사람이 없다. 그나마 두 채의 건물로 이루어진 이곳에 영어를 할 줄 아는 안내인이 있다고 하니 필요하면 그의 도움을 받을 수 있다.

1909년 6월 23일

어제는 전차를 타고 아름답고 깨끗한 도시를 둘러보았다. 오늘은 하루 종일 비가 내려 밖에 나가지 못했다. 우리의 여행용 트렁크에 관해서는 아무런 연락도 없고 어디 있는지조차 알 수 없다. 이곳의 선박 회사에 이 문제를 맡겨 트렁크를 찾을 수 있기를 바랄 뿐이다. 남편 테이트는 트렁크를 찾느라 많은 시간과 에너지를 쏟고 있다. 여행을 즐길 여유조차 없는 것처럼 보인다. 오늘밤엔 미국인 교회에 갈 예정인데, 그곳에서 남편이 여러 사람들과 만나 잠시나마 트렁크 찾는 일을 잊었으면 좋겠다.

1909년 6월 25일 / 스위스 루체른

우리는 24일에 루체른에 도착했다. 비가 내리는 것을 제외하면 이곳은 너무 좋은 곳이다. 이곳에 며칠 머무를 예정인데 할 수 있으면 많은 곳을 가보고 싶다. 오늘은 미국 성공회 교회에 갔다.

1909년 6월 30일

28일은 비가 내리지 않는 유일한 날이어서 우리는 열차를 타고 인터라켄에 갔다. 그곳에서 융프라우와 또 다른 높은 산들의 장엄한 풍광을 감상했다. 오후에는 차를 타고 또다른 풍경이 아름다운 라우터브루넨(Lauterbrunnen)으로 드라이브를 나갔다. 어제 아침에는 베른에서 벵거(Miss Wenger) 양을 만나 그녀가 안내해주는 도시의 흥미로운 곳들을 구경했다.

점심을 먹고 산에 올라가 멋진 광경을 보았지만 비가 내리기 시작하더니 오후 내내 계속됐다. 오후 3시쯤 기차역 대기실에 들어갔다가 우연히 언더우드 선교사 부부를 만나 함께 유쾌한 대화를 나누었다.

오늘 리기(Rigi) 산에 올라왔지만 눈이 많이 내려서 이따금 구름 사이로 힐끗 보이는 풍경 외에는 거의 볼 수 없었다. 눈뿐만 아니라 비바람까지 거세게 불고 너무 추워 눈을 뜰 수가 없었다. 모두들 정상에서 내려다보는 풍경이 정말 멋지다고 하는데 그러지 못해 아쉬웠다. 이곳에 머무는 동안 우리에겐 날씨 운이 따르지 않아 단 하루를 제외하고 비가 계속 내렸다. 아쉬움을 가득 안고 내일은 여행을 다시 시작한다.

1909년 7월 5일 / 독일 베르니게로데

우리는 2일에 독일 베르니게로데(Wernigerode)에 도착해 사흘간 머물렀다가 오늘 런던으로 떠난다. 이곳에서 폰 그리샤임(Von Griesheims) 가족을 만나 즐거운 시간을 가졌다. 어제는 모처럼 날씨가 화창했는데 오늘은 다시 비가 내린다. 어제는 베르니게로데 성 안에 있는 교회에 갔다. 토요일에는 산으로 드라이브를 하며 아름다운 경치를 즐겼다.

1909년 7월 6일 / 런던 윌즈 호텔, 루드게이트 힐

오늘 아침에 런던에 도착했다. 오후부터 비가 내리기 시작하더니 그칠

줄 모르고 계속 내렸다. 기다리다 못해, 남편 루이스와 함께 외출해 옷을 비롯한 여행용품을 몇 가지 샀다.

1909년 7월 10일

우리는 매일 조금씩 관광을 하지만 그다지 즐기지는 못하고 있다. 우리가 여기서 찾을 수 있으리라고 믿었던 트렁크는 결국 찾지 못했고 남편 루이스는 계속된 미열과 통증으로 몸이 좋지 않았기 때문이다. 아무래도 말라리아에 걸린 것 같아서 치료제인 키니네(Quinine)를 먹게 했고 곧 나으리라 기대한다.

오늘 우리는 영국 국회의사당, 마담 투소 왁스 박물관(밀랍인형 전시관), 그리고 하이드 공원에 들렀다. 웨스트민스터 사원을 지나 성바울 대성당과 종탑, 동물원을 구경했다. 날씨는 거의 매일같이 비가 오거나 흐리지만 덥지 않고 시원하다.

1909년 7월 15일

오늘은 번햄(Burnhams) 씨네 가족과 함께 즐거운 시간을 보냈다. 딸 베시(Mrs. Vesey) 부인은 조선에서 우리와 알고 지낸 사이다. 그들의 집은 잔디와 꽃으로 곱게 꾸며 놓았고 매우 단란하고 화목한 가정이었다.

1909년 7월 17일

우리는 정오쯤에 런던을 떠나 홀리헤드(Holyhead)로 향했다. 홀리헤드는 '켈트족'이 18-19세기 산업혁명과 대기근 시기에 대거 미국으로 이주하던 때 중간 기착지로 이용되던 항구도시다. 우리 역시 미국으로 돌아가기 전 이곳을 마지막 여행지로 삼게 되어 기쁘고 가능한 빨리, 당장이라도 출발하고 싶다. 어제 로버트 화이트(Mr. Robert Whyte) 씨와 그의 아내와 점심을 같이 했는데, 이들은 오히려 미국에서 이곳에 막 도착한 매우 사랑스러운 그리스도인들이다.

1909년 7월 28일 / 노스캐롤라이나 카토바

우리는 가벼운 마음으로 대서양을 횡단해 25일 뉴욕에 도착했다. 다음날 밤기차를 타고 출발해 어제 카토바에 왔다. 반가운 얼굴들을 다시 만나서 정말 기쁘다. 내일은 아버지 집에 가고 싶지만 비가 많이 내려서 출발할 수 있을지 모르겠다. 메이 나이트(May Knight) 씨와 그의 아내가 저녁에 와서 오늘 밤을 함께 보낼 것이다.

1909년 7월 30일

오늘 아버지를 뵈러 집에 갔다. 아버지 얼굴이 좋아 보인다. 이제 아버지

전주서문교회 여성반, 테이트 양과 마티 잉골드

연세는 아흔한 살이다.

1909년 8월 5일

히커리에 왔다.

1909년 8월 12일

어제 저녁 루레이(Luray)로 내려와 콩코드 교회(Concord church) 목사님 댁에서 하루를 묵었고 오늘은 선교부 연례 회의가 있었다. 많은 교인들이 참여했고 나의 옛 친구들도 만날 수 있었다. 남편 루이스가 오전 예배 때 설교를 했고 나는 오후에 자매들과 오랜만의 만남을 가졌다.

내가 열두 살 때부터 다녔고 세례를 받은 이 교회에 다시 돌아온 것은 굉장한 기쁨이다. 아버지와 작은 언니 엘렌(Ellen)은 오늘 도착했고 아버지도 이곳을 다시 오게 되어 무척 기쁘신 것 같았다. 저녁에는 스테이츠빌(Statesville)에 와서 이곳에 살고 있는 자매들을 만났다.

1909년 8월 13일

몬트리트(Montreat)에 도착했다.

1909년 8월 30일

오늘 히커리에 와서 사촌인 앨리스와 며칠 동안 함께 지내고 있다. 우리는 몬트리트에 머물면서 많은 지인들을 만나 즐거운 시간을 보냈다. 어디서나 반가운 친구들을 만날 수 있다는 건 언제나 기쁘다.

9.
조선 사역 28년

≪ 우리 이야기의 마지막 장을 쓰고 있다. 남편 루이스는 지난 2월 19일에 갑자기 내 곁을 떠나갔다. 이후 그 사람 없이 외로운 두 달을 보냈고 내일 노스캐롤라이나로 떠나 그곳에서 여름을 보낼 예정이다. 이 작은 집의 매력과 기쁨은 그것을 말해주던 사랑하는 사람과 함께 사라져버렸다는 것은 말할 필요가 없다. 하지만 나는 안다. 주님이 뜻하신 때에 주님이 약속하신 땅에서 주님이 주시는 기쁨으로 그를 다시 만날 것이란 사실을. ≫

1925년 4월 11일 / 전주 / 28년 사역을 마치다

이 일기를 마지막으로 쓴 지 15년이 흘렀다. 그동안 우리와 이곳의 상황, 사람과 사역, 두 가지 모두 많이 변했다. 그리고 우리는 둘의 건강은 심각한 문제를 안고 있다. 나는 8년 그 이전부터 스프루(sprue, 흡수 장애로 인한 만성 소화기 장애) 때문에 고생을 하고 있고, 남편 테이트 선교사는 6년 전부터 심장병을 앓고 있던 차에 다른 문제로 인한 후유증과 독감으로 더 힘들어 하고 있다.

우리의 사역은 거의 끝난 것 같다. 이제 우리는 사역 현장과 지원을

마티 잉골드 부부의 전도여행

더 젊고 강한 일꾼들에게 물려주는 것이 낫겠다고 판단하고 있다. 다가오는 6월에 정기 휴가를 가지려고 준비를 하고 있는데 이곳에 다시 돌아올 계획은 없다. 오랫동안 우리와 함께 일을 했던 이곳 사람들을 떠나는 것은 쉽지 않은 결정이다. 그들은 우리가 그들과 함께 지내면서 그들을 위해 하려 했던 일들에 대해 진심으로 고마움을 표하고 있다. 그 마음이 느껴진다.

우리를 위한 송별회가 어제 오후에 남편 테이트 선교사의 선교지 인근 팟정이교회(Pat Chang Church, 김제 금산교회의 옛이름)에서 열렸다. 우리와 친하게 지낸 현지 목사 여섯 명이 참석했고 행사와 선물 증정 순서는 이자익 목사가 진행했는데 모든 것이 감사했다. 인사말과 선물, 두 가지로 표현된 주 안에서의 호의가 서로를 다시 끌어당겼고 우리가 떠나는 것을 힘들게 했다.

1925년 6월 19일 / 일본 고베

지난 3주 동안 출발 준비로 몹시 분주했다. 우리가 쓰던 세간살이 가운데 필요치 않은 것들은 처분하고 우리와 함께 가져갈 것들은 포장을 하고, 부족한 필수품도 구해야 했다.

가장 힘들었던 건 이곳에서의 사역을 마무리하는 과정에서 그동안 함께 동고동락했던 조선 사람들에게 안녕(Goodbye)이라고 말하는 일이었다. 그들은 우리가 이곳에서 감당했던 사역에 대해, 우리와의 사귐에 대해 진심어린 마음을 전해왔다.

5월 26일에는 은송리 교회에서 송별회가 열렸다. 이전에 레이놀즈 선교사의 사역지였다가 남편 테이트 선교사가 후임으로 맡아왔던 사역지다. 행사는 아이들이 부르는 아름다운 찬양으로 시작해 테이트 선교사에게 향로와 등잔을 선물로 증정하는 순서로 이어졌다.

며칠 후 서문교회에서도 비슷한 행사가 열렸다. 남편 테이트 선교사가 30년 전부터, 그리고 나도 그와 비슷한 기간 동안 사역했던 곳이다. 교회에는 많은 사람들이 모여 남편 테이트 선교사에게 한글로 된 멋진 신약

전주서문교회 아동성경학교(1925년)

성경을 선물로 주었고 나에게는 청동 화병을 선물로 주었다.

그리스도인은 아니지만 남편 테이트 선교사를 아는 이들이 그동안 조선 사람들을 위해 헌신한 것에 대한 감사를 전하고 싶다고 했다. 그들의 주선으로 도지사와의 만찬에 참석했다. 도지사는 일본인이었고 그와 그의 부인 모두 그리스도인이었다. 우리는 그 자리에서 30개 이상의 선물을 받았다.

6월 8일에도 그들은 올해에 미국으로 떠나는 선교사들인, 윈(Winns) 선교사 가족, 크레인(Miss Crane) 양과 우리에게 연꽃이 핀 정원에서 차를 대접해 주었다. 남편 테이트 선교사는 그 지역 관리들과 그동안 대부분 기간을 사이좋게 지냈고 그들과 함께 선교부 자산에 관한 여러 가지 일을 해결할 수 있어서 만족스러워했다.

17일에 우리는 동료 선교사들과 작별 인사를 나누었다. 그들 상당수

잉골드, 티몬스 원장이 함께한 호남지역 선교사와 그 가족(1920년대)

는 한참 후에나 미국에서 볼 수 있을 것이다. 또한 우리를 배웅하기 위해 모인 사랑하는 많은 현지인 친구들에게도 작별인사를 전해야 했다. 몇몇은 이리에서 29킬로미터나 떨어진 큰길까지 배웅을 나왔다. 박 씨, 이자익 씨, 정 씨, 이렇게 세 사람은 우리가 함께 일본행 여객선을 타는 부산까지 동행해주었. 박씨, 이씨는 수년간 남편 테이트 선교사와 사역을 함께한 현지 목사다. 이 목사는 최근에 우리에게 많은 도움을 주었고 믿음 안에서 가장 사랑하는 아들이다.

정 씨는 장로님이고 우리는 그를 장로교 대표로 세웠다. 우리와 함께하며 동역했던 친구들을 떠나는 것은 힘들다. 그들은 우리의 마음과 기도 속에 언제나 함께 있을 것이고 그들과의 함께했던 날들의 아름다운 추억은 가장 소중하며 영원한 보물이다.

어제 저녁에 기쁘고 놀라운 일이 우리를 기다리고 있었다. 이리 교회 김(Mr. Kim) 목사님이 우리를 위해 기차역으로 마중을 나와 호텔까지 데려다 준 것이다. 그는 이곳 신학교에서 특별 과정을 밟고 있다. 하나님께서 조선 사람들과 그들 가운데 세우신 교회 위에 풍성한 축복을 내리실 것을 기도한다.

1925년 7월 22일 / 네브래스카 엘시

우리는 즐거운 항해를 마친 후에 7월 4일에 시애틀에 도착해 그곳에서 주일을 보내고 10일에 이곳 엘시에 도착했다. 여기에서 우리는 몇 주 동안 나의 형제와 남편의 가족들과 함께 지내고 있다. 긴 여정 끝에 평안하고 즐거운 시간을 보내고 있으니 감사한 마음이 든다. 그러나 조선에 남겨두고 떠나온 사랑하는 친구들 생각도 많이 하고 있다. 이미 그들 중 몇몇 조선 사람과 외국인 선교사들에게서 편지를 받았다.

1925년 9월 3일 / 멕시코 미조리

엘시를 출발해 어제 멕시코에 도착했다. 8월 10일에 몬트리트로 간 남편 루이스는 전날 밤에 도착해 있었다. 우리는 지금 에그버트 밀러(Egbert Miller) 씨 집에 머물고 있다. 나는 8월 중순부터 스프루로 고생했다. 지금은 많이 좋아졌지만 이전처럼 튼튼한 몸은 아니다.

1926년 2월 14일 / 플로리다 프로스트프루프

9월 17일부터 10월 30일까지 남편 루이스 선교사는 버지니아와 켄터키에서 순회강연을 했다. 우리는 11월 7일에 캔자스시티로 가서 머틀 밀러(Myrtle Miller) 씨와 12일까지 같이 지냈는데 나는 그곳에서 지독한 독감에 걸렸다.

14일에 옥스배스(Auxvasse)로 가서 사촌 샐리 테이트(Sallie Tate)와 지냈고 남편 루이스는 15일 장로교회에서 오전예배 설교를 했다. 그날 오후 애버트(Dr. Abbott) 박사는 우리를 풀톤(Fulton)으로 데려갔고 남편은 그곳에서도 저녁예배 설교를 맡았다.

우리는 17일까지 크루스(Dr. Crews) 박사와 함께 지냈다. 그날 아침에 나는 시너디칼 대학(Synodical College)에서 설교를 한 후 모리스 북스(Maurice Books) 사촌에게 갔고 19일에는 벤 예이츠(Ben Yates)와 함께 지냈다. 그리고 클라우드 베리(Claude Berry)의 집에서 하룻밤 머물렀다. 20일에는 옥스배스의 사촌 샘 우드(Sam woods) 집에서 하룻밤 지내고 21일에 멕시코로 돌아왔다. 이번 여행 내내 감기와 기침 때문에 괴로웠다. 우리는 25일에 세데일리아(Sedalia)로 갔고 사촌인 존(John), 몰리 휫셀(Mollie Whitsell)과 이틀 동안 함께 지냈다. 27일에는 텍사스 포트워스에 가서 12월 7일까지 베티 래시터(Bettie Lassiter)와 함께 머물렀다.

12월 7일에 우리는 마리아(Marria) 자매와 그녀의 두 딸을 보러 텍사스 올니로 갔다. 거기에 그녀의 딸인 캐리 드럼(Carrie Drum) 집에 머물렀다. 12일에는 달라스로 넘어가 주일에 에드나 워싱턴(Edna Washington)과 함께 지냈고 14일에는 와코로 가서 조카딸 에마 데니슨(Emma Denison) 집에서 며칠을 묵었다. 17일에는 오스틴으로 가서 이틀 동안 리다 에반(Lida Evan) 가족과 지냈고 19일에는 휴스턴으로 가서 여자 형제 말저리(Margery)와 마리 해리스(Mary Harris)의 조카딸을 만났고 로버트 하킨스(Harkins)의 집에 머물렀다. 21일 플로리다 바토우로 떠난 후 24시간 만에 여기에 도착해서 친한 친구인 맥리오즈(McLeods)와 즐거운 성탄절을 보냈다.

우리는 29일에 무디 호숫가에 있는 우리의 작은 땅으로 가 며칠을

플로리다 프로스트프루프의 자택

보내며 조그만 우리의 집을 청소했다. 1월 6일에는 세인트 피터스버그로 가서 전킨 선교사 부인과 일주일 같이 지냈고 그 다음 주는 린치(J. P. Lynch) 가족과 보냈다. 셋째 주는 쿠퍼(Coopers) 가족과 넷째 주는 엔더슨(S. T. Andersons)과 지낸 후 2월 6일에 바토우로 돌아왔다. 우리는 짐을 싸고 필요한 물건 산 후 10일에 올라갔다.

마지막 6개월 이상은 이곳저곳을 계속 옮겨 다닌 후여서 우리의 작은 보금자리에 와서는 가능한 최고로 편하게 보냈다. 여기서 지내는 동안 우리는 정말 행복할 것 같다. 정말 아름다운 곳이라 흠뻑 정이 들었다.

하지만 우리의 마음은 우리의 고향인 전주에 있는 집으로 자주 되돌아가곤 한다. 주님은 한없이 자비로우셔서 그곳에 좋은 친구들을 많이 세워주셨고 그들은 기쁨으로 많은 것을 감당해 냈으며 또한 우리에게 다정하게 대해 주었다. 우리가 있었던 모든 곳마다 그랬지만 어려울 때 특히 친절한 도움을 아끼지 않았다.

조선의 후반 사역 기간에 그곳에 처음 세워진 교회의 대리자로서 그

마티 잉골드 부부의 노년

들은 내가 그들과 하나라는 생각이 들게 했다. 우리가 그곳에서 머문 시간들은 무엇보다 기쁘고 유익했다. 나는 이 이야기를 사람들에게 여러 차례 전할 기회를 가졌고 이로 인해 주님께 감사드렸다.

1929년 4월 20일

내 일기의 마지막 기록은 이곳에 있는 우리의 무디 호숫가에 있는 우리의 집에 정착하는 내용이었다. 여기서 3년을 행복하게 보낸 후 (그 중 2년 이상은 우리의 새 집에서 보냈다) 우리 이야기의 마지막 장을 쓰고 있다. 남편 루이스는 지난 2월 19일에 갑자기 내 곁을 떠나갔다. 이후 그 사람 없이 외로운 두 달을 보냈고 내일 노스캐롤라이나로 떠나 그곳에서 여름을 보낼 예정이다. 이 작은 집의 매력과 기쁨은 그것을 말해주던 사랑하는 사람과 함께 사라져버렸다는 것은 말할 필요가 없다. 하지만 나는 안다. 주님이 뜻하신 때에 주님이 약속하신 땅에서 주님이 주시는 기쁨으로 그를 다시 만날 것이란 사실을.

잉골드 부부가 잠들어 있는 묘

3부

마티 잉골드의 기록

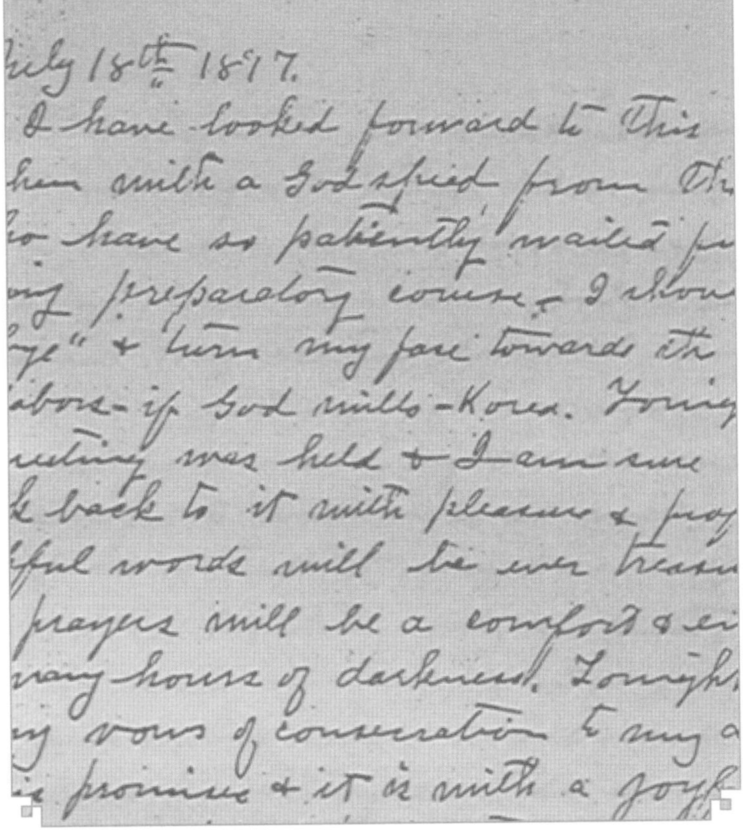
uly 18th 1897.
I have looked forward to This
hen with a Godspeed from Th
ho have so patiently waited f
ing preparatory course. I shou
ye" + turn my face towards ith
abors - if God wills - Korea. Tonig
eeting was held & I am sure
k back to it with pleasure & pray
ful words will be ever treasu
prayers will be a comfort & ei
any hours of darkness. Tonigh
y vows of consecration to my a
is promise & it is with a joyf

10.
잉골드의 진료 기록

(1899년-1904년)

≪ 어제 나는 교회를 가는 중에 길가에 서 있는 두 남자를 지나쳤는데 그들이 말했다. "저이가 의사요?" 한 사람이 묻자 "그렇소" 다른 사람이 대답했다. "그런데 저 여자는 용해서 환자를 그저 보기만 해도 웬만한 병은 낫는답니다"!!! ≫

1899년 10월 10일

성경공부 시간에 투명한 용액에 칼륨 요오드화물을 넣었더니 탁한 빨간색으로 변했고 이것을 좀 더 넣자 다시 깨끗하게 됐다. 나는 우리가 얼마나 죄로 더러워졌으며, 예수님을 믿음으로 깨끗해질 수 있는지를 시각적으로 보여 주었다.

한 할머니가 약병을 보자마자 황급히 나가려고 했다. 어렵게 설득해 잠시 앉아 있기로 했지만 내가 일을 마치기도 전에 아무 말 없이 사라져 버렸다. 나중에 나를 돕는 여인이 말하기를 그 할머니는 내가 약을 억지로 먹게 할 것 같아 두려웠다고 했다. 이곳에는 우리 같은 서양 의료

선교사들이 준 약을 먹으면 사람들의 속이 바뀐다는 소문이 있는데 그 할머니도 내가 약을 먹일 것이라고 생각한 것이다! 아마도 할머니는 자신에게 주어진 것이 생명의 물인 것을 알았다면 기꺼이 마셨을 것이다.

1899년 12월 13일

오늘 오후 진료소에 찾아왔다가 복음을 듣게 된 한 여성을 보았는데, 어느 순간부터 그녀는 연신 손가락으로 입과 코를 만지기 시작했다. 혹여 그녀가 천주교인인지 물었는데 그렇지는 않았다. 왜 그렇게 손가락으로 '십자가'를 긋는지 묻자 그녀는 발에 쥐가 났을 때 손가락으로 침을 묻혀 코와 턱에 대면 쥐가 풀린다고 했다. 그들은 나의 '무지함'에 한바탕 크게 웃었다.

우리를 찾아온 어느 여성은 우리를 보러 오고 싶었다고 말하면서도 다른 이웃은 그러지 않을 것이라고 했다. 우리 진료소의 약간 노란색이 도는 흙 때문이었다. 그들은 달걀 노른자 같은 그 흙을 밟은 후 집으로 돌아가는 것을 원치 않기 때문이라고 했다.

1899년 12월 14일

오늘 한 여성이 태어난 지 3일된 갓난아기를 데리고 왔다. 그녀는 여러 곳을 돌아다녔지만 아이의 아픈 것이 낫지 않고 더 심해졌다고 한다. 결국 마지막 선택지로 나에게 전문적인 치료를 받으러 온 것이다. 이 갓난아기는 여러 개의 끈으로 감싸서 양 팔이 옆구리에 묶여 있었다. 내가 왜 그렇게 했는지 묻자 아기의 할머니는 그렇게 하지 않으면 깜짝깜짝 놀라고 겁먹은 것처럼 팔을 움직일 거라고 말했다. 아기가 태어나면 2일에서

10일 정도는 마치 미라처럼 묶어두는 것이 이곳에서 지켜 내려오는 관습이기는 하지만 모두 다 그렇게 하는 것은 아니다.

1900년 1월 22일

오늘 몇 사람이 와서 진료소에 다녀가기 힘든 어느 여성에게 왕진을 해 주면 좋겠다고 했다. 왕진을 갔더니 그 여성의 아픈 손에 온통 한약이 발라져 있고 심한 고통을 호소하고 있었다. 그녀는 지난 두 달 동안 서너 차례 침을 맞았고 그 때부터 통증이 점점 심해졌다고 한다. 나는 그곳에서는 제대로 치료를 할 수 없기 때문에 진료소로 올 수 있는지 물었다. 하지만 그녀는 걸을 수가 없었다. 그녀에게 가마를 타고 오라고 했지만 돈이 없다고 했다. 나는 그녀에게 가마를 보내주겠다고 했다. 하지만 정작 가마가 그녀의 집에 도착했을 때 아들이 반대하고 나섰다. 그는 어머니가 진료소에 가는 것을 막고 가마꾼들을 돌려보냈다.

1900년 2월

열다섯 된 소녀가 진료소에 입원해 있다. 그녀는 목의 임파선이 크게 곪은 상태다. 사람들은 그녀의 아버지가 쇠막대기로 옆머리와 목을 때린 적이 있는데 그 때문에 상처가 생겼다고 했다. 나의 소견으로는 그런 것 같지가 않다. 아마도 '뜸' 때문인 것 같다. 이곳 한의사들은 아픈 부위에 약간의 가루약을 쌓아 올린 다음 거기에 불을 붙인다. 이것은 결코 평범한 치료법은 아니라고 생각한다. 이전에 이런 치료법에 대해 들은 적이 있지만 소녀에게 생긴 상처는 처음 보는 사례였다.

한 여성이 팔에 커다란 종기가 난 이제 백일 된 아기를 데리고 왔다.

아기의 할머니는 출산 직후 너무 일찍 사람들이 방에 들어온 탓에, 아기의 출산을 관장하는 귀신이 노하셔서 그런 벌을 받게 되었다고 주장했다.

현지인들은 탯줄을 귀하게 여긴다. 아이가 태어나는 탯줄을 따로 보관하며 말린 다음 가루를 내어 상처나 종기에 바른다.

1901년 4월 2일

오늘은 슬픈 일이 있었다. 겨우 4개월 밖에 안 된 아기의 한 쪽 눈이 비소와 다른 독극물에 의해 완전히 시력을 상실했다. 아기의 뺨에 습진 증상이 있었는데, 부모가 습진에 특효가 있다며 비소 가루를 발랐다가 그렇게 된 것이다. 아기의 엄마는 자기가 아무것도 몰라 그런 잘못을 저질렀다며 매우 괴로워했고, 아기는 얼마 후에 사망했다.

어떤 환자들은 자신의 병을 스스로 진단해 그들의 내부 장기를 뒤집어 놓은 다음 그것을 다시 제자리로 돌려놓을 약을 달라고 하기도 한다.

1903년 10월 10일

오늘 눈이 보이지 않는다며 진료소를 찾아온 여성은, 대략 10개월 전 남편에게 맞은 후부터 그렇게 되었다는데 이미 시력이 거의 상실된 상태였다.

1903년 10월 14일

왼손 중지가 잘리고 마지막 마디만 남은 여성이 진료소에 찾아왔다. "손이 어쩌다 이렇게 됐나요?" 내가 묻자, 그녀가 잠시 망설이는 듯하다가 대답했다. "곪아서 떨어져 나갔어요."

"정말 그런가요? 아니면 남편이나 아버지에게 피를 마시게 하려고 잘랐나요?" 내가 물었다. 그녀는 웃으면서 콜레라에 걸린 남편을 위해 손가락을 잘랐지만 남편은 죽었다고 말했다.

1903년 10월 17일

"어쩌다가 눈이 안 보이게 됐지요?" 내가 환자에게 물었다. 환자가 대답했다. "어렸을 때 천연두에 걸렸는데 이웃 사람이 물고기와 버드나무를 같이 넣고 달인 물을 주더라고요. 그걸 먹고 나서 눈이 멀었어요."

1903년 10월 19일

17년 전에 여성 의사가 환자의 탈출된 자궁 일부를 칼로 자르면서 방광 안을 베어 그 이후부터 소변을 참을 수 없게 되었다고 한다.

1903년 10월 21일

김 씨 부인은 어젯밤 여성들과 목욕탕에 갔다가 질문 세례를 받았다. "외국인 의사의 약을 먹으면 나중에 한약이 잘 듣지를 않아 죽게 된다는데 정말인가요?", "해리슨 부인도 그 외국 약을 먹었는데 별 차도가 없어 죽었다면서요.", "그 약은 무엇으로 만들었나요?", "죽은 해리슨 부인의 머리를 잘라 몸은 버리고 머리만 가져갔나요?", "해리슨 선교사가 조선 사람을 아내로 삼았다고 하던데 정말로 그랬나요?", "그들이 죽은 해리슨 부인을 현관 아래에 묻었나요?"

1903년 10월 23일

세 살 된 아이는 태어나자마자 얼굴에 습진이 있었는데 그들은 그 위에 어떤 약을 발랐다. (아마 비소 기름일 것이다.) 그래서 한 쪽 눈이 실명됐다.

1903년 10월 25일

눈에 왕겨만 한 '가시' 6개가 박힌 소년이 왔다. 소년은 눈에 가시가 박힌 채로 일주일 이상을 방치했다고 한다. 결국 각막이 곪아 소녀는 시력을 잃었다. 소년은 자신을 진료소에 데려다 줄 사람이 아무도 없었다고 했다.

1903년 10월 30일

왕진하고 돌아오는 길에 한 남성을 만났다. 그는 몇 시간 전에 집이 무너졌고 자신의 열한 살 된 아들이 깔려 죽었다며 다시 아들을 살려낼 약을 달라고 했다. 나는 인간의 기술로는 사람의 목숨을 되살릴 수 없다고 했다. 그는 강아지 같은 동물이 죽으면 우리가 다시 살린다는 이야기를 들었다고 했다. 나는 그에게 그건 사실이 아니라고 말하고, 견디기 힘들면 해리슨 선교사의 집 사랑방으로 가서 유일한 위로의 찬송을 들으라고 권유했다. 그는 "하지만 아이가 살아 돌아오지 못하는데 내 마음만 편한 게 무슨 소용이 있겠어요?"라고 대꾸하며 떠나갔다.

어제는 한 할머니가 급성 신장염을 앓는 여덟 살 난 손자를 데리고 왔다. 나는 할머니에게 관찰과 치료의 중요성을 강조했고 그녀는 손자를 진료소에 꾸준히 데리고 왔다. 나는 아이의 상태를 충분히 지켜보려면 며칠간 병원에 머무르는 게 좋겠다고 할머니에게 권유했다. 이때 다른 어느 나이든 여성이 할머니에게 다가와서는 내가 아이에게 무슨 약을 주었는지 물은 다음 닭의 똥을 볶아서 만든 차를 건네면서 이것을 먹으면 아이가 단번에 나을 것이라고 했다. 할머니가 이것 때문에 우리 치료에 대해 의심을 가지게 됐는지 아닌지 알 수 없지만 할머니와 손자는 병원을 떠났다. 오늘 손자의 약을 받기 위해 다시 돌아온 할머니는 아이의 아버지가 나이든 여인이 처방한 (닭똥)차를 아이에게 먹이는 것을 허락하지 않았다고 했다.

1903년 11월 10일

어제 교회에 가던 길에 울타리 주위에 나뭇가지를 많이 매달아 놓은 집을 지나갔는데, 이렇게 하면 자기네 집에 들어와 물건을 훔쳐간 도둑의 눈이 빠진다고 한다.

1903년 11월 17일

한 아이가 진료소에 온 지 몇 분 만에 사망했다. 아이는 수개월 전부터 아팠는데 그들 만의 방식으로 아이를 치료하려다 실패하고 최후의 수단으로 진료소에 데리고 온 것이었다.

1903년 11월 18일

심각한 영양부족으로 전신이 쇠약해진 아기가 진료소에 왔다. 마을 사람들에 따르면 아기가 태어난 지 삼칠일이 되기 전에 이웃 사람이 개를 잡아먹었기 때문이라고 했다.

1903년 12월 12일

한 여성이 거의 죽어가는 모습으로 진료소에 왔다. 남편이 그녀를 버리고 다른 여자의 집으로 갔기 때문에 집의 귀신이 노해서 병이 든 것이라고 했다.

1903년 12월 14일

얼굴 기형인 여성이 진료소에 왔다. 무슨 일이 있었느냐고 물으니 이렇게 대답했다. "제가 태어난 지 삼칠일이 되기 전에 같은 마을의 이웃사람이 닭을 잡아먹었기 때문이죠." 그러면서 이렇게 덧붙였다. "그 때 태어난 다른 집의 남자 아이는 죽었는데 저는 다행히 살았어요. 하지만 대신에 얼굴이 이렇게 비뚤어졌죠."

1904년 1월 2일

한 젊은 여성이 약간 비뚤게 난 앞니를 뽑아야 하는지 물었다. 비뚤어진 이가 있으면 살면서 엄청난 곤경에 빠진다는 이야기를 너무 많은 사람들로부터 듣는다고 했다. 그래서 사람들은 때때로 그런 곤란을 피하려는 시도로 비뚤게 자란 이를 아예 뽑아버리려고 한다.

머리에 상처가 난 한 아이가 왔기에, 상처 부위에 약을 바르기 위해 머리카락을 약간 잘랐다. 그것을 지켜보던 아이의 엄마는 잘려 바닥에 떨어진 머리카락을 조심스럽게 전부 주워들었다. 머리카락을 잘라 바닥에 버리면 아이가 죽은 후에 뱀이 된다며 무서워했다.

이들은 종종 진료소에서 발치한 이를 쓰레기통을 뒤져 찾아낸 다음 집으로 가져간 뒤 작은 봉지에 넣어 그가 죽어 묻힐 때까지 보관한다. 그 사람을 묻을 때 이가 들어 있는 작은 봉지도 함께 묻는다.

1904년 1월 18일

어깨를 다쳐 진료소에 온 여성에게 어쩌다 그렇게 된 건지 묻자, 잘 모르겠다고 대답했다. 내가 다시 "댁의 남편이 몽둥이로 때렸나요?"라고 물었고, 그녀는 고개를 가로저으며 말했다. "아니에요. 그저 발로 찼을 뿐이에요."

1904년 2월 11일

열네 살 된 여자 아이가 남자 아이의 겉옷을 입고 왔다. 다른 문제가 있어서가 아니다. 소녀가 집 밖에 나와 길을 걸어다니기에는 너무 컸기 때문이다.

1904년 3월 26일

"이 기름으로 습진을 잘 씻어내고 딱지를 제거하세요." 진료소를 찾은 환자에게 이렇게 말하자, 이를 옆에서 지켜보던 사람이 말했다. "오줌으로 씻으세요."

젊은 엄마가 손목에 특이한 상처가 생긴 아이를 데리고 왔다. 상처 가장자리 부분은 빨간 모반이 분명했으나 중심부는 단순 모반이 아니었다. 어떤 연유인지 모르겠지만 모반에 생긴 상처가 분명했다. 여러 질문을 던진 끝에 그 엄마가 말했다. "누가 그러더라고요. 아이의 모반은 엄마가 매일 혀로 핥으면 없어진다고요." 그래서 날마다 정성껏 엄마가 혀로 모반을 핥았다는 것이다. 결국 피부가 벗겨지고 상처가 심해져 진료소를 찾은 것이다.

병원을 찾은 환자들 중 적지 않은 이들이 나에게 이런 질문을 던진다. "내가 이 약을 먹을 때 개고기를 함께 먹어도 괜찮나요?" "이 약을 먹는 동안 절대로 먹지 말아야 할 음식이 있나요?"

1904년 3월 28일

한 엄마가 기관지염으로 거의 죽게 된 아이를 치료할 수 있는지 간절하게 물었다. 그 엄마는 내가 이웃에 사는 죽어 가던 아이를 치료한 사실을 알고 있었다. 그러니 자신의 딸도 너끈히 고칠 수 있을 거라고 확신했다. 내가 아이의 상태에 대해 어떤 의견을 갖고 있는지는 전혀 중요하지 않은 것 같았다. 무조건 자기 아이를 살려내라 고집하면서 다른 이야기는 들으려 하지 않았다.

1904년 3월 29일

한 엄마가 네 살 된 아이를 데리고 왔다. 아이가 어떻게 해서 아프게 됐는지를 묻는 나의 모든 질문에 아이 엄마는 "아이가 더위를 먹었다"는 대답만 되풀이했다.

1904년 3월 31일

오늘 한 여성이 아이를 데려왔는데, "이 아이가 닭고기를 조금 먹더니 눈이 아프기 시작했다"고 말했다.

1904년 4월 4일

어제 교회를 가던 중에 길에 서 있던 두 남자를 지나쳤다. 두 사람이 주고받는 대화가 내 귀에 들어왔다. "저 여자가 의사요?" 한 사람이 묻자 다른 사람이 대답했다. "그렇소. 그런데 저 여자는 실력이 용해서 환자를 그저 보기만 해도 웬만한 병은 낫는답니다!"

1904년 4월 8일

한 환자가 환부에 바르는 연고를 받아서는 그것을 상처가 생긴 부위에 바를 뿐만 아니라 먹기까지 했다. 상처가 빨리 나을 거라는 기대에서 그렇게 한 것 같은데, 어쨌든 결과는 처참했다.

작년에도 한 여성이 내가 준 약을 한꺼번에 모조리 먹어버린 일이 있었다. 그 여성은 내가 준 약을 먹었는데 오히려 배가 아프다며 한동안 불평했다. 그것은 1회 복용으로 충분했다!

1903년 10월 3일 - 1904년 4월 30일

진료소와 병원 방문객 수 2,107명, 병원 환자 수 67명, 왕진 106회, 입원 환자 52명

1911년 / 진료기록

때로 사소한 사건이 큰 인상을 남기고 의사의 기술을 널리 광고하기도 한다. 턱뼈가 빠진 여성을 한 무리의 친구들이 데려온 경우가 그렇다. 이 여성은 며칠 전에 턱뼈가 빠졌는데 무당을 불러 나막신으로 뼈를 맞추려 하기도 하고 모든 것을 시도했지만 소용이 없었다.

전주예수병원 제3대 원장 토마스 다니엘

더 이상 방법이 없을지도 모른다는 두려움에 사로잡힌 그들은 최후의 수단으로 그 여성을 나에게 데려왔다. 나는 엄지손가락을 그녀의 입에 넣었고 잠시 후에 턱 뼈가 제자리를 찾았다. 환자와 친구들은 일제히 놀란 표정을 지었고, 여성은 입을 연신 벌렸다 다물었다 하면서 기뻐했다. 집으로 돌아가자마자 그들은 일제히 자신들이 겪은 놀라운 '기적'을 사람들에게 전했고, 곧 그 지역에서 많은 환자들이 우리를 찾아오기 시작했다.

처음에 우리를 찾아오는 사람들 대부분이 치료에 대한 확신보다 의구심을 드러내곤 한다. 하지만 정작 치료를 받고 나면 나에 대한 확신이 너무 커진 나머지 회복의 가망이 없는 환자들까지 살려내라고 요구한다. 헛간이 무너지는 바람에 목숨을 잃은 소년을 데리고온 부모가 그 첫 번째 사례다. 사고가 난 지 얼마 되지 않아 소년의 몸이 아직 따듯했기 때문에, 막무가내로 다시 살려내라고 요구했다. 정말로 그들은 내가 죽은 소년을 살려내리라 믿었던 것 같다. 32킬로미터나 되는 먼 곳에서 진료소까지 왔으나 오자마자 사망한 여성의 사례도 있다. 내가 그녀의 목숨을 다시 살리지 못하자, 결국 사람들은 내 실력에 대해 자신들이 들었던 내용이 과장된 것이라고 생각하기 시작했다.

어느 시골 교회에서 수업을 하던 중, 한 남성 교인의 엄지손가락이 마지막 마디만 남아 있는 것을 보았다. 그의 아버지가 자신의 손가락을 그렇게 만들었다고 했다. 그 집의 어른들은 지나친 우상숭배에 빠져 있었다. 아들이 병에 걸렸을 때 귀신이 병을 일으켰다고 판단한 아버지가 아들의 엄지손가락을 숯불로 지졌다는 것이다. 그러면 귀신이 아들의 몸에서 떠나간다고 믿었다는 것이다. 손가락에 심하게 화상을 입은 아들이 너무 고통스러워하자 그제야 그의 아버지가 정신을 차렸다. 손가락 피부가 벗겨지고 망가진 아들을 데리고 다니엘(Dr. Daniel) 의료선교사가 맡고 있는 전주병원으로 갔다. 그는 그곳에서 치료를 받으면서 복음을 들었고 그리스도인이 되었다. 집으로 돌아온 후에 교회에 나가기 시작했고 몇 년 전에 세례를 받았다.

11.
잉골드의 진료 기록

(연도 미상)

10월 26일

어제 한 여성이 자신의 딸 문제로 조언을 구하러 왔다. 열네 살에 결혼한 딸은 수시로 남편에게 폭행을 당했고, 이를 본 주변 사람들은 그녀를 걱정하며 친정으로 몸을 피하라고 했다. 딸은 남편 몰래 도망치려 했지만 결국 붙잡혀 다시금 심하게 맞았고, 그 일을 빌미로 다른 홀아비에게 15원에 팔렸다. 딸은 몇 년 동안 그 남자와 살며 두 명의 아이를 낳았다. 하지만 그 남자도 그리 좋은 사람은 못 되었다. 딸에게 "네가 나와 가족을 먹여 살려야 한다"며 다른 남자의 첩으로 내몰았다. 딸은 그런 삶을 거부하고 다시 도망쳤다. 그러자 전 남편이 그녀의 어머니를 찾아와 딸의 행방을 말하거나 순순히 내놓지 않으면 강제로 붙잡아 끌고가겠다고 협박했다. 그 여성은 딸의 행방을 말해야 하는지 내 의견을 듣고 싶어 했고, 본인은 그럴 생각이 없다고도 했다.

10월 26일

나를 돕는 여인과 시편을 공부하면서 '자기 백성을 돌보시는 전능하신 하나님'에 대해 이야기를 나눴다. 여인은 사람들이 하나님에 대해 오해하는 말을 가끔 듣는다고 했다. 성경 앞부분에 등장하는 하나님은 지진을 일으키고 번개를 내리칠 만큼 큰 권능이 있었지만 지금은 늙고 약해져서 사람들이 악한 행동을 하더라도 그들을 처벌할 힘이 없을 거라는 식이다.

11월 24일

오늘 나는 이틀 전에 아이를 낳았다는 여성에게 왕진을 다녀왔다. 출산한 지 이틀이 지났음에도 출혈이 계속되고 있었다. 잔류 태반이었다. 나는 더운 물이 담긴 주전자와 씻을 대야만 들고 갔고, 산모의 자궁 안에 남아 있던 태반을 꺼냈다. 진료소에 돌아오니 나를 기다리던 많은 환자들 중 한 사람이 나를 돕는 여인에게 내가 약을 만들 때 태반을 쓰는지 물었다. 그렇지 않다고 대답하자, 그는 내가 들어올 때 그릇을 든 것을 보고 태반을 가져온 줄 알았다며, "태반으로 약을 만들지 않는다면 그 그릇은 왜 들고 왔느냐"고 따지듯 물었다. 여인은 내가 가져온 것은 뜨거운 물이 든 주전자와 대야뿐이라고 설명했지만, 그는 끝내 내가 산모의 태반을 가져와 약을 만들 때 쓰려 한다는 자신의 믿음을 거두지 못했다.

1월 12일

한 여성이 자신의 증상에 대해 나에게 속삭이듯 말했다. 내가 "크게 말씀하세요"라고 하자, 그녀는 병이 자기 말을 들으면 증상이 더 심해진다며 무서워했다. 이곳에서는 이런 미신이 흔하다.

3월 22일

오늘 거의 죽어가는 한 여성이 찾아와 하소연했다. 자신에게 들어온 귀신을 쫓아내기 위해 무당에게 많은 돈을 썼으나 소용없었다는 것이다. 모든 질병이 귀신이 들어와 생겼다는 미신 때문에 벌어지는 일상이다. 진단 결과는 폐결핵이었다. 그 여성은 내가 전하는 복음에 잠시 관심을 보이는 듯했으나 병을 고칠 수 없다는 사실을 알고난 뒤로는 귀를 닫아 버렸다. 그녀의 호흡은 거센 바람처럼 거칠어, 내쉴 때마다 탁자 위의 종이와 물건들이 들썩거릴 정도였다.

3월 28일

오늘은 출산 후에도 태반이 자궁 안에 남아 있다는 산모를 보러 왕진을 갔다. 다행히 내가 도착하기 전에 태반이 나왔다고 한다. 흥미롭게도, 산모의 발이 소금으로 잘 덮여 있었는데 그렇게 하면 태반이 잘 빠져 나온다고 했다.

3월 28일

여자 승려 6명이 왔다. 이곳에서 160킬로미터 멀리 떨어진 곳에서 왔다고 한다. 이들은 남자 승려처럼 옷을 입고, 먹을 음식은 집집마다 다니며 구한다고 했다.

3월 28일

한 여성이 자신의 잘린 손가락 한마디를 손에 꼭 쥔 채로 왔다. 도둑질을 하다 붙잡혀 옥에 갇힌 아들을 풀어달라고 포도대장에게 간청하는 혈서를 쓰려고 자신을 손가락을 잘랐다고 한다.

12.
주일학교와 여성반 기록

1902년 1월 / 전주 / 어린이 사역 소식지 / 아이들의 성탄절

사랑하는 어린이 친구들에게: 조선의 주일학교 어린이들이 성탄절을 어떻게 보내는지 이야기하려고 한다. 여러분도 오늘 우리와 함께 했으면 좋았을 것이다. 아이들의 어머니와 할머니를 집으로 초대했다. 예배를 드리고 매주 주일에 하는 것처럼 교리문답과 성경말씀을 암송했다. 어머니들은 지금까지 아이들이 무엇을 배웠는지 직접 눈으로 보고 들었다. 오늘 우리가 가진 행사 순서는 다음과 같다.

찬송, 주일학교······················· 기뻐 찬송하세

기도

주일학교 십계명 암송

찬송······································· 나의 죄를 씻기는 (소녀: 1절, 3절, 소년: 2절, 4절)

성경말씀······························· 누가복음 2장 1-20절

성경교리문답························· 큰 학생들 (소년과 소녀들이 교대로 암송)

초급 교리문답························ 작은 아이들

주일학교 찬송………………………… 예수 사랑하심은

성경말씀 암송………………………… 주일학교: 마태복음 5장 1–18절

주기도문

성탄 선물: 모두에게 사탕과 땅콩이 든 작은 주머니와
무늬가 있는 빨간 손수건 선물

아이들이 가장 기다린 건 성탄 선물을 나누어주는 마지막 순서다. 아이들은 말과 강아지 그림으로 장식된 빨간 손수건을 무척 좋아했다. 아이들의 찬양과 성경암송을 지켜본 어머니들은 자기 아이들이 이렇게 대견스러운 적이 없었다며 기뻐했고, 아이들을 잘 가르쳐주어 고맙다고도 했다.

이번에 보내는 지난 여름에 찍은 아이들 사진이 인쇄를 할 만큼 선명하지 않아서 아쉽다. 이 사진을 찍은 후에 2, 3명 아이가 더 등록했다. 조선에 있는 이 주일학교 학생들을 기억하고 많은 관심을 가져주기를 부탁한다. 또한 이 아이들이 좋은 그리스도인으로 자라서 다른 이들에게 예수님과 그의 사랑을 전할 수 있도록 기도를 부탁한다. 다음 성탄절에는 아이들이 배로 늘어났으면 좋겠다. 이 행사에 오고 싶어도 부모의 반대로 오지 못한 아이들도 있다.

이제 여러분 차례다. 새로운 카드든 오래된 카드든 관계없이 나에게 보내주기를 바란다. 나는 꽤 오랫동안 아무것도 받지 못했다. 카드는 매주 주일마다 20개 정도 쓰고 있고 주중에는 진료소에서 사용한다.

1904년 2월 / 아동 사역지 / 주일학교와 여성반 사역

작은 빛

주님이 정하신
바로 그곳에서 작은 빛이 반짝인다.
"당신의 작은 모퉁이에 당신이 있고
나의 작은 모퉁이에 내가 있다."
이 나라 어디든지
바다 건너 먼 곳이라 해도
주님을 위해
우리는 빛이 되어야 한다.
어둠의 세상은
우리의 작은 빛을 찾고 있으니
우리는 영원히
맑고 밝게 빛나는 그 빛을 밝혀야 한다.

재덕이

나는 지난 4년 동안 전주의 주일학교에서 아이들을 가르쳤다. 재덕이가 하나님의 부르심을 받기 전에는 우리 작은 음악대에서 죽은 아이가 없었다. 재덕이는 주일학교에 열심히 참석하는 아이 중 하나였고 공부도 잘했다. 재능이 뛰어나지는 않았지만 믿음 안에서 항상 성경 시편과 교리문답을 배우려고 노력했다.

그동안 재덕이는 1년 넘게 초급 교리문답을 공부했다. 재덕이는 투병 중에도 자기의 병이 낫든지 혹은 자기가 죽더라도 끝까지 하나님의 뜻에 따라 살겠다고 말했다. 재덕이는 배운 말씀을 자주 암송했고 고통이 심할 때면 그가 배운 성경의 시편과 찬송가로 위로를 받는다고 했다.

재덕이는 마지막 날 아침에 자기를 보러 온 교회 친구에게 요한복음 14장을 읽어달라고 했고 친구가 읽어주는 귀한 말씀으로 큰 위안을 받는 듯 보였다. 재덕이는 친구에게 함께 기도하자고 했고 엄마에게 이렇게 말했다. "엄마, 슬퍼하지 마세요. 나는 엄마와 누나를 하늘나라에서 다시 만날 거예요." 그는 조용히 숨을 거두었고 다음날 땅에 묻혔다.

아이의 집에서 간단한 장례식이 열렸고 함께 교회에 다니던 아이들도 모두 참석했다. 재덕이는 열세 살이어서 세례를 받지 않았지만 교리문답을 거쳤기 때문에 나는 재덕이가 그리스도인이라고 믿는다. 우리 모두는 재덕이를 그리워할 것이고, 재덕이 역시 우리 주일학교를 그리워할 것이다. 그러나 우리는 재덕이가 늘 믿고 따르기 원하던 주님과 함께하기 위해 우리 곁을 떠났다는 소망으로 오히려 기뻐하기로 했다.

1903년 10월 10일 - 1904년 4월 30일

교회: 전주에서 세례를 받은 사람 수 53명, 교리문답 신청자 49명

1925년 / 성경학교

허봉님: 스물여섯 살, 3년째 그리스도인, '전도자'에게 전도를 받음, 열두 살에 결혼함. 3년 동안 같이 살던 남편은 가출했고 지금은 어디 있는지 모름.

김명석: 스물아홉 살, 스물네 살에 그리스도인이 됨, 열일곱 살에 결혼했고 7년 만에 남편이 사망함. 가족들이 이를 맘에 들어 하지 않음, 오빠들이 그녀를 구타하고 살림살이를 부숨, 순천에서 4개월간 공부함, 다른 사람을 가르치기 위해 공부하기를 원함.

안경옥: 서른한 살, 남편이 죽어 혼자임, 5년 전에 그리스도인이 됨. 친척과 여전도사에게서 전도를 받았으며 시아버지와 남편의 친척들이 반대함, 시아버지가 화를 내며 괴롭히고 그녀가 성경학교에 다니는 것을 반대하고 음식 가져오는 것도 허락하지 않음, 열 살 아들을 성경학교 대신에 일본인 학교로 보냄, 성격이 좋고 믿음도 신실함.

박영자: 스물여섯 살, 6년 전 그리스도인이 됨, 열네 살에 결혼, 7년 후 남편 사망, 군산 병원에서 만난 자칭 신자와 재혼했지만 남편은 술을 먹으면 악행을 저지르고 그녀를 떠나 다른 여자를 얻음, 그녀는 다른 남자와 6개월 간 동거중, 선생이 되기 위해 성경학교에서 교육받기를 희망함.

전주서문교회(전주서문밖예배당)

지전자: 마흔 살, 무속인 출신, 7년 전에 그리스도인이 됨, 남편과 사별했다가 재혼함, 남편이 15년째 그리스도인, 과거에는 조상과 귀신을 섬김, 절에 다니지 않음, 폭력적인 성격이었으나 신앙생활 후 나아짐.

임보라: 서른두 살, 어릴 적 그리스도인이 됨, 남편과 사별함, 남편과 부모 또한 그리스도인, 자녀가 3명, 선교사 그린 양을 돕고 있음.

서근명: 스물두 살, 부모 역시 그리스도인으로 12년 전에 그리스도인이 됨. 여섯 살에 시각장애인이 됨, 열세 살 때 매커첸(Mr. McEachern) 선교사가 그녀를 평양 성경학교에 보내 열다섯 살까지 다님, 학위를 받기에는 6개월이 부족, 마사지를 배웠고 점자를 읽고 쓸 수 있음, 스무 살 때 부모가 그녀를 자칭 그리스도인과 결혼시킴, 남편은 세례를 받지 않았고 결혼 후 곧 그녀를 떠남. 이후 아버지 집에서 3개월 간 머무름, 9개월 후 그녀의 어머니가 그녀를 재산이 많은 비신자의 첩으로 보냄, 2주도 안 돼 그린 선교사가 이 그 소식을 듣고 그녀를 구해내 돌봄, 훌륭한 학생으로 성격이 다정하며 성실한 그리스도인임.

박인겸: 스물일곱 살, 열 살 때 그리스도인이 됨, 부모도 자칭 그리스도인이나 열심이 없고 교회에 나오지 않음, 열다섯 살 때 그리스도인과 결혼. 남편 가족은 그리스도인이고 가난함, 심하게 아파서 입원 치료를 받고 회복함, 하나님을 위한 열심이 있고, 영리하고 훌륭한 학생임, 성경학교에서 많이 성장했으며 적극적으로 다른 사람들을 인도함.

조숙경: 스물두 살, 어린 시절에 그리스도인이 되어 스무 살에 세례를 받음, 스무 살에 비신자와 결혼, 남편은 술버릇이 나쁨, 남편이 다른 여자를 데려오자 1년 후 남편과 헤어짐, 그다지 영리하지 않음, 처음 성경학교에 왔을 때 적극적인 성격이었고 화장을 진하게 했었음, 소녀 반에서

공부함, 지금은 크게 나아져 진한 화장을 하지 않고 차분하고 겸손해짐.

김상진: 부모와 할머니가 천주교인임, 아기 때 천주교 세례를 받음, 그녀가 대여섯 살 때 아버지가 복음을 전해 듣고 우리가 세운 최초 교회에 다니기 시작함, 어머니가 이를 반대해 다툼, 아버지가 성경을 구해와 읽고 상진에게 줌, 그녀는 지금도 그 성경을 사용함, 열두 살 때 아버지가 그녀에게 성경을 읽게 했고 서문교회에서 다시 세례를 받음, 그녀의 아버지와 어머니도 교인이 됨, 그녀는 성경학교에서 즐겁게 공부하고 교회 일에도 열심임, 이전에는 아무것도 할 수 없었으나 지금은 주일학교에서 아이들을 가르침, 다른 교회에서도 그렇게 함, 계속 공부하기를 원함, 영리한 학생은 아니지만 신앙심이 깊고 집안일과 아이들을 돌보는 어려움 속에서 계속 공부를 함, 그녀의 남편 이수동은 병원에서 일하는 현지인 의사임, 그는 25년 전 내가 가르치던 청소년 주일학교에서 처음

노년의 잉골드 부부

공부했음. 현재 교회 집사로 성경학교 부장을 맡고 있는 유능한 일꾼임.

장성인: 어머니가 남원읍에 거주함. 열일곱 살에 비신자와 결혼해 5명의 자녀가 있음. 10년 전 복음을 듣고 신앙생활을 시작했으나 남편이 반대함. 성경책을 찢어 불태우고 교회에 나가지 말라고 함. 4년 동안 박해하던 남편도 결국 기독교 신앙을 받아들임. 그녀가 공부하러 가는 것을 허락했으나 돕지는 않음. 믿음 안에서 평안과 위로를 찾음.

박순자: 군산. 홀어머니와 4명의 딸이 함께 신앙생활을 함. 4년 전 결혼했다가 사별함. 읍에서 5킬로미터 떨어진 곳에 거주. 신자가 된 후에 한글을 배움. 공부를 잘함. 1년 전에 재혼했으나 남편이 그녀를 버림.

최자현: 목사의 아내. '밤등' 교회에서 온 최 씨네 가족 중 한 명. 훌륭한 학생임. 좋은 교사임. 상냥함. 군산 여학교 양호교사.

김복딩: 1925년 2월에 나를 만나러 옴. 자기가 아이였을 때 나의 치료 덕분에 궤양이 나았다고 함. 나와 마티 양과 그를 돕는 여인, '잔딕이'의 자매가 그녀에게 복음을 가르친 것을 기억함. 그때 예수님을 믿음. 비신자와 결혼해 교회와 그리스도인이 없는 시골로 이사를 갔지만 결코 믿음을 버리지 않고 기도함. 남편 이름은 '박쥬시'. 이제 그녀에게 며느리가 생김. 옛 친구 그리스도인을 찾으러 전주에 와서 하루 종일 내가 만든 음식을 뒤지고 우리 가족을 조사한 다음 마침내 친구를 만남. 친구는 어렸을 적에 이웃에 살았음. 그녀는 영리하고 지적이며 성실해 보임. 글을 읽을 줄 아는 그녀에게 여러 권의 책과 소책자, 신약성경을 주며 이웃과 가족에게 전도하라고 함. 언젠가 그곳 '빛빌니'에 교회를 세울 수도 있다고 그녀에게 말함. 내가 그곳을 방문했을 때 협력할 수 있는 매서인이나 조력자를 구해보겠다고 함.

김선녀: 오늘 1925년 4월 14일에 나를 만나러 찾아옴. 꽤 오랫동안 그녀를 보지 못했음. 그녀는 내가 조선에 와서 처음으로 마취를 시행한 사례였음. 그녀의 어머니가 고관절이 2개월 전에 탈구된 딸을 등에 업고 왔는데 그때 아이가 열 살 정도였음. 아직 진료소를 정식으로 열기 전이었지만 고관절 뼈를 맞추고 사나흘 관찰함. 그 동안 그녀와 어머니를 우리 집에 머물게 함. 아이의 상태는 하루가 다르게 좋아졌음. 아이는 어엿한 여성 그리스도인으로 성장했고 이후로 몇 번 만난 적이 있음. 그녀를 가르치려고 교회로 데리고 옴. 그녀는 비신자와 결혼해 멀리 이사를 갔고 스물두 살이 되던 해 그녀의 남편이 사망함. 당시 네 살이던 아들은 이제 열일곱 살이 되었으며 최근에 그녀의 어머니가 사망함. 그녀는 자신이 기독교 신자라고 말함. 그러나 그녀의 믿음은 상당히 약하며 그녀의 아들도 마찬가지 상태임.

방문객: 여든 살의 척추 장애를 앓는 할머니가 푸르스름한 빵을 놋쇠 그릇에 담아 가지고 왔음. 그들이 만든 음식 가운데 가장 소화하기 힘들었음. 그 때문에 나는 아팠고 할머니는 내가 먹지 못하는 것을 보고 크게 실망함.

리진소의 며느리: 비신자이며 나에게 접시 두 개를 줌.

오집사: 강직한 사람임. 우리를 여러 모로 도와주었고 내게 멋진 선물을 줌.

마을 원로, 리도성 형수: 그녀는 항상 나에게 다소 무관심했었음. 나에게 바느질 쌈지를 선물함.

13.
잉골드의 기고문*

1892년-1917년 / 조선에서의 25년 남장로교 선교 사역 / 7인의 선발대

조선 땅에 기쁜 소식을 가져오기 위해
처음으로 넓고 넓은 바다를 가로지른 이들은
그때까지 구원의 기쁜 소식을 알지 못한 채
길을 잃고 헤매는 형제와 자매에게 보내는 사랑의 메시지였다.
이 선교단은 완전한 숫자 7로 이루어졌으니
이들이 이 나라 항구에 왔을 때 저들에게 밝은 희망이 생겼다.
이들은 그분의 공급하심을 힘입었기에 기도는 거침이 없었고
곳간에서 가장 좋은 씨앗을 골라 물가에 심었다.

리니 펄커슨 데이비스(Linnie Fulkerson Davis) 선교사, 처녀의 몸으로 제물포 항구에 제일 먼저 발을 디딘 그녀는 사랑과 수고 또한 처음으로 실

---

* 이번 장은 선교 사역 중 여러 곳에 실린 각종 기고문을 모아놓은 것으로, 이 가운데 일부는 앞에 수록된 잉골드의 일기문과 겹칩니다.

미국 남장로교회에서 파송된 7인의 선교사(1892년).
(맨위에서 시계 반대방향으로) 윌리엄 데이비스 레이놀즈(이눌서),
팻시 볼링 레이놀즈, 윌리엄 맥클리어리 전킨(전위렴), 리니 펄커슨 데이비스,
루이스 보이드 테이트(최의덕), 마티 새뮤얼 테이트(최마태),
(가운데) 메리 레이번 전킨

천했다. 긍휼의 심부름을 감당하는 일에서도 가장 앞섰던 그녀는 하늘의 부르심도 가장 먼저 받았다.

윌리엄 맥클리어리 전킨(William McCleery Junkin, 한글명 전위렴) 선교사, 사랑의 수고와 노동의 성자, 사랑이 넘치는 유쾌한 설교로 영혼의 눈먼 무리를 빛과 구원으로 인도하는 하늘의 사명을 맡았다.

메리 레이번 전킨(Mary Leyburn Junkin, 윌리엄 전킨과 부부) 선교사, 헌신과 사랑으로 섬기며 모든 사람을 돕는 진정한 모성애의 원천이다. 지금은 모국에 가서 우리와 헤어졌지만 늘 우리를 마음으로 품고 기도하고 있음을 알고 있다.

윌리엄 데이비스 레이놀즈(William Davis Reynolds, 한글명 이눌서) 선교사, 탁월한 능력의 번역가, 생명의 말씀을 책으로 출판하는 일에 생명을 바친 사람, 말과 글과 고귀한 헌신으로 수없이 많은 사람에게 생명의 복음을 전했다.

팻시 볼링 레이놀즈(Patsy Bolling Reynolds, 윌리엄 레이놀즈와 부부) 선교사, 언제나 사랑과 헌신을 나눌 준비가 된 사람, 부르심 받은 사명을 함께 묵묵히 감당하며 스스로 유익하고 사랑받는 여인이 되었다.

루이스 보이드 테이트(Lewis Boyd Tate, 한글명 최의덕) 선교사, 변함없는 우리의 친구, 그의 머리카락은 희끗해졌지만 작은 빈틈도 없는 마음가짐, 오늘도 새벽을 깨우며 언덕에 올라 준비된 영원을 향한 믿음으로 그의 모든 사역을 준비한다.

마티 새뮤얼 테이트(Mattie Samuel Tate, 루이스 테이트와 남매) 선교사, 그 이름을 맨 나중에 언급하지만 결코 이 사람의 노력 또한 절대로 작다고 할 수 없다. 사랑의 수고를 감당해 자신의 몫을 채우고 많은 곳에서 다양한 계층의 사람을 가르쳐 하늘나라에 속할 많은 영혼을 구원했다.

이 중 네 사람은 우리와 함께하고 있고 두 사람은 먼저 하늘나라로 갔으며 한 사람은 모국에서 우리를 응원하고 있다. 처음으로 이곳에 온 7명의 선교단에게 우리의 존경과 경의를 표하며 사랑스러운 개척자들에게 하나님의 풍성한 축복을 기도한다.

1897년 11월 20일 / 전주 / 더 미셔너리 / 조선의 첫인상

1만6천 킬로미터를 항해하는 것은 인내의 시간과 뱃멀미의 문제다. 특히 미국에서 출발해 조선까지 오는 여정에서 이것은 무엇보다 힘든 문제였다. 집을 떠나서 전주에 도착하기까지 3개월이 넘게 걸렸다. 여행 일정은 순적했고 샌프란시스코에서 4일, 호놀룰루에서 4일, 증기선 기다리면서 일본에서 2주, 서울에서 1달, 군산에서 2주를 보냈는데 모든 과정에서 좋은 친구들을 만났고 흥미로운 구경을 많이 했다.

하지만 멀리서부터 오랜 시간 함께 시간을 보냈던 다른 선교사들과 일본에서 헤어지고 또 중국으로 떠나보내면서 고베에 홀로 남겨졌을 때는 무척 힘들었다. 미국에서 함께 지낸 오랜 친구들과 헤어지는 것과 같았다. 하지만 며칠 그렇게 있다 보니 곧 혼자서 하는 여행도 나쁘지 않다는 것을 알게 되었다.

일본에서 출발해 조선으로 향하는 5일 여정의 증기여객선 항해는 매우 즐거웠고 배에서 바라보는 풍경도 아름다웠다. 9월 15일 조선의 제물포에 도착했을 때 선교사 중 한 사람이 마중 나와 있었다. 유독 눈에 띈 건 그곳에 있던 이 나라 사람들 모두가 흰옷을 입고 있었다는 점이다. 그것이 조선에 첫 발을 디딘 나의 첫인상이다.

제물포에서 서울까지 가는 철도는 아직 완성되지 않았고 강을 42킬로미터나 거슬러 올라가는 작은 증기선이 있었다. 증기선에서 내려서도 서울까지는 5킬로미터를 더 가야 한다. 서울까지 가는 것은 의자에 앉는 방식으로 제작된 '가마'(정확히는 '교자'다. 네모나고 밀폐된 가마와 다르게 덮개가 없고 사방이 트여 있다)라는 것을 이용해야 한다. 낯설고 신기한 그 교통수단을 생전 처음으로 타봤다.

비슷한 교통 수단으로 일본에서 인력거를 탄 적이 있는데, 길이 울퉁불퉁해서 편하지는 않았다. 그런 면에서 보면 비록 더 비싸지만 사람들이 들고 가는 조선식 가마가 더 편하다. 지방으로 내려갈 날을 기다리면서 서울에서 한 달 동안 벨 선교사 부부와 즐겁게 지냈다. 대부분의 시간 동안 현지인 어학 선생과 함께 보내며 조선말과 힘든 씨름을 시작했다.

우리 선교부 연례 회의는 체스터 의료선교사가 도착한 10월 말에 군산에서 열렸다. 이 모임을 내가 특별히 좋아하는 이유는 선교사와 그 가족들 모두가 한 곳에 모여 마치 고향에 온 듯한 느낌이 들기 때문이다. 이 모임에서는 사냥감을 사냥한 후 요리해서 먹는데 신사들은 사냥과 요리 두 가지 모두를 좋아했고 숙녀들은 후자를 즐겼다. 야생 거위, 오리, 꿩이 많았고 맛도 좋았다. 모두가 배부르게 먹을 만큼 넉넉하지는 않았지만 그 중 일부는 팔기도 했다. 이곳에서 체스터 박사를 다시 만났는데 마치 고향에 돌아와서 고향 사람을 만난 듯했고 마지막 날 그와 헤어지는 것이 아쉬웠다.

연례 회의를 마치고 11월 3일에 53킬로미터를 이동했다. 날이 밝자마자 출발해 어두워진 직후에 이곳 전주에 도착했다. 레이놀즈와 해리슨 선교사는 작은 조랑말을 타고 이동했고, 테이트 선교사는 자전거를 이용했으며, 레이놀즈 부인과 테이트 양 그리고 나는 각각 가마꾼 4명이 드는 가마를 탔다.

테이트 양은 이번에 처음으로 덮개가 없는 가마를 탔다. 조선의 상류층 여성은 사람들 앞에 모습을 드러내는 것을 부끄러운 일로 생각한다. 테이트 양은 조선 사람들의 이런 전통 풍습을 존중해 언제나 덮개가 있는 가마를 이용했었다.

여러 작은 마을을 통과하면서 가마꾼들이 가끔 쉬거나 음식을 먹기 위해 멈췄는데 그때마다 많은 여자들과 아이들이 호기심 가득한 표정으로 우르르 몰려와 우리를 둘러쌌다. 그들은 우리를 뚫어지게 쳐다보고 옷을 만지고 이것저것 물어보기도 하면서 여러 가지 반응을 보였다. 때로는 남자들도 우리를 보러 왔다.

우리가 통과했던 한 마을에 자살한 여성을 기리는 두 개의 기념물이 있었다. 남편과 사별한 여성이 스스로 목숨을 끊는 것은 이곳에선 죽은 남편을 기리는 최고의 행위로 여겨 칭송을 받는다. 하지만 남편과 사별한 여성이 자살하는 동기는 단순히 남편을 향한 사랑과 존경심 때문만은 아닐 것이다. 그녀의 마음에 쌓인 것들이 생을 마감해야겠다는 결심을 더 굳혔을지도 모른다.

지금은 남편과 사별한 여성의 재혼을 허용하는 법이 있다. 하지만 대부분의 여성들은 이 법이 있는지 알지 못한다. 옛부터 내려오는 관습은 아니라지만, 종종 가난한 사람들이 남편과 사별한 여성을 강제로 데리고 가 종으로 팔아버리더라도 부모는 그녀가 다시 돌아오는 것은 원치 않는다. 불법은 아니라지만 법이 살아있다고도 할 수 없다.

만약 그 여성이 상류층이라면 자녀와 자신을 위해 돈을 벌려고 해도 나갈 수가 없어 실제로 굶어 죽는 사례도 있다. 세상으로 나오는 것이 허락되어 있지 않기 때문에 당연히 세상물정을 모르고 무엇을 해야 하는지도 모른다.

어떤 경우는 그녀를 원하는 남자가 밤에 몰래 들어와 자기 집으로 강제로 데려가는 일도 있는데 그녀의 안위를 걱정해 이를 제지하는 사람은 없다. 나는 대부분의 조선인 남편들의 행태가 바람직하다고 생각하지는 않지만, 그렇더라도 이곳 조선에서 기혼여성의 유일한 보호막은 남편이다.

간혹 좁은 길가에 한줄로 세워진 나무기둥들을 볼 수 있는데 위쪽에는 사람 얼굴이 새겨져 있다. 이것은 길의 수호자로 악한 귀신을 쫓아 안전한 여행을 하게 한다고 해 때때로 행인들이 이 수호자를 숭배하는 행

마티 잉골드(가마 위)와 테이트 선교사

동을 하거나 절을 한다.

우리는 강변에 도착해 작은 배를 타고 강을 건넜다. 강둑에는 개의 사체로부터 막 벗겨낸 가죽이 펼쳐져 있었고 한 남자가 더러운 강물에 그것을 씻고 있었다. 조선 사람들은 식용으로 개를 기른다. 그들은 경제적인 사람들이어서 병에 걸려 죽은 동물의 고기도 먹으며 심지어 썩은 달걀마저 버리는 것을 아까워해 먹는다!

전주는 도시를 둘러싸고 있는 언덕이 아름다운 곳이다. 그러나 마을마다 옹기종기 모여 있는 집들은 미적인 건축물이라 하기 힘들다. 짚을 지붕 삼아 덮은 낮은 초가집들, 악취가 심한 비좁은 거리, 그리고 방바닥 난방을 위해 아궁이에서 잡목을 태우느라 매캐한 연기로 가득한 대기, 지금 우리도 이런 식의 작은 초가집에 살고 있다. 나는 이것이 '이상적인 난방 방식'이라고 한 동료의 말에 동의할 수 없다!

나는 조선의 여성들에 대해 이제 막 알아가고 있다. 거의 매일 여러 명

당시 호남 지역에서 활동하던 선교사와 가족

이 우리를 찾아온다. 여러 가지 이유로 우리를 찾아오는 이들을 제대로 감당하려면 아직 많이 부족하다. 무엇보다 대화가 가능하지 않기 때문이다. 고국에 있는 그리스도인 친구들은 이곳의 사역과 사역자들을 항상 기억하고 기도해 주기 바란다. 하나님께서 이 민족을 구원할 복음의 은혜를 풍성하게 내려주실 것을 믿는다.

1898년 1월 1일 / 전주 / 항상 엄청난 무리가

내가 사역하고 있는 이곳 전주는 우리가 부르는 찬송가 〈시온은 언덕에 둘러싸여(Zion stands by hills surrounded)〉에 나오는 도시를 떠올리게 한다. 조선의 마을들이 대체로 그렇듯 이곳도 분지 지역이어서 도시를 둘러싼 초목과 우거진 소나무의 아름다운 산들은 하늘을 향하고 있다. 창조주의 솜씨에 대한 무언의 증거자가 산 아래에 사는 사람들에게 그들의 존재를 창조하신 주님을 바라보고 더 높고 좋은 삶을 추구하라고 손짓하는 것처럼 보인다.

하지만 사람들은 모든 선한 것과 평화를 선물로 주시는 사랑의 하나님을 모른다. 그들은 산과 계곡이 인간보다 더 큰 힘을 가진 존재들이 사는 귀신들의 집이라고 믿어 이것들을 두려워하고 숭배한다. 우리는 종종 그들이 깊은 밤마다 이 숭배에 몰두하는 소리를 듣는다.

이곳 전주는 만 명이 거주하는 중소 도시다. 이 중 절반은 성내에 살고 나머지는 주로 도성 밖 남쪽과 동쪽에 살고 있다. 깨끗한 시내가 이 도시를 가로질러 흐른다. 사람들은 시내에서 옷을 빨기도 하고 찬거리로 먹을 채소를 씻는데 주로 무와 배추 종류다. 날이 어두워지면 밤의 시작을 알리는 예비 시보로서 종을 치고 다시 밤 10시에 종을 쳐서 성문을 닫는다. 새벽부터 밤 10시까지 정해진 시간 동안 성문을 연다. 이곳에 전라도를 관할하는 관청이 있어 관찰사가 살고 있다. 그는 우리가 지은 새 집을 보러 온 적이 있는데 매우 우호적이다.

전주와 서울 사이에는 전신 통신이 연결되어 있다. 필요하면 서울에 있는 친구에게 소식을 보낼 수 있어 안심이 된다. 조선 우편으로 전주에서 서울에 편지를 보낼 수 있지만, 전주에서 미국으로 바로 편지를 보낼 수는 없다. 먼저 조선 우편을 이용해 서울로 보낸 뒤에 일본 우편을 이용한다. 지금 쓰는 이 편지도 그 방식으로 전달될 것이다. 한 가지 다른 점이 있다면 이곳 전주에서 280킬로미터 떨어진 서울로 보내는 방식이다. 이것을 위해 우리는 항구와 선교부에 별도의 배달원을 두고 있다. 다른 선교부처럼 2주마다 편지를 받을 수 있게 하는 제도는 아직 시행하고 있지 않다.

나는 주로 전도 여행을 위해 테이트 양과 시골 길만 오가곤 했기 때문에 이 도성 안의 사정에 대해 아는 것은 별로 없다. 전주 성 안에는 우리가 아는 어떤 여성도 없고 우리가 그 안으로 들어가려면 꽤 오랜 시간이 걸릴 수도 있다. 어디를 가든지 언제나 엄청난 무리가 우리를 따라다니기 때문이다. 전주는 서양인들의 출입이 거의 없었던 내륙 지역이다. 몇 년 전부터 이곳에 거주하는 프랑스 천주교 신부를 제외하면, 분명 우리 선교사들은 그들이 처음 보는 외국인일 것이다. 그렇기 때문에 사람들은 우리가 나타날 때마다 '은자의 나라'의 특징들을 잘 보여준다. 우리가 그들에게 지나친 선입견과 충격을 주지 않으려면 천천히 다가가야 한다.

그들은 우리의 어학 선생이 '요상한' 교리를 믿는 기독교 신자라는 것을 알고 이곳 저곳으로 끌고 다니며 박해하고 고통을 주었다. 어학 선생은 아직 나이가 어리고 이러한 일을 처음 겪어 충격이 컸을 텐데 지금은 잘 적응하는 것 같아 보인다. 모든 게 우리 때문이라, 그저 미안할 뿐이다. 그럼에도 그는 사람들이 자기를 붙잡아 서울로 끌고 간다 하더라도 결코 전도를 그만두지 않을 거라고 말한다. 그를 다시 보게 되어 기뻤고 나는 그가 진정한 그리스도인이라고 믿는다.

이곳에서는 기독교 신자가 아닌 누군가가 복음에 관심을 보이기만 해도, 주변 사람들에게 많은 조롱을 당한다. 조선에서 기독교를 믿는 것은 견디기 힘든 일이다. 평생을 알고 지낸 사람들에게 조롱 당하는 것을 좋아할 사람은 없을 것이기 때문이다. 바로 그것이 사람들이 복음에 관심을 보이면서도 예배에 참석하지 못하는 가장 큰 이유일 것이다.

마지막 글을 쓴 이후로 나 만의 집으로 이사했다. 비록 작은 조선식 집이지만 한 번도 '집'이란 것을 가져본 적이 없기에 기쁨이 크다. 집의 지붕은 볏짚으로 이어 덮었고 벽과 바닥은 흙으로 되어 있다. 방의 바닥은 기름을 먹인 두꺼운 종이로 운치있게 발라져 있지만 약간 조심해야 한다. 아궁이에서 소나무 잡목을 태워 바닥을 덥히는 난방 방식이라 지나치게 뜨거울 때가 있기 때문이다. 하루에 두 번 정도 불을 때면 편안할 정도로 따뜻하지만 날씨가 너무 추울 때는 세 번 불을 지핀다.

방문은 나무틀에 얇은 종이를 발라 빛이 은은하게 들어오고, 창문은 밖을 내다볼 수 있게 유리로 되어 있다. 아쉽게도 방문의 높이가 1.4미터라 들고날 때마다 머리를 숙여야 한다. 그나마 내가 '단단한 머리'여서 다행이다. 이미 문틀에 여러 번 머리를 심하게 부딪쳤는데 그렇지 않았다면 참담한 결과를 초래했을지도 모른다!

이 집에는 두 개의 작은 방이 있다. 그 중에서 가로 2.5미터와 세로 3.5미터로 조금 더 큰 방은 서재로 사용 중이며 마음에 든다. 천장은 따로 없고 지붕은 바른 사각형이 아닌 불규칙한 오각형 형태라 마치 한 쪽으로 기울어진 것 같아 보인다. 벽은 살짝 기울고 울퉁불퉁해 가구를 벽에 붙여 놓을 수가 없다. 하지만 하얀색 종이로 도배를 해서 깨끗하다.

현지인 목수가 나의 오르간을 포장했던 나무상자와 아직 사용하지 않은 조선식 '관'을 사용해 책장을 만들었다. 내 방에는 오르간, 책상, 식탁, 의자 네 개에다 꽃병까지 들여놨지만, 아직 몸을 돌리기에 충분한 공간이 있다. 겨울을 편히 보낼 수 있도록 두터운 집을 짓느라 상당한 시간이 걸렸는데, 안쪽은 꽤 그럴 듯해졌지만 바깥쪽은 아직도 손볼 데가 많다.

몇 달 더 이곳에 머무르는 동안 언어 공부를 열심히 하고 싶다. 혼자서 어느 정도 대화를 할 수 있을 정도지만 지금보다 더 열심히 하면 더 빨리 언어를 배울 수 있을 것이다.

우리의 선교부는 도성 남쪽 시내 근처에 있는 꽤 높은 언덕에 위치해 있어 도시가 잘 보인다. 하지만 어두운 밤에 볼 수 있는 것이라고는 막걸리를 파는 술집에 매달려 있는, 또는 행인들이 들고 다니는 종이로 만든 초롱 불빛뿐이다. 집의 지붕이 너무 낮고 처마는 너무 많이 덮여 있으며 집 안에서 새어나오는 빛은 너무 희미해서 불이 켜진 것을 겨우 분간할 정도다.

레이놀즈 선교사 부부도 새로 마련한 집에 입주했고 테이트 선교사 남매는 이번 달에 이사를 올 예정이다. 우리는 조용하지만 즐거운 성탄절을 보내고 있다. 한 해 동안 받은 축복에 대해 감사하고 우리가 뿌린 복음의 좋은 씨앗이 주님의 이름을 위해 영광의 결실을 가져올 수 있기를 기도하며 새해를 맞이했다. 나의 진심을 담은 새해 인사가 여러분에게 전달되고, 올해 우리 모두가 덕담대로 되기를 바란다. 기쁘고 행복한 새해가 되고 넘치는 행복과 큰 축복이 우리와 여러분에게 함께하길 기원한다.

1898년 2월 1일 / 전주 / 어린이 선교지 / 아들과 딸

조선의 부모들은 아들에 비해 딸을 귀하게 여기지 않는다. 소녀들은 마땅히 누려야 할 많은 것을 남자 형제들에게 내줘야 하고 남자 형제는 모든 것을 제 마음대로 할 수 있다. 남자는 가장 좋은 아랫목에 앉아 가장 좋은 것을 먹지만 여자 형제들은 그들에게 순종해야 한다.

여러분은 현지인 소녀가 아닌 것을 기뻐해야 할 정도일 것이다. 체구가 작은 소녀들도 자신의 남동생과 여동생을 등에 업고 다닌다. 대여섯 살만 돼도, 아니 그 이전부터 소녀들은 동생을 돌봐야 한다.

전주의 한 소녀는 주일마다 여동생을 업고 예배를 보러 온다. 소녀는 막 여섯 살이 되었는데 성격이 밝고 귀엽지만 말랐고 허약하다. 반면 소녀가 업고 오는 18개월 된 여동생은 통통하게 살이 올랐다. 소녀는 우리를 아직도 약간 두려워해 동생에게 바짝 붙어 앉아 있고, 손이 시렵지 않게 하려고 동생의 두툼하게 살찐 허리춤에 손을 찔러 넣곤 한다.

이곳의 소녀들은 학교에 다니지 못해 글 읽는 것을 배울 수가 없다. 반면 소년들이 한글과 한자를 배울 수 있는 학교는 여러 곳이다. 사람들은 한문을 읽을 수 있으면 교육을 제대로 받았다고 생각한다.

소녀들이 동생들을 돌보는 대신, 소년들은 불을 때는 데 사용할 풀이나 잡목 가지를 주우러 산비탈로 나간다. 그들은 꽤 무거워 보이는 나무 짐을 등에 지고 나른다. 조선 사람들은 흙으로 바른 방바닥 아래에 불을 때서 난방을 한다. 나무를 태워 방이 따뜻해지면 바닥에 앉아 몸을 덥힌다. 보통의 집에는 가구랄 것이 별로 없고 우리처럼 좌식생활을 하지 않으므로 의자는 아예 없다. 밤에는 바닥에 '요'를 깔고 누비이불을 덮은 채 잠을 자고 아침에 일어나면 요와 이불을 개서 치운다. 하지만 대부분이 가난한 이곳 사람들은 '요'마저 없어 맨 바닥에서 잠을 잔다.

어머니들은 대개는 자녀들을 동반하고 우리를 보러 온다. 아이들은 우리를 보고 놀라서 울기도 하지만, 머지않아 우리가 그들을 아주 사랑하는 좋은 사람이라는 것을 알게 될 것이다. 아이들은 우리가 건네주는 사진 카드를 좋아하는데 이전에 본 적이 없기 때문이다. 우리는 이 카드 뒷면에 한글 성경구절을 적어놓고 부모들이 이 글을 읽기를 바라고 있다. 대체로 아버지들은 글을 읽을 수 있지만 어머니들은 그렇지 못하다.

고국에서 멀리 떨어진 이곳에 여러분의 남동생들과 여동생들이 있다. 부디 많은 관심과 기도로 우리를 응원해주길 바란다. 이곳 사람들을 향한 주님의 사랑은 지극히 크시며, 주님의 은혜로 적지 않은 이들이 예수님에 대해 관심을 보이고 있다. 다시금 주님의 은혜로 이들의 마음이 예수님께 열리기를 기대하며, 우리는 그들을 신실하게 가르칠 수 있도록 최선을 다할 것이다.

1898년 3월 1일 / 조선 가정 방문 / 예의 바른 남성

조선 사람들이 거주하는 집의 방 한쪽에는 약 1미터 높이의 나무로 된 기둥을 볼 수 있다. 기둥은 넘어지지 않게 넓은 받침대에 견고하게 박혀 있고 위에는 기름 심지를 담는 용기가 놓여 있다. 이것이 어두운 밤에 흐린 빛을 제공한다. 지금은 작은 일본 양철 램프가 일반적으로 쓰이고 있다.

집 안에서 볼 수 있는 유일한 가구로 놋쇠 경첩과 자물쇠가 달린 두 개의 궤짝이 있고, 그 안에는 결혼하는 신랑이 선물한 신부의 외출복이 들어 있다. 모든 예비 신랑은 양측 부모의 뜻에 따라 모든 준비를 한다. 이런 궤짝이 네 개 정도 있는 집이라면 시어머니가 함께 살고 있다.

(중복, 1898년 3월 1일 / 조선 가정 방문 중 일부) 너무 늦지 않은 시각이라 2킬로미터 정도 떨어진 작은 마을에 우리가 알고 있는 한 가족을 만나러 갔다. 레이놀즈 선교사의 부인인 볼링 선교사는 가마를 타고 우리는 걸어서 언덕을 넘었다. 우리가 작은 마을이나 민가를 지날 때마다 당연하게 일어나는 일이 있다. 집에 있던 남자들은 우리를 뚫어지게 쳐다볼 것이고 아이들은 밖에 나와 그들의 엄마를 부른다. 어서 나와서 저기 지나가는 '저것'을 보라고 재촉한다. 간혹 우리가 아이들에게 조금 가까이 다가가면 아이들은 지레 겁을 먹고 울기도 한다.

그나마 예의 있는 남성이라면 등을 우리 쪽으로 돌리고 우리를 쳐다보지 않지만 그런 경우는 소수다. 대부분의 남자들이 우리를 빤히 쳐다본다. 다행히 우리가 방문할 집의 남성은 점잖은 사람이었다. 그는 우리가 집에 오는 것을 알아차리고 우리가 보이지 않는 곳으로 얼른 자리를 피해 주었다. 집에 있던 여성들은 문 앞으로 나와 우리를 맞아주고 방으로 안내했다.

이 마을에 사는 사람들은 매우 친절했고 우리가 마을길을 따라 천천히 걸어가자 몇몇 사람들이 자신의 집으로 우리를 초대를 했다. 우리는 새로운 사람들과 교제를 나누고 그 가정에 복음을 전했다.

하지만 우리가 전하는 복음은 그들에게는 너무 생소하고 이상한 이야기였기 때문에 이해하기 힘들어 했다. 일부는 빈정거리기도 하고 몇몇은 "그 이야기를 다시 듣고 싶어요"라고 반응하긴 했는데 우리가 믿는 것처럼 믿는 이들은 적었다.

1898년 4월 1일 / 전주 / 익산 전도여행

3월 중순 즈음, 테이트 양과 그녀를 돕는 이 씨 부인과(이 씨 부인이 누구인지 기억해 보시길) 나는 35킬로미터 떨어진 익산으로 전도여행을 갔다. 이곳에서 테이트 선교사도 주일마다 설교를 한다. 익산은 여기만큼 산골은 아니고 넓은 평야와 논이 펼쳐져 있다. 집 한 채만 홀로 있는 경우는 없고 각각 이웃 동네라고 불리는 단위의 마을로 이루어져 있으며 여기 사람들은 논으로 나가 농사를 짓는다. 그 날 우리는 전주 밖으로 나갈 수 있어 즐거웠고 네 명이 드는 가마를 타고 밤이 되기 전에 목적지에 도착했다. (이후 중복, 1898년 4월 1일 / 전주 / 전도여행)

1898년 4월 9일 / 전주 / 1898년 6월 1일, 크리스천 옵저버 / 낯선 생명체

작은 방에 여러 사람이 함께 모여 앉아 문을 단단히 걸어 잠그고 불로 바닥을 덥히다 보니 공기가 환기되지 않아서 고역이었다. 만약 문가에 앉아 있었더라면 잠시 문이 열릴 때나마 신선한 공기를 들이마실 수 있었을 것이다. 얼마 지나지 않아 다행히도 그럴 기회가 생겼다. 외국인들이 왔다는 소식을 접한 이웃 사람들이 이 '낯선 생명체'를 보러 왔다가 방에 들어갈 공간이 없자 문을 활짝 열어 젖혔기 때문이다.

일반적으로 볼 수 있는 전형적인 방은 가장자리의 넓은 주춧돌 위에 나무 기둥을 세우고 떨어지는 낙숫물을 받는 통을 둔다. 밤에는 접시 위에 기름을 두고 심지에 불을 붙여 밝힌다. 집집마다 놋쇠 경첩과 자물쇠가 있는 두 개의 궤짝이 있는 것을 볼 수 있는데 그 안에는 결혼하는 신랑이 선물한 신부의 외출복이 들어 있다.

벽에는 짚을 꼬아 만든 줄에 대나무 장대가 달려 있는데 밤에 가족이 잠을 잘 때 덮는 이불이나 다른 옷가지들을 여기에 걸어둔다. 방구석에 가로 약 60센티미터에 세로 20센티미터 정도의 직사각형 형태로 된 납작한 다듬잇돌과 그 옆에 놓인 둥그런 다듬잇방망이를 볼 수 있다. 두 개의 대나무 장대를 엮어 만든 선반에는 잡동사니가 놓여 있고 벽에는 반으로 자른 다양한 크기의 박이 걸려 있다. 또한 콩의 새싹을 키우는 물이 담긴 항아리를 볼 수 있는데 여린 싹이 3-5센티미터 정도 자라면 먹는다. 조금만 살펴보면 벽과 구석마다 지저분한 거미줄을 볼 수 있지만 이런 것은 모르는 게 낫다.

우리는 집 앞에서 안에 들어가도 좋은지 물었다. 마침 그 집의 딸이 인근 개울가에서 막 빨래한 옷을 마당에 널고 있었다. 할머니는 마루에 앉아 머리를 빗다가 우리를 맞이했다. 그녀는 우리가 보는 앞에서 조선식 나무 빗으로 머리를 부드럽게 빗어 정확하게 반으로 가르마를 타고 머리카락에 기름을 발라 윤기가 나게 하는 것을 직접 시연해 주었다.

딸이 곧 안으로 들어왔고 이웃 사람들도 우리가 거기에 있는 것을 알고 찾아왔다. 딸은 남편에게 버림을 받고 친정으로 와서 할머니와 함께 살고 있었다.

조선말에 익숙하지 않은 우리는 대화의 상당 부분을 이해하지 못했지만 그럼에도 상대방이 말할 때 흥미 있게 듣고 있는 것처럼 행동했다. 그러면서 이따금 우리가 귀기울여 듣고 있다는 점을 보이기 위해 고개를 끄덕이거나 한두 마디를 건넸고 정말 말해야 할 때는 상대방이 잘 알아들을 수 있게 가능한 또박또박 말하려 애썼다. 하지만 테이트 양이 몇 마디를 하고 상대방이 잘 알아듣지 못하자 몇 번을 반복해서 말했지만 결국 소용이 없다는 걸 알았다. 우리는 현지인들이 말하는 것에 귀를 기울이고 발음을 정확하게 흉내냈다고 생각했지만 실제로 효과가 있었는지는 잘 모르겠다. 그들이 우리 말을 제대로 이해했을까? 장담할 수 없다. 우리는 더 오래 머물 수 없었기 때문에 테이트 양이 성경 말씀을 전하고 예배에 오도록 그들을 초대한 후 길을 나섰다.

너무 늦지 않은 시각이라 2킬로미터 정도 떨어진 작은 마을에 우리가 알고 있는 한 가족을 만나러 갔다. 레이놀즈 선교사의 부인인 볼링 선교사는 가마를 타고 우리는 걸어서 언덕을 넘었다. 우리가 작은 마을이나 민가를 지날 때마다 당연하게 일어나는 일이 있다. 집에 있던 남자들은 우리를 뚫어지게 쳐다볼 것이고 아이들은 밖에 나와 그들의 엄마를 부른다. 어서 나와서 저기 지나가는 '저것'을 보라고 재촉한다. 간혹 우리가 아이들에게 조금 가까이 다가가면 아이들은 지레 겁을 먹고 울기도 한다. 그나마 예의 있는 남성이라면 등을 돌리고 우리를 쳐다보지 않지만 그런 경우는 소수다. 대부분의 남자들이 우리를 빤히 쳐다본다. 다행히 우리가 방문할 집의 남성은 점잖은 사람이었다. 그는 우리가 집에 오는 것을 알아차리고 우리가 보이지 않는 곳으로 얼른 자리를 피해 주었다. 집에 있던 여성들은 문 앞으로 나와 우리를 맞아주고 방으로 안내했다.

우리는 새로운 사람들과 교제를 나누고 그 가정에 복음을 전했다. 하지만 우리가 전하는 복음은 그들에게는 너무 생소하고 이상한 이야기라서 이해하기 힘들어 했다. 일부는 빈정거리기도 하고 몇몇은 "그 이야기를 다시 듣고 싶어요"라고 반응하긴 했는데 우리가 믿는 것처럼 믿는 이들은 적었다. .

33월 중순 즈음, 테이트 양과 그녀를 돕는 이 씨 부인과(이 씨 부인이 누구인지 기억해 보시길) 나는 35킬로미터 떨어진 익산으로 전도여행을 갔다. 이곳에서 테이트 선교사도 주일마다 설교를 한다. 익산은 여기만큼 산골은 아니고 넓은 평야와 논이 펼쳐져 있다. 집 한 채만 홀로 있는 경우는 없고 각각 이웃 동네라고 불리는 단위의 마을로 이루어져 있으며 여기 사람들은 논으로 나가 농사를 짓는다. 그 날 우리는 전주 밖으로 나갈 수 있어 즐거웠고 네 명이 드는 가마를 타고 밤이 되기 전에 목적지에 도착했다.

우리가 저녁 식사를 하러 들른 여관집 여자는 온 몸에 매우 심하게 멍이 들어 있었고 잘 걷지도 못했다. 그녀는 넘어져서 생긴 상처라고 했지만 그렇게 해서 생길 수 있는 상처가 아니라는 것은 알 수 있었다. 지난 밤 남편의 폭행에 의해서인지 아니면 우리가 모르는 다른 싸움이 있었는지 알 수는 없었다. 오후 내내 가마꾼들은 더 자주 쉬었고 더 많은 막걸리를 들이켰는데 어쩌면 우리보다 그들의 즐거움이 더 컸을 것이다. 막걸리는 쌀을 발효시켜 만드는 서민의 술이었고 몇 잔 마시면 취하기에 충분했다.

우리 일행이 익산의 한 집 앞에 멈추자 기다렸다는 듯 안에서 한 무리의 사람들이 나왔다. 모두 한 가족이었고 심지어 모두 세례를 받은 그리스도인이었다. 젊은 아내는 서울에 있는 기독교 학교에서 공부하기도

했다. 아직은 이 가족만이 이 마을의 유일한 그리스도인이지만 열두 명 넘는 사람들이 세례를 받을 예정이므로 곧 이 지역에 교회가 세워질 것 같다. 우리는 가로세로 3미터 가까이 되는 사각형의 방에서 요리하고 먹고 자면서 손님을 맞이하고 설교를 했다. 나는 그다지 적극적인 역할을 맡지 않았다. 내 역할은 현지인들의 말을 듣고 억양을 이해하고 할 수 있는 몇 마디 말을 하는 것이 전부였다.

그때 한 여성이 집으로 빨리 들어오라는 호출을 받았는데 그녀는 개울에서 빨래를 하는 중이라는 말로 돌아가기를 거부했다. 이 씨 부인이 그녀에게 거짓말을 하면 안 된다고 하자 모두들 소리 내어 웃었다. 호출을 받았을 때 빨래를 하고 있다고 둘러대는 것은 아마도 그녀들이 만들어낸 그들만의 새로운 방법인 듯했다.

일주일 간 머문 후에 우리는 아쉬움을 뒤로 한 채 다음에는 더 오래 머물기를 기약하며 길을 떠났다. 딱딱한 조선식 바닥에서 일주일 동안 어떻게든 편해지려는 헛된 노력을 벌인 후 집에 돌아와 앉아보는 의자는 정말 좋았다.

1898년 4월 9일 / 1898년 6월 1일, 크리스천 옵서버 / 조선 생활 6개월

내가 사역하고 있는 이곳 전주는 우리가 부르는 찬송가 〈시온은 언덕에 둘러싸여(Zion stands by hills surrounded)〉에 나오는 도시를 떠올리게 한다. 조선의 마을들이 대체로 그렇듯 이곳도 분지 지역이어서 도시를 둘러싼 초목과 우거진 소나무의 아름다운 산들은 하늘을 향하고 있다. 창조주의 솜씨에 대한 무언의 증거자가 산 아래에 사는 사람들에게 그들의 존재를 창조하신 주님을 바라보고 더 높고 고귀한 삶을 추구하라고 손짓

하는 것처럼 보인다. 하지만 사람들은 모든 선한 것과 평화를 선물로 주시는 사랑의 하나님을 알지 못한다.

그들은 산과 계곡이 인간보다 더 큰 힘을 가진 존재들이 사는 귀신들의 집이라고 믿어 이것들을 두려워하고 숭배한다. 우리는 종종 그들이 깊은 밤마다 이 숭배에 몰두하는 소리를 듣는다. 조상 숭배 역시 아마 그들의 가장 보편적인 믿음과 관련이 있는 것 같다. 이런 일들은 무덤 앞 발치에 있는 석판에서 이루어지고, 때로는 그들의 집에 있는 조상을 모신 신주 앞에서 이루어진다. 때때로 사람들이 무덤에 가서 그들만의 독특한 방식으로 애도하는데 이 소리는 가끔 밤에도 들린다. 무덤 앞 석판에 차린 음식은 죽은 조상의 혼령에게 바치는 몫이지만, 실제로는 그들이 먹는다. 하지만 그런 행위가 오랫동안 지켜온 그들의 믿음을 약하게 하지는 않는 것 같다.

하나님께서는 우리로 하여금 이 사람들에게 구원의 소식을 전할 수 있도록 허락하셨고, 어둠 속에서 스스로도 알지 못하는 것들을 숭배하는 대신 빛 되신 예수 그리스도 앞에 나와 진리의 말씀을 알도록 허락하셨다.

조선에서의 첫 6개월은 매우 바쁘고 행복하게 지낸 나날이었다. 날씨도 좋았고, 우리를 찾아온 여성들과 대화하려 노력하면서 한글을 공부하느라 바쁘게 보냈다. 가끔 테이트 양과 그들의 집을 방문하기도 했다. 내가 이렇게 말한다고 해서 어쩌면 당신은 내가 현지인들의 집에 들어가서 꽤나 깊은 친분관계를 맺을 수 있을 것으로 상상할 것이다. 그렇지 않다. 지금 우리가 찾아가는 사람들은 이 도시에서 고작 4백 명에 불과한 양반이라 불리는 상류층도 아니고 다수를 차지하는 중산층도 아니라는 것이다. 복음은 처음에는 낮고 가난한 집으로 들어가고 그 중에서도 여성들 사이에서 좁은 길을 발견한다. 높은 계층의 여성들은 은둔과도 같은 삶을 살기 때문에 거의 마주칠 수 없는 반면 낮은 계층의 여성들은 거의 매일 우리에게로 온다.

조선 사람들의 집에 들어갈 때 주의할 점이 있다. 신발을 벗어야 한다는 점이다. 조선 사람들은 실내에서 신발을 신지 않지만 우리는 그렇지 않다. 그들은 실내에서도 신발을 신고 지내는 우리를 보며 지저분한 사람들이라고 생각할 정도다. 그렇기에 고무 덧신을 준비해야 한다. 자, 그럼 어떻게 해야 하는가? 당신이 만약 현지인의 집에 들어간다면 모든 사람들이 신발 벗기를 원할테니, 신발에 미리 고무 덧신을 신는 게 좋다. 고무 덧신을 신고 있다가 실내로 들어갈 때 벗는다면 당신이 신고 있는 다른 신발은 실내용이라고 생각해 당신의 명성에 어떤 흠집도 가지 않게 될 것이다. 그들이 신는 짚신이나 나막신은 쉽게 벗을 수 있어 그들은 방에 들어가기 전에 항상 디딤돌에 벗어둔다.

도시가 있는 언덕 아래로 내려가면 지나가게 되는 첫 번째 거리의 한 집에 우리가 아는 그리스도인 여성이 산다. 그녀는 우리를 만날 때마다 반가워한다. 하지만 그녀의 남편은 우리와 만나는 것을 못마땅하게 여길 뿐만 아니라 교회도 가지 못하게 한다. 그녀의 시어머니는 그녀가 남편 말에 복종하는지 줄곧 감시할 정도라고 한다. 그것은 그녀가 겪는 많은 고통과 시련 중 하나일 뿐이다. 평소에도 그녀는 남편의 구타와 시어머니의 매정한 취급을 일상으로 당한다. 고통과 시련은 그녀에게 낯선 일이 아니다.

그녀는 이 모든 것을 인내로 견디면서 항상 밝고 긍정적으로 살아간다. 세상이 주지 못하고 빼앗아 갈 수 없는 그리스도인의 삶에서 평화와 행복을 찾는다. 다정하고 조용한 그녀는 매일 그리스도를 만난다. 우리는 그녀의 남편과 시어머니가 그녀의 삶으로부터 영향을 받아 더 나은 길을 찾기를 희망한다. 그녀의 사랑스러운 생후 18개월 된 딸은 우리와 마루에서 놀며 우리를 전혀 겁내지 않는다. 그녀의 시어머니는 우리에게는 상냥하게 대하고 가끔 교회에도 나오는데 이 여성이 무슨 이유로 며느리에게 그런 행동을 하는지 우리는 알 수 없다.

어제 볼링 선교사와 테이트 양과 함께 한 여성의 집으로 갔다. 그녀는 아버지 없이 두 딸을 홀로 키우고 있다. 올해 여섯 살이 된 큰 딸은 나를 무척 좋아한다. 아이는 홍역을 앓고 있었고 상태가 매우 좋지 않았다. 아이의 엄마가 없어 우리는 집 안으로 들어가지 않고 할머니와 딸이 살고 있는 다른 집으로 갔다.

가는 도중에 본 집들은 비슷하게 생겼다. 대부분은 진흙으로 쌓은 담을 둘러놓아 밖에서 집 내부나 방 안을 들여다볼 수 없게 했다. 갈대나 덤불로 울타리를 두른 집도 많다. 그런 경우에도 집 앞이나 방 앞에 갈대나 대나무로 발을 내려 사생활에 신경을 썼다. 집의 좁은 마당에는 넓적한 돌로 쌓고 뚜껑을 덮지 않은 얕은 우물이 있고 그 옆에는 쌀 등을 씻는 데 사용하는 다양한 종류의 질그릇들이 놓여 있다.

그들은 나무 그릇이나 반으로 자른 박에 줄을 묶어 내려 물을 길어 손으로 당겨 올린다. 우물은 뚜껑이 덮여 있지 않고 우물의 지면 위로 벽도 없는데 아이들이 왜 들어가지 않는지 알 수 없다. 미국 아이들이라면 틀림없이 이런 좋은 기회를 놓칠 리가 없을 것이다.

집은 짚으로 지붕을 얹은 흙벽으로 되어 있고 좁은 문으로 들어가면 사람들이 식사할 때 사용하는 작은 상을 볼 수 있다. 새 집이 아닌 경우 벽은 덤불을 태울 때 나오는 그을음 때문에 검은 색이다. 아궁이에는 밥을 지을 때 사용하는 솥이 있고 식사에 사용하는 놋그릇도 볼 수 있다. 그들은 방의 바깥쪽에 지면보다 약간 높게 자리한 아궁이에 불을 지펴 방을 데우고 요리를 한다.

조선 사람들의 집에 들어가려면 항상 조심하고 몸을 숙여야 한다. 그렇지 않으면 1.5미터도 되지 않는, 우리 선교사들 평균 키보다 훨씬 낮은 문틀에 부딪혀 머리를 다칠 수 있다. 대부분의 집이 이와 비슷하다. 방 안에서 가장 높은 곳을 제외하고는 허리를 펴고 서지 못한다. 방은 일반적으로 가로세로 2.4미터지만 종종 한 면이 3.6미터인 경우도 있는데, 방을 덥혀야 하는 어려움 때문에 너무 크면 오히려 부적당하다.

1898년 5월 / 전주 / 어린이선교지 / 보배 이야기

우리가 있는 전주성 밖 작은 언덕 기슭의 초가집에 18개월 된 작고 귀여운 현지인 소녀가 살고 있다. 그녀는 대부분의 미국 아이들처럼 포동포동하고 예쁘다. 성격이 순하고 놀기를 좋아하며 말을 걸면 방긋방긋 웃는다. 치아는 하얗고 눈은 까맣게 반짝반짝 빛이 난다. 그녀는 곱슬머리가 아니다. 현지인 어머니들은 곱슬머리가 예쁘지 않다고 생각한다. 그녀의 어머니는 머리를 작게 여섯 갈래로 땋아 양 쪽으로 세 갈래씩 나눈 다음 단추 같은 금속 장식으로 묶는다. 이것이 아이들 사이에서 유행하는 머리 손질 방법이다. 매일 머리를 빗기지 않고 일주일에 한 번 정도면 충분하다.

이 작고 예쁜 소녀의 이름인 '보배'가 무슨 뜻이라고 생각하는가? '보배'는 귀하다는 의미다. 아이가 귀중한 선물이라는 부모의 마음이 담겼음을 짐작할 수 있다. 보배의 아버지와 할머니는 비신자다. 만약 그녀가 자신들을 위해 제사를 지낼 수 있는 사내 아이였으면 더 자랑스러워했을 것이다. 그리스도인인 어머니는 보배가 사내 아이가 아닌데도 그녀를 진심으로 사랑한다. 보배는 내가 지켜본 많은 미국 꼬마들처럼 어디론가 사라지기를 좋아한다! 그녀는 어머니와 할머니가 잠시 시선을 돌린 사이 마당 밖으로 나가 좁고 구불구불한 길로 달아나버린다. 어머니와 할머니가 뒤늦게 달려나가지만 아이를 좀처럼 찾을 수가 없다. 아버지는 아이를 잃어버릴까 염려해 이름표를 달아주었다. 나무 조각 한 면에 한글로 '보배'라고 적고 반대편에는 한자로 아이 이름과 주소를 적어놓았다. 만약 누군가 밖에서 어디론가 달아나는 중인 그녀를 보게 된다면 그녀를 다시 집으로 데려다 줄 수 있도록 말이다. 정말 좋은 생각이다! 보배의 사진을 보낼 수 있다면 좋겠지만 여기서는 사진을 찍을 수가 없다. 보배가 죄의 길로 빠지지 않고 성숙한 그리스도인으로 잘 성장하도록 여러분의 기도를 부탁한다.

1898년 7월 / 조선 생활의 변화의 단계 / 구경하러 왔소

"구경하러 왔소!" 당신이 '고요한 아침의 나라(Land of Morning Calm)'에서 외국인으로 살아간다면 하루에도 몇 번씩 이 말을 듣게 될 것이다.

여성들이 그렇게 끊임없이 우리를 찾아오는 유일한 목적은 '구경'이다. '구경'이라는 조선말이 없어지기를 간절하게 바라게 될 정도로 말이다. 그러나 우리는 불평할 수 없다. 이들이 오는 이유는 우리가 어떻게 생겼고 어떤 옷을 입으며 우리가 사는 집에 무엇이 있는지 알고자 하는 호기심보다는 먼저 우리를 만나기 위해서다.

만약 날이 추워 방문이 닫혀 있기라도 하면 그들은 밖에 서서 목을 가다듬듯 크게 기침 소리를 낸다. 자신들이 집 밖에 와 있다는 것을 문을 두드리지 않고 우리에게 알리는 방식이다. 하지만 너무 오래 문을 열어주지 않으면 그들은 우리를 대신해 문을 열고 들어올 것이다. 손님을 정중하게 대하려면 손님보다 더 민첩하게 행동해야 한다. 보통 2명에서 많게는 20명이 함께 방으로 들어와서 바닥에 앉는다. 그들을 초대할 때에도 같은 방식으로 하면 된다. 그들은 먼저 이곳저곳을 둘러보면서 집의 각종 물건들을 검사하듯 행동하는데 그렇게 호기심이 어느 정도 채워진 후 자리에 앉을 것이다.

처음에 당신은 '어디서 오셨습니까' 묻거나 '처음 뵙겠습니다'라고 말하면 된다. 그러면 사람들은 당신에게 일제히 "안녕하세요?"라고 인사를 건넬 것이다. 그런 다음 떠오르는 이런저런 것들을 말하면 되는데 여기에 산 지 1년이 채 안 된다면 말할 것도 그리 많지 않을 것이다. 그들은 먼저 당신의 나이를 물을 것이다. 그 다음에는 잠은 바닥에서 자는지, 찬바람이 창 유리를 통해 들어오지 않는지, 곰방대로 담배를 피우는지 등을 물을 것이고, 무엇을 위해 이곳에 왔는지에 대해서도 질문할 것이다.

나는 그들이 이 마지막 질문을 던질 때가 가장 좋다. 내가 무엇을 위해 이 나라에 왔는지 알고 싶다는 것이기 때문이다. 나의 존재가 단순히 그들에게 '구경'거리 밖에 안 된다는 생각이 잘못된 것임을 알게 하는 좋은 기회다. 나는 그들에게 하나님에 대해 전하러 왔다고 말한다. 하나님께서는 우리와 세상에 존재하는 모든 것을 창조하셨고 우리를 사랑하시어 우리가 선을 행하며 그분을 섬기기 원하신다고 말한다. 거기에 더

해 하나님께서 이곳의 아픈 자들을 고쳐주시려고 우리 같은 선교사들을 보내셨다고도 말한다.

이곳에는 손가락으로 누르면 아름다운 소리가 나는 '바람이 흐르는' 악기가 있다는 소문이 퍼져 있다. 그들은 오르간(페달로 바람을 일으켜 금속 리드가 울리며 소리가 나는 건반악기다) 소리를 직접 듣기 전까지는 별로 믿지 않는다는 듯한 표정을 짓는다. 그러나 내가 그들을 위해 연주를 하고 간혹 조선말 찬송을 부르기라도 하면 그들은 이내 반색하며 놀라워한다. 보통은 30분 정도 연주하면 되지만 간혹 사람들이 보채는 바람에 한 시간 넘게 연주하는 때도 있다. 오르간 연주를 다 듣고 나면 그들은 '풍금' 소리를 들었다며 만족해 한다. 이 때를 이용해 나는 그들에게 복음을 전하려고 한다. 내가 그들에게 서툰 조선말로 전하는 복음에 귀를 기울이는 사람은 그리 많지 않다. 나의 복음 설교가 끝나기 무섭게 그들은 오르간 연주를 더 해주기를 바란다. 나도 더 이상의 단어 사용은 어려우므로 설교를 애써 이어나가는 대신 테이트 양의 집에 가서 그녀에게 더 많은 내용을 들을 수 있다고 알려주고, 오르간 연주를 더 해준다.

처음 우리를 찾아온 일행이 떠날 채비를 하면, 집 앞에서 기다리던 또 다른 무리가 안으로 들어온다. 주일을 제외한 매일 오후마다 이런 행렬이 이어지고 나는 같은 일을 반복한다. 계속 오가는 이 구경꾼 무리를 보면 목자 없는 양을 긍휼히 여기시던 예수님이 생각난다. 지금 이 시점에 내가 어떻게 해야 이 사람들에게 조금 더 효과적으로 복음을 전할 수 있을지 고민하게 된다.

나로서는 아직 필요한 약품도 준비된 것이 없고 진료 장소도 마땅치 않으며 의료사역을 감당할 만큼 조선말도 능숙하지 못해 도저히 거절할 수 없는 환자의 치료를 제외하고는 어떤 진료 사역도 하지 못했다. 내가 제대로 의사로서 사람들에게 인정을 받은 경우는 한 할머니의 묵은 귀지를 제거해 주었을 때다. 청력을 거의 회복한 할머니는 매우 고마워하며 며칠 후 선물로 달걀 한 꾸러미를 들고 찾아왔다. 달걀은 열 개 단위를 짚으로 엮어 마치 꼬투리에 담긴 완두콩 같았는데 들고 다니기 매우 좋은 방법이었다. 깨질 염려가 없어 장작처럼 한 팔 가득 안고 가거나 소에 실어 나를 수도 있다. 어쨌든 나는 나의 첫 진료비인 선물을 받아 시세대로 테이트 양에게 팔았다.

그녀는 열 살 정도의 어린 손녀와 함께 왔다. 나는 잠시 말을 건넨 후에 아이에게 줄 그림 카드를 가지러 일어났다. 아이는 기다렸다는 듯 집 밖으로 뛰쳐나갔다. 그 가여운 어린 소녀에게 나는 생전 처음으로 마주한 서양 사람이었던 모양이다. 생김새가 희한한 여성이 자기 눈앞에서 알아듣지도 못할 괴음을 냈으니 그녀가 겁에 질려 언덕 아래로 내달린 것도 이상한 일은 아니다. 나는 할머니에게 선물로 그림 카드를 주면서 놀라게 해서 미안하다는 말을 꼭 전해 달라고 했다. 그 후로 아이를 몇 차례 더 만날 기회가 있었고, 이제 아이는 나를 두려워하지 않는다.

며칠 후에는 할머니가 앞을 잘 보지 못한다는 자기 친구를 데려왔는데 도와주지 못했다. 내게는 안경이 없는데다, 노화에 의해 '눈이 보이지 않는, 내가 치료할 수 없는' 증상 외에 다른 질환은 없었기 때문이다. 이것은 곧 또 한 번의 달걀 한 줄의 방문으로 이어졌다.

또 며칠 뒤에 할머니가 귀에 만성질환을 앓는 소년을 데리고 와서 치료해 달라고 했다. 현재 진료소 여건으로는 아이를 위해 할 수 있는 일이 없었다. 그녀는 자신의 귀는 고쳤는데 왜 아이의 '귀를 고칠 수' 없느

냐며 납득이 되지 않는다고 했다. 그러더니 할머니는 곧장 시장으로 가서 달걀 두 줄을 사가지고 왔다. 아이의 귀를 고칠 수 없다는 나의 말을, 귀를 고쳐주는 대가로 달걀을 가져오라는 숨은 의도가 담긴 말로 곡해한 것이다. 나는 할머니가 내미는 달걀을 이번에는 거절할 수밖에 없었다. 아픈 소년을 위해 할 수 있는 일이 없으며, 아무리 실력 있는 의사라고 해도 어떤 병은 고칠 수가 없다고 했다. 조선 사람들은 말을 잘 알아듣지 못하면 '귀를 먹었다'는 표현을 사용한다.

얼마 전에 턱이 탈구된 여성이 찾아왔다. 마취를 하지 않고 치료를 할 수가 없어서 클로로포름을 썼고 다행히 턱뼈는 원래 자리를 잡았다. 전주에서 처음 시행한 마취 시술이어서 당연히 결과를 걱정했는데 성공적이어서 너무 감사했다. 어쩌면 환자보다 내가 더 기뻤다. 의료사역을 감당하는 것이 아직도 두렵고 버거움을 느낀다. 치료에 성공하면 당연히 좋은 일을 했다며 격려와 박수를 받겠지만, 만약 시도했다가 실패하면 선한 의도와 다른 결과로 인해 큰 낭패를 겪을 수 있기 때문이다. 악은 언제라도 주님의 선한 사역이 실패하기를 고대한다.

당신이 이 편지를 읽을 때쯤이면 내가 주문한 약이 이곳에 도착하고 나는 본격적으로 진료소 일을 시작할 수 있을 것이다. 하나님께서 이곳에서 그분이 뜻하신 진보를 이룰 수 있도록 나의 미약한 노력을 축복하시고 이곳의 많은 영혼이 구원받을 수 있도록 기도 때마다 특별히 기억해 주기를 바란다.

1898년 8월 1일 / 조선에서 보내는 첫 여름 / 수술 성공

(중복, 1898년 8월 1일 / 조선에서 여름 나기) 내가 글을 쓰고 있는 지금, 우리 집

에 같이 사는 할머니, 딸 그리고 두 아이가 있는 네 명의 가족의 모습을 당신이 볼 수 있었으면 좋겠다. 아침 식사를 하는 중이다. 제법 큰 바가지에는 쌀에 콩을 섞어 지은 따뜻한 밥이 한가득 담겨 있다. 반찬은 식사 때마다 빠지지 않는 '김치'가 있고 민물게를 갈아서 만든 반찬도 있다.

며칠 전 대퇴골두가 탈구된 여덟 살 된 아이가 나에게 왔는데 탈골된 지 한 달이 지났다고 했다. 클로로포름을 써서 수술은 성공적으로 마쳤다. 환자의 상태를 며칠 지켜볼 필요가 있었지만 아직 진료실이 준비되지 않아서 나의 집에 머무르라고 했다. 하지만 환자를 여기서 지내게 하려면 가족 전부를 데리고 있어야 한다는 의미다. 안 그래도 좁은 집이 더 비좁아지겠지만 이렇게 불편을 감수하는 것이 나름 유익한 부분도 있다. 복음을 알지 못하는 가족 한 사람 한 사람을 대면하여 가까워질 기회를 만들 수 있고 더 나아가 복음을 전하고 성경을 가르칠 수 있는 기회도 바라볼 수 있기 때문이다.

수술은 다른 어떤 방면의 사역보다 사람들에게 긍정적인 인상과 평판을 얻게 해준다. 의료사역의 장점은 그들 스스로 자기 눈으로 효과를 확인할 수 있다는 것이다. 최근의 경우를 예로 들면, 심하게 화상을 입은 팔에 구운 생선을 붙이는 한방 치료를 받은 여인이 찾아왔다. 상처는 이미 감염되어 상태가 나빴다. 처음 그녀에게 화상 치료를 시작할 때만 해도 내가 자기를 다치게 할까 봐 얼굴에 두려움이 가득했다. 상처가 회복되면서 그녀의 표정도 차츰 달라졌다. 이내 나를 믿고 있다는 시선을 보냈고 상처가 완전히 나았을 때 그녀는 내게 연신 고마워했다. 그녀는 자기에게 자녀가 너무 많으니 열 살 된 아들을 내게 선물로 주겠다고 제안했다. 내가 그 아들을 잘 키우고 가르칠 수 있을 거라 희망하면서. 내가 그녀의 진심이 담긴 선물을 거절했음은 말할 필요도 없다. 대신에 나는 그 아들이 성경학교에 오는 것을 허락해 주면 살아가는 데 도움이 되는 좋은 것을 많이 가르칠 수 있을 거라고 제안했다.

1899년 5월 5일 / 서울 / 이른 휴가

(중복, 잉골드의 일기, 1899년 5월 5일 / 서울, 1899년 6월 3일 / 1967년 5월 여성신문 기고문 / 조선 제물포) 조선 사람들 사이에 전차 때문에 불만이 많다. 그들은 전차에 동력을 전달하는 전선이 하늘과 땅 사이의 접속을 끊어버렸고 그 때문에 가뭄이 들었다고 주장한다. 전선을 끊겠다고 위협하기도 했다. 하지만 그렇게 되기 전에 다른 사건이 전차의 운행을 막았다. 4일간 느리지만 성공적인 운행이 있은 후 다섯 째 날 한 아버지가 어리석게도 그의 어린 아들을 달리는 전차 앞의 선로를 가로질러 건너오게 했다. 아이는 전차에 치여 죽었고 이를 목격한 군중들이 분노해 소동이 일어났다. 일본인 기관사에게 돌을 던지고 전차를 뒤집어 불태웠으며 마주 오던 또 다른 전차도 부수었다. 그들은 아예 발전소를 파괴하겠다며 그곳으로 향했지만 다행히 더 큰 피해가 나기 전에 저지되었다. 기관사들은 일본인 경비를 동행하지 않으면 더이상 운전하지 않겠다며 운행을 거부했고, 이 때문에 한동안 전차 운행에 차질을 빚을 것 같다. 전차가 다니는 길은 바로 이곳 사람들의 앞마당이자 뒷마당이기도 했다. 그곳은 아이들이 하루종일 놀이를 하고 하층민들이 낮잠을 자며 노인들은 햇볕을 쬐면서 곰방대 담배를 피우고 장이 서기도 하는 곳이다. 그들의 입장에서 전차를 거부하는 것을 크게 비난할 수는 없다. 게다가 전차는 인력거꾼이 직업인 사람들의 생계를 위협할 것이다.

1900년 / 조선 / 보쌈

이곳에는 남편과 사별한 여성을 노리고 야심한 밤에 쳐들어가 강제로 납치해가는 풍습이 있다. 한 젊은 여성도 언제일지 모르지만 매우 현실적인 이런 위협을 느끼고 있었다. 그녀는 할머니와 함께 살고 있었다. 할머니는 치아가 다 빠지고 정신도 온전치 않았다. 어느 날 밤 남자들이 들이닥쳤다. 어둠 속에서 남자들이 할머니를 붙잡으려 하는 동안 젊은 여성은 방구석으로 몸을 숨겼고 남자들은 할머니를 보자기로 싸서 들쳐 업고 갔다. 할머니는 아무 저항도 하지 않다가 목적지에 다다랐을 무렵 고함을 치며 남자들을 꾸짖었다. 남자들은 자신들이 누구를 데리고 왔는지 알고 나서 크게 당황했다. 할머니를 돌려보내고 다시 그 집을 찾아갔으나 이미 젊은 여성은 사라지고 없었다. 내게 이 이야기를 들려준 여성은 이 모든 게 실제로 일어난 일이라고 했다. 그 여성이 들려준 또 다른 사연에 따르면, 납치될 뻔한 여성이 강하게 저항했고 그 과정에서 손이 크게 찢어서 온통 피투성이가 되었으며 그래도 다행히 빠져나와 도망쳤다고 한다.

이곳 관습에서 눈에 띄는 몇 가지가 있다. 아들은 자기 아버지 앞에서 담배를 피울 수 없고 나이에 상관없이 집 밖에서 피우거나 항상 아버지가 보이지 않는 멀리 떨어진 곳에서 피워야 한다. 하지만 어머니 앞에서는 담배를 피울 수 있다. 허락이 없는 한 아들은 아버지와 방에 나란히 앉을 수 없고, 방에 함께 있더라도 편안한 자세로 앉아선 안 된다. 보통의 예절은 자녀 교육에 관심이 높은 상류층에서 보다 엄격하게 적용된다. 그래서 만약 아이의 평소 모습이 바르지 않다면, 사람들은 그 아이가 아버지 없이 자라서 그렇다고 말한다. 이는 아주 심한 욕이다.

남성이 여성과 길을 가게 될 때는 남성이 등을 보이도록 앞서서 길 한쪽으로 걷는 것이 예의 바른 행동이다. 남성이 여성을 빤히 쳐다보는 것만큼 무례한 태도도 없다. 현지인 안주인은 항상 손님보다 앞서 방에 들어가 먼저 앉는다. 자리에 앉고 난 후에 서로 인사말을 나눈다.

1901년 3월 / 어린이 사역 소식지 / 조선의 새해 / 신축년 설날

사랑하는 어린이에게: 동양인들은 여러분 같은 서양 사람들보다 모든 면에서 느리다. 따라서 오늘(2월 19일)이 여기 조선의 새해 첫날이라고 말하더라도 크게 놀라지 않기를 바란다. 이 날은 연중 가장 큰 명절이며 이 날부터 15일 동안 새해를 기념하고 보름달이 뜬 마지막 날 밤에 돌싸움으로 마무리를 짓는다.

우리는 이제 막 20세기에 들어섰지만 조선 사람들은 우리처럼 시간을 100년 단위가 아닌 60년 주기로 헤아린다. 해마다 그 해에 해당하는 고유의 이름이 있으며 60년 주기가 끝나면 처음부터 다시 시작한다. 올해는 신축년이라고 부르며 60년 주기의 38번 째에 해당한다.

설날에는 아이들이 빨간색, 녹색, 보라색이 두드러진 예쁜 옷으로 차려 입고 부모와 친척 어르신에게 절(세배라고 부른다)을 한다. 아이들은 이 세배를 하고 나서 약간의 동전을 받게 된다. 이 동전은 미국 돈 1센트의 10분의 1 가치가 있고, 그 동전을 받아 과자 같은 것을 사먹을 수 있다. 아이들뿐만 아니라 청년들도 어른에게 세배를 하며 존경을 표한다. 이곳에서의 세배는 우리가 익숙하게 절하는 방식과는 다르다. 선 채로 몸을 곧게 세우고 있다가 두 손바닥이 바닥에 닿을 때까지 무릎을 서서히 구부리다가 이마가 손등 가까이 닿도록 몸을 굽힌다.

주일마다 이곳에서 열리는 어린이 성경공부 반은 꽤 흥미롭다. 매주마다 빠짐없이 출석하는 아이들은 몇 명 있지만 대개는 부모님이 허락하지 않아서 정기적으로 나오지 못한다. 특히 소녀들의 경우는 더 그렇다. 지금까지 26명의 아이들이 등록했고 대부분 매우 밝고 쾌활한 소년 소녀들이다. 아이들은 성경공부 반에 모일 때마다 예배를 드리고 찬양하며 성경구절과 교리문답도 배우고 있다. 아이들은 찬양하는 것을 매우 좋아해 큰 소리로 합창을 한다. 아이들에게 시상품으로 주는 (여러분이 만들어 보내준) 그림카드 뒤에는 성경구절이 적혀 있는데 이 성구를 암송한 아이들은 또 다른 카드를 받을 수 있다. 나는 때때로 아이들에게 미국 주일학교와 (조선의 형제자매를 사랑하여 이들을 위해 기도하고 예쁜 카드를 보내주고 있는) 미국 아이들에 대한 이야기를 들려준다. 여러분이 예쁘게 그려서 보내준 그림카드는 거의 남지 않았고 완전히 바닥이 나기 전에 새로운 그림카드가 오기를 기다리고 있다. 이곳의 사랑스런 아이들을 위해 여러분이 할 수 있는 가장 큰 일은 그림카드를 보내는 것이다. 그러니 그림카드 보내는 것을 잊지 말기 바란다. 다음 편지에는 그림카드를 통해 이곳 주일학교가 어떻게 성장하고 있는지 알려주겠다.

1903년 10월 / 어린이 선교지 / 돼지 소년

보배의 남동생이 크게 아팠다. 보배의 어머니는 세례를 받은 그리스도인이지만 보배의 아버지와 할머니는 그리스도인이 아니다. 아버지는 외국인 교사들에게 호의적이며 그들의 책도 읽어 복음에 대해 많은 것을 알고 있다. 실제로 성경 말씀이 좋다고도 한다. 하지만 복음대로 살려면 술을 끊어야 하고 주일에 장사하는 것과 또 다른 악행들을 포기해야 하기 때문에 '그렇게 할 수는 없다'고 한다. 또한 자신이 예수를 믿으면 조상에게 제사 지내는 것을 그만두고 하나님만 예배해야 하는데, 그렇게 하면 친구들에게 조롱과 모욕을 당할 것이라고 우려한다.

보배 아버지는 아내가 그리스도인이 되는 것을 대놓고 반대하지는 않았다. 하지만 아내가 교회에 다닌다는 사실을 알게 된 친구들로부터 자신의 체면을 구기게 되자 지난 몇 달 간 교회에 가지 못하게 했고 어쩌다 교회에 가는 것을 알게 되면 심하게 손찌검을 했다. 귀신을 섬기는 보배의 할머니도 마찬가지다. 만약 보배의 아버지가 조상신 숭배와 제사를 포기하면 매우 슬퍼할 것이다.

보배는 일곱 살이다. 아버지와 할머니는 보배가 교회와 주일학교에 나가는 것을 크게 반대하지 않는다. 아마도 우리의 가르침이 보배에게 해가 되지 않을 것이라고 생각한 모양이다. 보배의 어린 여동생은 네 살쯤 되었다. 보배보다 먼저 태어난 남자 아이가 있었는데 세 살 쯤에 죽었다고 한다.

조선에서 아들은 딸보다 더 귀한 자녀로 우대받는다. 아버지와 할머니는 첫 아들의 죽음을 매우 슬퍼했고 오랫동안 또다른 사내 아이가 태어나기를 기다렸다. 지난 가을 마침내 귀여운 아들이 태어났다. 대부분의 미국 아이들보다 더 통통하고 하얀 피부를 가진 이 아이는 집안의 귀여움을 독차지했다.

지금 그 아이가 '단독'에 걸렸다. 고열과 피부염증을 동반하는 급성 감염성 질환으로 상처 부위에 선명하고 붉은 반점이나 판이 생긴다. 아들의 몸에 난 상처 주위로 붉게 부어오른 것을 본 아버지는 이것이 아이들에게 얼마나 치명적인지 잘 알고 있었다. 먼저 한의사를 불러 아이의 치료를 맡겼다. 어머니는 아버지의 결정에 반대했다. "아이들이 아플 때마다 그 외국인 여자 의사가 잘 치료해주던데, 한의사 대신 그 의사를 불러야 하는 거 아닌가요? 아이를 그 여의사 선생께 데리고 갑시다." 어머니의 간절한 설득에 아버지가 그렇게 하자며 수긍했다.

그날 밤 부부는 아이를 업고 급히 진료소로 달려갔다. 나는 신음하는 아이의 감염 부위에 약을 발라주었고, 아버지는 아이가 나을 수 있겠느냐며 불안한 표정으로 물었다. 밤이 깊어지자 아버지는 집으로 돌아갔지만, 어머니는 진료소에 남아 아이 곁에서 뜬눈으로 지샜다.

다음날 아침 일찍 진료소로 내려갔는데 아버지가 불안한 표정으로 이미 진료소에 와 있었다. 내가 아이에게 적절한 치료는 했는지 그래서 조금 차도가 있는지 궁금해 했다. 나는 어린 아이의 경우 단독은 매우 위험한 감염병이므로 경과를 속단할 수 없으며 내가 할 수 있는 모든 것을 할 것이라고 말했다. 아이의 아버지는 나의 대답에 만족하지 못했다. 진료소에 아이를 맡겼으니 내가 반드시 낫게 하겠다는 확신 섞인 대답을 바라는 것 같았다.

게다가 아이의 할머니는 나에 대한 의구심이 상당했다. 얼마 전 두 아이가 내가 처방한 약을 먹고 죽었다는 이야기를 들었다고 했다. 그러니 자기 손자를 내게 맡겼다간 어떻게 될지 모르며 차라리 아이를 민간요법으로 치료하는 것이 낫겠다고 고집했다. 아이의 어머니는 전통 민간요법을 믿지 않았지만 할머니와 아버지의 결정을 뒤집을 수는 없었다. 어쩔 수 없이 무거운 마음으로 아이를 집으로 데리고 갔다.

아버지는 다시 한의사를 불러 아이의 치료를 맡겼다. 한의사는 자기가 쓴 약이 잘 듣기 때문에 걱정할 필요가 없다고 부모를 안심시켰다. 하지만 상처의 감염 부위는 더 퍼져나갔고 아이는 점점 더 상태가 나빠졌다. 아버지는 다른 한의사를 불렀다. 그 또한 약을 주면서 아이가 괜찮아질 것이라고 안심시켰다. 그러나 위독한 아들 앞에서 한의사의 약속은 아무 위로가 되지 못했다.

어머니는 하나님의 뜻이라면 어린 아들의 병을 낫게 해달라고 기도했다. 아버지가 부른 무당은 북을 치면서 엄청나게 큰 소음을 내고 귀신들에게 음식을 바쳤다. 마지막에는 어떤 사람이 단독을 낫게 하는 특효법이라며 돼지를 죽여 그 안에 아픈 아이를 집어넣으라고 했다. 물에 빠진 심정이 이런 것일까? 주일 아침 일찍 아버지는 돼지 한 마리를 잡아 머리와 다리를 잘라낸 후 배를 반으로 갈랐다. 사경을 헤매는 아들을 그 안에 넣고 돼지를 꽁꽁 묶었다. 하지만 열은 떨어지지 않고 아이의 상태는 더 악화됐다. 오후가 지나자 다급한 아버지가 어머니를 불렀다. "우리가 크게 잘못한 것 같소. 외국인 의사 선생에게서 아이를 데려오는 게 아니었는데 말이오. 우리끼리 모든 걸 다 해보았지만 아이는 이제 죽을 일만 남은 것 같소. 그 외국인 의사 선생더러 와서 아들에게 뭐라도 해줄 수 있는지 알아봐야겠소."

나를 돕는 여인을 통해 아이의 아버지가 가마꾼들과 함께 나를 데리러 온다는 말을 듣고 크게 놀랐다. 나는 아버지에게 있는 그대로를 말했다. "이제 와서 다시 제게 아이를 맡기면 아버지도 잘 아시겠지만 치료가 너무 어렵지요. 이제는 주변 사람들도 아이가 희망이 없다고 생각합니다. 그동안 제게 왔던 많은 환자들이 각자 만의 방식으로 모든 걸 시도해보다가 마지막에 저한테 기대를 겁니다. 그러고나서 환자가 죽으면 저는 그 많은 비난을 받아야 하지요."

아버지가 호소하듯 대답했다. "우리가 선생님께 그런 식으로 함부로 대한다는 것을 저도 알고 있습니다. 그래도 지금은 다른 방도가 없습니다. 선생님께 제 아이를 맡기기로 했으니 치료해 주십시오. 그러면 아이가 살든지 죽든지 선생님을 탓하지 않겠습니다. 결과가 어떻더라도 선생님께 감사하겠습니다. 아들을 진료소에서 데려간 우리가 잘못했습니다. 선생님이 언제나 우리 아이들을 잘 치료해 주셨는데, 너무 황급한 마음에 우리가 무엇을 하고 있는지도 몰랐습니다." 나는 비록 아이에게 별 도움이 되지 않는다고 해도 내가 가는 것이 아이 어머니에게 위안은 될 수 있겠다고 생각해 약을 몇 가지 챙겨 아버지와 함께 갔다.

이불을 들췄을 때 작고 하얀 아이 대신, 검은 털로 뒤덮인 돼지의 겨드랑이 아래로 갈라진 뱃속에 아이가 들어가 있고 아이의 작은 발가락만 삐죽 나와 있는 장면을 보았을 때 내가 받은 충격이 어땠을지 상상이 가는가. 검은 돼지 뱃속에서도 아이의 몸은 경련을 일으키고 있었다.

나는 너무 놀라 고함치듯 물었다. "이것이 뭐죠?" "우리가 마지막으로 시도한 치료법인데 선생님께서 돼지를 벗겨 내라고 하면 그렇게 하겠습니다. 아무 효과도 없어요. 아이를 돼지 속에 넣은 후부터 계속 더 악화되고 있어요"라고 아이 아버지가 말했다. "제발, 아이를 당장 돼지로부터 꺼내요. 돼지가 아이의 열을 계속 높이고 있어요"라고 내가 말했다.

곧 아이를 꺼내고 그릇에 물을 받아 씻긴 후 감염 부위에 약을 발랐다. 아이는 달아올랐던 몸이 식자 바로 경련을 멈췄고 눈을 떴다. 얼마 후에는 생기가 돌았다. 아이 아버지는 기뻐서 소리쳤다. "아이가 좋아지고 있네요." 나는 기쁘면서도 한편으로 내색하지 않고 싸늘하게 응대했다. "그렇지요. 아이가 자신을 돼지 몸에서 꺼내 편하게 해줘서 '고마워요'라고 말하는 것 같아요."

아이는 상태가 급격히 좋아졌다. 나는 감염 부위에 바르는 약과 처방전을 아버지에게 주고 집을 빠져나왔다. 이제는 그들이 내가 건네준 처방을 따를 것이라는 확신을 안고서.

1904년 4월 14일 / 전통 결혼식

오늘 조선식으로 열리는 결혼식을 처음으로 보러 갔다. 예식은 신부의 집에서 열렸다. 신랑이 도착하는 대로 결혼식이 치러지는데 사람들이 정확한 시간을 알려주지 않아 무턱대고 일찍 서둘러 갔다. 오전 11시부터 두 시간을 기다렸지만 신랑은 나타나지 않았다. 언제 온다는 조짐도 없었다.

집으로 돌아와서 저녁 식사를 하고 진료소에서 환자들까지 본 다음 다시 예식장으로 갔다. 집 가까이 다다랐을 때 신랑과 그를 둘러싼 한 무리의 사람들을 만났다. 말을 탄 신랑과 그의 친구인 듯 보이는 두 남자, 그리고 신부의 친척들이었다. 특히 신부의 친척들은 다들 심각한 표정이었다. 반면 신랑의 친구들은 뭐가 그렇게 즐거운지 싱글벙글하고 있었다. 사람들이 들려준 이야기에 따르면 신랑의 친구들이 신랑을 신부의 집으로 들여보내는 대가로 적지 않은 '수고비'를 받아내는 풍습이 있다고 한다. 그래서인지 누군가는 신랑더러 계속 가라고 재촉하는 듯했지만 다른 누군가는 신부측의 답답함을 모른다는 듯 줄다리기를 벌이는 모습이었다. 이런 실랑이는 이후에도 30분은 더 계속됐다. 내가 목격한 장면만 그 정도였으니 그 이전에 얼마나 오랫동안 그랬을지 상상이 가지 않는다. 결국 신랑이 신부의 집으로 들어서고, 다음 순서가 결혼식

마당에서 시작되었다.

신부는 빨간색의 비단 치마와 길고 큰 소매에 여러 색의 줄무늬가 있는 짧은 저고리를 차려 입고 있었다. 신부의 손목 위에서부터 손가락 아래로 15센티미터 이상 늘어진 하얀색 소매가 손을 완전히 덮고 있었다. 그녀의 머리 위에는 알록달록한 색종이로 만든 묘하게 생긴 화관이 있었다. 4센티미터 너비와 60센티미터 길이의 빨간색과 파란색 줄무늬 비단천이 신부의 얼굴을 덮고 있었고 신부의 귀에서부터는 30센티미터 길이의 빨간색 비단 술이 드리워져 있었다. 얼굴에는 하얀색 분을 바르고 머리에 윤기가 나도록 기름을 발랐다. 신부의 나이는 열대여섯 살 정도여서 누가 보더라도 예뻤다.

신랑은 파란색의 긴 겉옷, 허리 띠, 앞면과 뒷면에 정사각형의 자수 무늬가 새겨진 혼례복을 입었다. 결혼식에만 신는 목이 긴 검은색 신발을 신고 모자에는 '날개'가 달렸다. 신랑은 마당 가운데 목각 기러기가 놓여 있고 촛불이 켜진 상까지 걸어갔다. 그리고 신부의 남동생으로부터 기러기를 받아 서로 맞잡은 두 손을 자신의 얼굴까지 들어올린 다음 앉으면서 두 번 절을 했는데 이때 머리가 거의 바닥에 닿았다.

그런 뒤에 신랑은 신부를 향해 절을 했지만 신부는 완전히 가려진 것은 아니었지만 상을 덮은 천이 거의 바닥에 닿았기 때문에 거의 보이지 않았다. 상 위에는 종이꽃이 담긴 두 개의 화병과 삼나무 가지, 그리고 과자가 담긴 그릇이 여럿 놓여 있었다. 신부와 신랑 앞에 놓인 돗자리 위에는 물이 담긴 두 개의 대야와 술 한 병과 수건 한 장 씩, 그리고 음식이 담긴 접시가 있었다.

신랑은 그릇에 담긴 음식을 신부에게 두 번씩 가져간 다음 신부의 얼굴을 마주 보고 앉았다. 신부는 양 옆에 있는 여인들의 도움을 받아 천천히 일어나 손을 얼굴 앞에서 마주 댄 채 다시 천천히 바닥에 앉아 머리가 거의 바닥에 닿을 정도로 허리를 굽혀 절을 했다. 그런 뒤에 천천히 일어났는데 이 동작을 네 번 반복했다. 그러자 신랑이 신부에게 두 번 절을 하고 신부가 다시 네 번 절을 했다.

신부가 술병의 술을 잔에 따라 상 너머로 신랑에게 건네자 신랑은 그 술을 거의 마시지 않고 대야에 부었다. 신랑도 술병의 술을 한 잔 따라서 상 너머에 있는 신부에게로 건넸지만 신부는 맛을 보지 않았다. 그러자 신부에게 술 마실 것을 권하는 난처한 상황이 벌어졌고 이 과정에 약간의 술이 신부의 아름다운 비단 치마에 쏟아졌다. 이렇게 술잔은 세 번 건네졌다. 술잔마다 1.8미터 길이의 몇 가닥의 실이 달려 있었는데 그것을 지나가게 하는 것은 힘들었다. 신부의 실은 붉은색이고 신랑의 실은 파란색이었다. 그런 뒤에 신랑 신부는 대야의 물로 손을 씻고 수건으로 손을 닦은 후 음식을 조금 먹는 시늉을 했는데 다른 사람이 밥그릇과 국그릇이 놓인 상을 가져와 신랑은 밥과 국을 조금이라도 먹어야만 했다. 그런 뒤에 그 상을 신부에게 가져와 신부도 마찬가지로 신랑이 먹던 숟가락으로 맛을 봤다.

이것으로 결혼식이 끝났다. 그다음에는 누군가가 신랑을 방으로 데려갔고 신부는 마당 건너편에 있는 다른 방으로 들어갔다. 신부는 그곳에서 몇 시간 동안 다른 여성들의 시선 속에 가만히 앉아있어야 한다.

의식이 진행되는 동안 모든 것이 상상한 것보다 소란스러웠고 결혼식을 보기 위해 마당을 가득 메운 사람들은 쉴새없이 웃으며 큰 소리로 떠들었다. 결혼식이 진행되는 동안 신랑에게 절을 어떻게 해야 하는지 알려준 남자는 계속 신랑을 향해 농담을 던졌고, 신랑에게 음식을 주는 순서에서 억지로 신랑의 입에 많은 음식을 넣으려고 해 모두를 웃게 만들었다. 아름다운 장면을 기대했지만, 결혼식이 진행되는 내내 그곳에는 진지함이나 엄숙함 따위는 없었다. 이렇게 하는 것이 그들의 관습인지는 모르겠지만 결혼이라고 부르는 한 편의 희극처럼 보였다.

이 젊은 부부는 이 날까지 한 번도 서로를 본 적이 없었으며 신랑에게는 신부가 어떻게 생겼는지 알고 싶어 하는 호기심도 많지 않았다. 설사 신랑이 결혼식 도중 신부를 보려고 했더라도, 머리부터 발끝까지 꽁꽁 싸매고 있어 신부의 털끝도 볼 수 없었을 것이다.

결혼식 장면에서 미처 설명하지 못한 부분이 있다. 신랑과 신부가 마주 선 곳에 놓인 상 위에는 대나무 틀에 3미터에 가까운 기름종이를 바른 큰 우산이 있었고, 상은 네 개의 기다란 대나무 장대가 떠받치는 천막으로 덮여 있었다. 피로연은 성대하게 준비됐고 그날만큼은 누구나 와서 음식을 마음껏 먹을 수 있었다. 나는 서둘러 진료소로 돌아가야 했기 때문에 오래 머무르지 못하고 밖으로 나왔다. 길 한쪽에는 잔치 음식을 얻기 위해 거지들이 줄을 길게 서서 자신들의 차례가 오길 기다리고 있었다.

결혼식장에 놓이는 기러기는 장수와 정절의 상징이고, 부부가 한마음이 되어 함께 잘 살겠다는 의미를 담고 있다. 신랑이 기러기 앞에서 절을 하는 것은 하늘에 맹세하는 것이며 하늘이 부부가 오랫동안 서로에게 충실하게 살도록 허락했다는 뜻이다.

1915년 2월 / 조선 사역의 장 / 지역사회사업

사람들은 기독교로 개종을 하면 누가 시키지 않아도 몸부터 씻는다. 그러나 집이나 마을을 청소하지는 않는다. 그리스도인 다수가 사는 마을의 선교부 건물도 결코 깨끗하다고 할 수 없으며 심하게 말하면, 위생상 축사와 다를 바 없다. 〈기독교 거주지 개선위원회〉에, 이 지역 주민의 삶이 선교사들의 수고로 더 나아지기를 바란다는 청원을 했다. 초가집이 처마를 다듬고 꽃밭을 가꾸게 하고(꽃이라고는 감자꽃과 배추꽃이 전부이지만) 배수구를 파고 길과 도로를 개선하도록 하는 것이다. 이런 지역사회사역이 어느 정도 달성되면 다음 단계로 자연스럽게 이어질 것이다.

제주 사역

6년 전 조선의 남쪽에 있는 가장 큰 섬인 제주도에서 교회 사역을 시작했다. 최초로 안수를 받은 7명의 현지인 목회자* 중 한 명인 이기풍 목사와 그를 돕는 조력자와 전도부인과 함께 내려갔다.

이 목사 일행이 제주도 사역을 훌륭하게 감당한 결과로 현재 그곳에 8곳의 집회소와 90명의 세례교인이 있다. 남편과 나는 제주도 사역에 힘을 보태기 위해 동역자인 니즈벳(Mr. Mrs. Anabel Major Nisbet) 선교사 부부와 함께 들어갔다가 예상치 못한 폭풍우에 발이 묶이는 바람에 2주 정도 머물게 되었다.

니즈벳 선교사 부인과 나는 교회에 등록한 신자 중 49명의 여성을 가

---

* 1907년 평양신학교 제1회 졸업생으로, 남장로교 선교사들이 소속된 조선예수교장로회 독노회에서 안수 받은 최초의 한국인 목사는 길선주, 이기풍, 서경조, 한석진, 송인서(송린서), 양전백, 방기창이다. 이기풍 목사는 1908년 1월 독노회의 결의에 따라 제주도로 파송되었다.

르쳤다. 니즈벳 선교사와 테이트 선교사도 25명의 남성들을 가르치셨는데 그들은 모두 등록교인이며 신앙심이 좋은 신자들이었다. 밤마다 드리는 예배에 매일 250명에서 400명 정도의 군중이 참석했는데 비좁은 공간에서도 모두들 질서정연했고 흐트러짐 없이 설교에 집중했다.

날이 너무 무더워 교회 마당에 설치한 천막에서 예배를 드렸는데, 이 예배를 위해 교인들은 자신들의 비신자 친구들을 충실하게 '사냥'해 데리고 왔다. 예배가 끝날 무렵이면 그 중 여러 명이 그리스도인이 되겠다는 결심을 했다. 이 지역 그리스도인들은 흔히 보지 못한 조직력과 결속력을 갖추어 우리에게 깊은 인상을 주었다. 제주도 사람들의 특성에 관해 말하자면, "우상 섬기기를 포기하고 그리스도인이 되는 것은 결코 쉽지 않지만 일단 그리스도인이 되기로 결심하면 믿음을 단념하거나 교회에서 떨어져나가는 일은 드물다"고 했다.

육지와 다소 다른 섬 지역 분위기도 알게 되었다. 여성과 소녀들은 예배를 드릴 때 육지에서처럼 천을 드리워 남성과 여성을 나누지만, 다른 때는 우리뿐 아니라 남성들과도 자연스럽게 어울린다. 어린아이를 데려온 경우에는 요람 같은 데에 누이고 흔들며 자장가를 불러 잠을 재운다. 이곳 사람들은 천부적인 노래 실력을 타고났는지, 예배 때 회중 찬송을 너무 잘 부른다. 우리의 기도 제목 가운데 이 특별한 사람들과 이곳에서 행해지는 복음 사역을 잊어선 안 된다.

1912년 4월 / 미서너리 서베이 / 외면과 내면

(중략) 주일학교 소년 반의 어린 학생 중 한 명이 돌이 갓 지난 여동생을 등에 업은 채 성경을 배우고 있었다. 그러다 무엇을 느꼈는지 슬며시 교

BACK ROW - Dr. Ferdinand Birdman, Rev. L.B.Tate, Mattie Ingold Tate (Mrs. L.B.)
Mrs. John Nisbet, Rev. John Nisbet

FRONT ROW - Miss Emily Cordell, Mrs. W.D.Reynolds, Rev. W.D.Reynolds,
Miss Sadie Buckland, Miss Nellie Rankin

전국 선교부, 1910년

실에서 빠져나와 예배당 안으로 들어갔다. 내가 보기엔 세상에서 가장 더러운 임무를 감당해야 하는 순간이었다. 아이는 동생의 오물로 얼룩진 옷을 모두 벗긴 다음, 아이의 허리에 두른 역시 오물 범벅의 기저귀를 조심스럽게 뒤집어 교체했다. 그러고는 기운 천으로 치마를 대신해 동생의 자그마한 갈색 몸을 감쌌다. 그렇게 아이의 난처한 상황은 종결되었다. 아이는 이런 일을 아무렇지도 않다는 듯 묵묵히 감당해냈다.

그러다 이런 생각이 들었다. 이 작은 꼬마는 아마 한번도 깨끗하게 살아보지 않았고 청결에 대한 가르침도 들어본 적이 없지만 여동생에게 일어난 몹시 당황스러운 변화를 바로 알아차려 이를 바로잡기 위한 방법을 찾았다. 그렇다면 나는 어떠한가? 주일학교에 정기적으로 출석하는 아이들과 친밀한 관계를 쌓아가면서 그들의 내면을 깨끗하게 변화시켜야 하는 책임이 나에게 있지 않은가? 나는 과연 그 일에 전문성을 갖추었다고 자평할 수 있는가? 어쩌면 아니라고 말해야 할 것 같다.

이곳 조선에서의 복음 사역은 엄청난 가능성을 품고 있다. 흥미진진할 뿐만 아니라 장래성이 풍부해 말 그대로 '위대한' 사역이라 할 수 있다. 이 위대한 사역의 한 부분에 동참하고 싶지 않은가? 여러분이 감당할 수 있는 한 가지 방법은 그림카드를 만들어 우리에게 보내는 것이다. 우리는 그림카드의 화려한 장점을 살려 거리에서 소년 소녀들의 시선을 끌고 관심을 불러일으켜 그들의 마음을 사로잡는 데 사용하고 있다. 우리 주님의 이 놀라운 사역에 적극 동참하라!

전주 / 조선 세 마을의 경험 / 술에 취한 장모

이 시기 조선의 시골은 농번기여서 내가 맡아 가르치는 주중 성경공부반에 많은 여성들이 올 수가 없지만 여전히 스무 명 이상의 성인 여성과 소녀 등록교인이 출석하고 십여 명은 저녁 예배에도 나온다.

8킬로미터 떨어진 마을에 사는 김 씨 부인은 평생 해오던 여관업을 정리하고 잠시 이곳으로 와서 기독교 가정 중 한 곳에서 지내고 있다. 그녀와 남편은 교회를 다닌 지 5년이 넘었다. 하지만 가족 중에 처음으로 그리스도인이 된 사람은 사위다. 애초에 김 씨 부인은 사위가 '예수님 말씀대로 사는 것'을 심하게 반대했었다. 사위는 신앙을 포기하지 않았고 오히려 장모인 김 씨에게 말씀이 너무 좋으니 한번 들어나 보라며 전도하려 애썼다. 그녀는 사위가 출석하는 팟정이교회에 갔다. 순수한 의도는 아니었다. 술에 취한 척 교회에 가서 행패를 부리면 사위가 더 이상 교회에 다니지 못할 것이라 기대했다. 실제로 그녀는 여러 차례 소동을 피웠지만 소용없었다. 집에서 사위와 벌인 말씨름보다 효과가 없었다. 어느 순간 사위가 그토록 깊이 빠진 그 말씀에 무언가가 있나보다는 생각이 들었고 관심을 갖기 시작했다. 마침내 그녀와 남편이 같은 날 개종하기에 이르렀다. 김 씨 부인은 이제 교회에 소란을 피우러 가지 않는다. 매주마다 하나님께 예배를 드리러 온다.

쉰 살이 된 김 씨 부인은 찬송가와 성경책을 읽지 못했다. 그 점이 몹시 아쉬웠고 글을 읽을 줄 아는 여러 사람들에게 조금씩 도움을 받기 시작했다. 그날 배운 글을 잊어버리지 않기 위해 밥을 짓는 아궁이 앞에서 소나무 숯을 꺼내 바닥에 쓰면서 외우곤 했다. 이제 그녀는 글을 읽고 쓸 수 있게 되었다. 적어도 자기가 배우고 연습한 것은 잊지 않게 되었다. 그녀가 운영하는 여관의 아궁이 앞은 그녀 만의 문학 수업 교실이 되었다.

김 씨 부인의 남편 역시 그리스도인이 된 후에 한글 공부를 시작했다. 그러면서 막걸리 판매와 도박과 다른 악행들 모두를 단번에 끊어버렸다. 두 사람이 운영하던 여관에서 더 이상 막걸리를 팔지 않게 되자 손님들이 줄었다. 그리스도인이면서 주일에도 여관 운영을 해야 했기 때문에 교회 가는 것도 방해를 받았다. 두 사람은 여관을 정리하고 농사를 짓기로 했다. 곧 자신들의 집이자 사업체를 팔고 교회에서 멀지 않은 다른 마을로 이사해 그곳에서 농사지을 땅을 샀다.

"지금은 어떻게 지내세요?" 내가 김 씨 부인에게 묻자 밝은 표정으로 대답했다. "좋아요. 잘 지냅니다. 무엇보다 이제는 기쁨이 있습니다." 그녀는 우리의 성경공부 반에서 가장 열정적으로 배울 뿐만 아니라 성적도 우수한 학생이다. 우리는 그녀와 같은 신실한 여성들을 말씀으로 무장시켜 다른 학생들을 가르치는 교사로 키워내야 한다.

매계(정읍시 태인면 매계리) / 이곳에는 반가운 소식이 그다지 많지 않다. 지난 2년 동안 마귀들의 엄청난 활동 때문에 이곳에 한때 번성했던 교회조차 이제는 거의 스러져가고 있다. 중요 역할을 맡았던 지도자가 현재 감옥에 갇혀 있기 때문이다. 신실한 신자들 일부만이 소망과 용기를 잃지 않고 이곳에 남아 있다. 하루빨리 이곳의 교회가 선한 권능을 되찾기 바란다.

전북 김제시 금산교회/팟정이교회

부무실(정읍 지역 마을) / 이 작은 교회에서 가장 적극적으로 신앙생활을 하는 남성은 예전 직업이 백정이었다. 지금은 백정 일을 간간이 하면서 주로 농사일을 한다. 하지만 조선 사람들 사이에 백정은 오랫동안 가장 비천한 계급으로 간주되어 사람들 모두가 그와 어울리는 것을 꺼린다. 나는 그에게 하나님께서는 사람의 외모를 보지 않고 중심을 보시며, 하나님 앞에서 우리 모두가 평등하다는 것을 힘주어 말했다.

최근 기독교에 많은 흥미를 보인 청중 중 한 사람은 외지에서 온 머리가 하얗게 센 무당이다. 그는 매우 지적이어서 내가 전하는 말을 거의 다 알아들었다. 다른 마을에 사는 한 여성은 교회를 다닌 지가 얼마 되지 않은 탓에 예배드리는 날을 착각하고 말았다. 주일에는 보이지 않다가 월요일 아침 교회에 나타난 것이다. 그녀는 주일을 준비하고 거룩하게 보내기 위해 그 전날에 여분의 일을 하고 왔다고 했다!

김 씨 부인이 회심한 이유

김 씨 부인은 너무 혼란스럽고 괴롭다. 남편으로부터 일방적인 통보를 받았기 때문이다. 자신은 그동안 믿어왔던 미신을 버리고 진짜 신을 섬기겠다는 선언이었다. 짐작은 하고 있었다. 얼마 전부터 교회에 다니기 시작한 남편은 자신을 죄에서 구원한 예수님을 그리스도로 영접한 후 앞으로는 오직 하나님만을 예배하고 섬기기로 결심했다는 것이다. 이 새로운 신앙을 아내인 김 씨 부인도 믿어야 할 뿐 아니라 예배에 함께 참여해야 한다고 했다.

"싫어요." 그녀는 남편에게 단호하게 말했다. "오랜 세월 조상 대대로 지켜온 제사를 포기할 수 없어요. 당신이 믿게 됐다는 새로운 신앙은 우리에게 복이 될 수 없어요. 당장 버리세요. 이것 때문에 귀신들이 우리에게 원한을 품을까 봐 무서워요. 곧 우리를 아프게 하고 온갖 불행이 닥칠 거라고요." 김 씨 부인은 통곡하기 시작했다. "아이고, 아이고! 당장 그만두세요. 예수를 믿는 저 미친 사람들의 말을 믿지 마세요. 우리를 망하게 할 거라고요."

김 씨는 아내의 만류에도 꿈쩍하지 않았다. 매일 예수님을 소개하는 책을 읽고 아내에게 좀 들어보라며 전하려 했지만, 김 씨 부인 역시 들은 척도 안 했다. 김 씨는 주일마다 깨끗하게 빤 흰 색 한복을 차려입고 이웃 마을의 조그만 교회로 갔다. 거기서 적은 무리의 그리스도인들과 함께 예배를 드리고 성경공부를 했다.

김 씨가 아내에게 말했다. "오늘은 주님의 날이오. 그분은 우리에게 이 날에는 일을 쉬고 오직 예배와 말씀공부에 힘쓰라고 하셨소. 함께 교회에 갑시다." 김 씨 부인은 고개를 저으면서 괭이를 들고 밭으로 나갔고 예수의 가르침은 자신에게 아무 영향도 미치지 못한다는 것을 보여주기 위해 더 열심히 일했다.

하루하루 지날수록 김 씨 부인은 집안의 분위기가 달라지고 있음을 감지하기 시작했다. 남편 김 씨는 더 이상 도박을 하거나 술에 취해 집에 들어와서 그녀와 아이들을 때리지 않았다. 가족을 향한 말투와 몸짓에도 부드러움과 배려가 담겨 있었다. 평소에도 가족을 위해 열심히 일했던 터라, 어느덧 집에는 더 좋은 음식과 옷이 생겼고 마음에는 평화가 찾아들었다.

그녀는 곰곰이 생각했다. "남편을 변화시킨 것은 예수의 가르침이 틀림없어. 술을 마시지도, 도박으로 돈을 내버리는 일도 없이 가정에 더 충실하게 된 것도 그 때문일 거야. 정확히는 모르겠지만 좋은 것임에 틀림없어. 교회에 가서 좀더 알아봐야겠어." 어느 주일날 그녀는 남편을 따라 교회에 나가기 시작했다. 나중에 어느 선교사 앞에서 남편에게 일어난 삶의 변화가 어떻게 가족의 삶을 바꾸었는지, 그리고 예수 그리스도에 대한 믿음을 불러일으켰는지 간증하는 그녀의 얼굴은 기쁨으로 빛나고 있었다.

새로운 조선 풍습

유보경은 밝고 매력적인 여인으로 우리 성경공부 반을 졸업한 후에 주일학교 선생이 됐다. 어떻게 된 사연인지 자세히 알 수는 없지만 사랑의 큐피드는 심지어 조선에서도 길을 잘 찾는 것 같다.

소년 성경공부 반의 교사인 박 씨는 그녀의 매력에 무릎을 꿇고 부모님의 허락을 받아 약혼을 했다. 당연히 그들은 서로에 대해 더 알기 원했고 결혼 전에 교제를 했다. 물론 조선 관습에는 어긋나는 행동이었다. 말하자면 우리에게 교육을 받은 젊은 남녀가 새로운 조선 풍습을 만들어가고 있었다.

두 사람의 교제는 되도록 주변 사람들의 시선을 피해 이루어졌다. 둘 사이에서 의견충돌이나 고민거리가 생겼을 경우, 선교사에게 도움을 청하기도 했다. 가령 어느 날 유 양이 여 선교사에게 도움을 청했다. 오후 4시에 그녀를 만나러 와달라는 것이었다. 박 씨 역시 그 선교사 남편에게 결혼 문제로 상의할 게 있다면서 오후 4시에 집으로 와달라고 부탁했다. 선교사 부부가 상담을 위해 각각 약속 장소인 집에 가면 두 젊은 남녀가 함께 기다리고 있는 식이었다. 학교에서도 결혼 문제를 상담할 수 있었을 테지만 결혼 전까지 두 사람의 교제 사실을 드러내지 않기 위한 최선의 방법이었을 것이다. 한 집에 함께 모여 두 젊은이와 선교사 부부는 종종 그런 식으로 함께 즐거운 시간을 보냈고, 박 씨는 가끔 그녀가 아이들을 가르치는 학교를 찾는 과감한 시도를 감행하기도 했다. 결혼식이 가까워졌을 무렵 두 사람은 서로에 대해 잘 알고 친밀감을 형성한 상태였다.

결혼식을 앞두고 여성 선교사들이 신부의 집에 초대되었다. 그곳에서 신부가 준비한 매우 아름답고 흥미로운 혼수를 구경할 수 있었다. 비교적 유복한 집안에서 자란 신부는 아름다운 빛깔의 비단옷과 매력적일 만큼 빛이 나는 공단(무늬가 없는 고급 비단)과 새하얀 옥양목(침구, 보자기, 속옷감에 쓰이는 흰색의 얇고 촘촘한 면) 등을 우리에게 보여주었다. 조선에서 옷에 관한 유행은 거의 변하지 않기 때문에 그 정도로 풍족한 혼수라면 앞으로 평생 옷 걱정을 하지 않아도 될 것 같았다. 신랑이 준비했다는 예

니즈벳 선교사와 신흥학교 남학생들(1908년)

물은 더욱 놀라웠다. 황금 비녀 세 개가 선물로 와 있었다. 그 중 하나는 녹색 비취옥으로 장식되어 경이롭기까지 했다. 다른 상자에는 주로 비단과 공단 옷감이 들어 있었다.

두 사람의 결혼 전 연애도 파격적이었듯, 결혼식 역시 신부의 집마당이 아닌 교회에서 선교사의 주례로 치러졌다. 교회 정문에서 강단까지 넓고 흰 천을 깔았고 신부 측 통로에는 장미 꽃잎과 푸른 잎을 흩뿌렸다. 다만 신랑과 신부는 전통에 따라 세세한 부분까지 엄격한 복식을 갖추고 식에 참여했다. 결혼식 후에는 교회 문 앞에서 기념 사진을 찍었다.

신부의 어머니는 전주에서 최초로 세례를 받은 여성 중 한 명이었고 신랑 또한 어릴 때부터 그리스도인이었다. 우리는 또 하나의 기독교 가정의 탄생을 기뻐하며, 두 부부가 하나님 나라를 위해 귀하게 쓰임받고 하나님의 축복을 풍성하게 누리며 해로하기를 기도했다.

1909년 / 봉사 여인 이야기

"아이고! 아무짝에 쓸모도 없는 것! 같이 죽자!" 갓 태어난 아기를 보고 산모는 절규했다. 첫째로 태어난 아들은 일찍 죽었고 이미 딸은 하나 있는데, 딸이 또 태어나 입만 하나 늘었다며 실망감을 드러냈다. 성품이 온화한 아버지는 아무 말 하지 않았지만 엄마만큼이나 아쉬움이 컸다. 갓 태어난 아기는 자기 때문에 부모가 실망한 것은 알지 못한 채 따뜻한 방바닥에서 평화롭게 잠이 들었다.

태어난 지 며칠만에 아기는 눈병이 났고 엄마 임 씨 부인은 '삼신 할머니'(임신과 출산과 영유아의 안녕을 관장한다는 신)에게 아기의 눈을 고쳐달라고 빌었다. 하지만 차도가 없었고 상태가 악화되어 양쪽 눈이 완전히 멀어버렸다. "아이고! 아이고! 내가 아기더러 같이 죽자고 해서 삼신 할머니가 애를 봉사로 만들었네." 아기 엄마가 울부짖었다.

아기 엄마는 눈이 보이지 않게 된 아기를 정성껏 돌보았다. 하지만 자신이 내뱉은 경솔한 말 때문에 아이에게 불행이 닥쳤다고 늘 자책했다. 소녀는 앞을 보지 못했지만 그늘진 데 없이 활발하게 자랐고, 언니는 날마다 그녀를 등에 업고 양지바른 곳에 나가 함께 놀았다. 아이가 혼자 걸을 수 있을 만큼 자랐을 때, 활발함은 그녀를 가만두지 않았고, 아이는 손으로 더듬거리며 그녀가 사는 작은 집과 마당 주위를 돌아다녔다.

그녀가 열한 살이 되던 해 어머니가 세상을 떠나고 언니는 결혼해 출가하자 그녀는 혼자 아버지와 남게 됐다. 양반 계급이었던 아버지는 생활력이 충분치 못했고 그 때문에 점점 가세가 기울었다. 결국 아버지는 집을 팔고 부자 사촌이 사는 이웃 마을의 작은 집으로 이사했다. 사촌 이씨는 아버지를 도울 마음이 없었다. 아버지와 소녀는 생계를 유지하는 것조차 어려웠고 끼니도 자주 걸렀다. 하지만 아버지는 봉사인 딸을 포기하지 않고 늘 보살피려 애썼다.

어느 날 아버지는 그녀를 무당에게 데려갔다. 아픈 사람에게서 귀신을 쫓아내는 기술을 배우게 하기 위해서였다. 앞을 보지 못하는 소녀가 언젠가 아버지 없이 살아야 할 때를 대비하려는 의도였다. 당시에는 앞을 보지 못하는 사람들이 영적 세계를 들여다보는 특별한 능력이 있는 것으로 간주되었고, 그 중에 무당으로 활동하는 이들이 많았다. 소녀도 무당 밑에서 점술과 귀신을 쫓는 것을 배웠지만 아버지가 살아계시는 동안 실제로 그 일을 하지는 않았다.

소녀가 스무 살이 되었을 때 아버지 임 씨가 병이 들었다. 아버지를 위해 할 수 있는 일이 별로 없었지만 그녀는 최선을 다했다. 그러나 아버지의 병은 깊어지고 먹을 것도 떨어졌다. 날도 추운데 땔감도 없었다. 부자인 사촌 아저씨가 가끔 뭔가를 보내주긴 했지만 관심이라고 할 정도는 아니었다. 그러다 아버지가 죽고 그녀는 홀로 세상에 남겨졌다. 16킬로미터 떨어진 곳에 가난한 또다른 사촌 김 씨가 살고 있었는데 부자 사촌이 그에게 임 씨의 사망 소식을 알렸고, 그가 와서 함께 아버지를 묻었다.

김 씨가 부자 사촌 이 씨에게 물었다. "저 봉사를 어떻게 하면 좋겠나? 나도 지금 사정이 좋지 않네. 보리가 익을 때까지 자네가 봉사를 맡아주면, 그때 내가 데려가겠네." "좋네, 봉사를 여기 두고 가게." 이 씨가 대답했다. 하지만 정작 이 씨는 봉사인 그녀를 보살필 생각이 없었다. "그 애를 집에 데려갈 이유가 없어. 어디 쓸 데가 있어야지." 그러고는 난방도 되지 않고 먹을 것조차 없는 작은 방에 그녀를 두고 가버렸다. "저러다 굶어 죽겠지." 부자 사촌이 돌아서면서 남긴 말이었다. 그녀는 죽은 아버지와 함께 지내던 작은 방의 마지막 남은 온기를 붙잡으려는 듯 구석에 웅크리고 잠을 잤다. 이웃 사람들은 이 가난한 봉사에게 일말의 책임감도 느끼지 않았고, 음식을 내어주거나 도와주는 이도 없었다.

홀로 남겨진 그녀는 먹지 못해 조금씩 쇠약해졌다. 그 때 그녀가 다 죽어간다는 소식을 듣고 김 씨가 찾아왔다. 그는 기진해 있는 봉사에게 먹을 것을 주며 자기 집으로 같이 가자고 했고, 그녀는 허약한 몸을 이끌고 16킬로미터를 걸어 김 씨의 집으로 갔다.

김 씨도 생계가 어렵긴 매한가지였다. 잠시는 몰라도 계속 그녀를 돌볼 처지가 못 되었다. 누구에게 그녀를 맡겨야 할지 고민했다. 결국 아들이 없는 문 씨라는 사람이 그녀를 둘째 아내로 데려가겠다고 했다. 그녀는 부잣집의 아내가 될 거라는 말을 들었다. 그러나 사실이 아니었다. 그녀를 둘째 아내로 데려간 그 집도 끼니를 걱정하긴 매한가지였고, 문 씨 아내마저 '쓸모없는 것'을 집에 들였다며 몹시 화를 냈다. "저년이 할 수 있는 게 뭐예요? 쫓아내요, 어서!" 남자가 변명을 늘어놓았다. "아니야, 저 봉사는 아픈 사람한테서 귀신을 쫓아낼 수 있어. 그러니 살림에 도움이 될 거야."

무당을 찾는 사람은 많지 않았다. 간혹 연락이 왔을 때 그녀는 모래시계처럼 생긴 북(장구)을 메고 아픈 사람의 집으로 갔다. 귀신을 위해 차려진 음식상 앞에 앉아 장구를 치며 귀신을 불렀다. "어허, 영험한 신령이시여, 어서 와서 차린 음식을 드시오. 배부르게 마음껏 드시고 평안히 가시오." 그렇게 굿을 하며 아픈 사람에게서 귀신이 떠나가라고 빌었다. 때로는 대나무 가지를 높이 들고 흔들어 솔잎을 가득 담은 항아리 속으로 귀신을 몰아넣은 다음, 귀신들렸던 사람에게 다시 들어가지 못하도록 뚜껑을 잘 닫았다. 그렇게 귀신을 물리친 대가로 약간의 돈이나 쌀을 받아 집으로 돌아왔다.

얼마 후 그녀는 문 씨의 아들을 낳았다. 아들이 태어났을 때 그녀가 맨처음 든 생각은 "덕분에 이제 덜 맞겠구나"였다. 그녀를 줄곧 괴롭힌 건 문 씨 부인이었다. 하지만 문 씨 부인의 괴롭힘은 전보다 더 심해졌다. 심지어 문 씨 부인은 그녀에게서 아이를 떼어낼 작정이었다. "이 아기를 내 아들로 삼아버릴 거야. 그러고나서 널 굶겨 죽이겠어"라고 위협했다. 이웃 사람들은 그런 일이 있게 되면 아이도 자기를 낳아준 엄마를 따라 죽게 될 거라며 우려했다. 아이가 한 살이 되었을 때 천연두에 걸렸다. 문 씨 부인은 귀신에게 그 아이를 자신의 아들로 삼으려고 하니, 아이 대신 '저년'을 데려가라고 빌었다. 그러나 아이는 천연두를 견디지 못하고 죽었다. 그날부터 아이의 엄마는 머리채를 잡힌 채 두들겨 맞았고 학대는 갈수록 심해졌다.

폭력과 함께 그녀를 집 밖으로 내쫓으려는 문 씨 부인의 노골적인 시도가 이어졌다. 이런 식으로 살면서 학대를 참느니 죽는 게 낫다고 생각한 그녀는 7년 간 자신에게 유일한 '잠자리'를 내어준 그 집을 떠났다. 그녀는 어디로 가야 할지 몰랐다. 앞이 보이지 않으니 한 발짝도 내딛기 힘들었다. 추운 밤길에 논길을 지나다가 기진맥진해 볏단 위에 쓰러졌다. 지쳐 잠든 그녀 위로 차가운 겨울비가 내렸다.

이튿날 아침 여자 방물장수(바느질이나 화장품, 장신구 등 여성용 물건을 파는)가 봇짐을 지고 지나가다가 웬 여자가 우는 소리를 듣고 다가왔다. "여보시오! 왜 이러고 있소?" 그녀는 방물장수에게 어디든 좋으니 자신을 데려가 달라고 간청했다. "알겠소. 같이 갑시다. 내가 다음 마을까지 데려다줄 테니." 그녀는 마음씨 좋은 방물장수를 붙잡고 자신이 살던 집에서 멀리 떨어진 마을로 갔다.

가는 길에 방물장수는 행상에게 감을 몇 개 사서 그녀에게 건네주었다. 그녀는 한 번의 사양도 않고 감 두 개를 게눈 감추듯 먹어치웠다. "같이 있는 이 사람은 누구요?" 행상이 묻자 방물장수가 봉사이자 무당인 여인의 사연을 들려주었다. 그러자 행상이 뜻밖의 제안을 했다. "이런, 나도 혼자요. 내 처가 10년 전에 도망을 갔소. 저 여자가 여기서 나랑 같이 살면 어떻소. 병자의 귀신을 쫓아낼 수 있다면 그것으로 돈도 벌고 좋을 테니." 조 씨라고 부르는 그 남자는 아내를 얻는 동시에 돈도 벌 수 있는 일석이조의 기회를 잡고 싶었다. 방물장수도 그러는 게 좋겠다고 맞장구쳤다. "어때요? 여기서 조 씨와 함께 살아요. 그가 당신을 돌봐줄 거요." 그녀는 고개를 저으며 거절했다. "싫어요. 지금은 당신과 같이 있고 싶어요." 그녀가 애원했지만 방물장수는 앞을 보지 못하는 그녀를 데리고 이곳저곳을 떠돌아다닐 형편이 안 되었다.

그녀는 결국 조 씨와 함께 살게 되었다. 조 씨는 그녀를 다정하게 대했다. 그녀는 혼자 힘으로 음식을 만들고 집안일을 하고, 조 씨와 함께 행상을 다니며 감과 담배와 성냥을 팔고, 소작하는 조그만 논에서 벼농사를 짓기도 했다. 조 씨는 자신의 아내가 귀신을 쫓을 수 있다고 사람들에게 말하고 다녔다. 곧 아픈 사람들에게서 연락이 오기 시작했다. 어느덧 소문이 나서 이웃 마을에서도 귀신을 쫓아내 달라는 부탁이 들어왔다. 그러던 어느 날 그녀의 환자 중 한 명이 이상한 말을 했다. "아이고, 내가 예수를 믿었다면 이렇게 아프지 않았을 텐데."

그녀가 조 씨에게 말했다. "어떤 사람이 그러는데 예수를 믿는 사람은 귀신들이 괴롭히지 않는대요. 만약 그렇다면 나도 예수를 믿고 싶어요." 조 씨는 펄쩍 뛰었다. "큰일 날 소리! 그런 생각은 하지도 마시오. 그러다 죽을 수 있어요. 예수 믿는 사람들은 하늘과 땅을 만들었다는 어떤 한 신에게만 예배한답디다. 귀신을 쫓는 건 아니에요." 조 씨의 그 얘기를 듣고 그녀는 더 궁금해졌다.

어느 날 마을에 사는 유일한 그리스도인인 이 씨 부인이 그녀에게 예수님이 누구이며 그가 어떻게 죄를 사하고 병든 영혼을 치료하는지 말해주었다. 그녀는 이 씨 부인이 말해준 복음이 이해될 때까지 묻고 또 물었다. "그렇다면 내가 무당이 된 건 잘못된 일인가요?" "그렇죠. 우리는 전능하신 하나님한테만 기도해야 해요." "그리고 예수 믿는 사람들은 절대로 아프지 않나요?" "아, 아니요. 다른 사람들처럼 병들어 죽기도 하죠. 예수 믿는 사람들은 병이 들면 약을 쓰고 나서 하나님께 기도해요. 하나님의 뜻이라면 병이 나을 것이고 그렇지 않다 하더라도 아무 문제없이 받아들이죠. 왜냐하면 하나님이 그들의 영혼을 천국으로 데려가 영원한 평화 속에 살게 하실 것이라고 믿기 때문이죠"

"예수님의 말씀에 대해 들어본 적 있어요?" 그날 밤 봉사 여인이 남편에게 물었다. 남편이 자기도 들어본 적 있다고 하자 그녀가 속에 있는 얘기를 꺼냈다. "오늘 이 씨 부인이 나한테 말해 줬는데 나는 그 신앙이 좋아 보여요"

"그것이 좋긴 하지, 하지만 당신은 기독교를 믿을 수는 없소." 그녀가 정색하며 물었다. "왜 안 돼요?"

"그 사람들은 귀신을 섬기지도 않고 귀신을 쫓아내지도 않지. 그러니까 당신이 기독교를 믿게 되면 직업을 잃게 될 것이란 말이오. 먹고살 일이 막막해진다는 뜻이지. 그러니 더 이상 얘기 꺼내지도 마시오."

하지만 그녀는 더 많이 생각하게 되었고 병자에게 든 귀신을 쫓아내 달라는 요청이 들어왔을 때 자신이 잘못하고 있다는 생각 때문에 '마음이 떨렸다.' 그리스도인인 이 씨 부인과의 만남이 잦아지고 그녀는 예수와 성경 말씀에 대해 더 많은 이야기를 듣게 되었다. 남편 조 씨도 그녀로부터 자연스레 이야기를 듣게 되었다. 봉사 여인은 '하나님의 말씀'을 따라 살아야 한다고 생각했다. 그러기 위해 넘어야 할 가장 큰 장애물은 그녀가 직업을 포기해야 하는 것이었다. "문제없어요. 지금은 무당 일이 싫어졌고 더 이상 하고 싶지 않아요. 제가 직업을 포기하고 하나님을 섬기면 그분이 저를 돌보아 주시겠지요."

봉사 여인은 예수님의 말씀대로 살기로 결정했다. 남편 조 씨도 동참했다. 조 씨는 전주에서 5킬로미터 떨어진 교회에 다니기 시작했다. 그녀도 함께 가기를 원했으나 남편이 말렸다. "날이 너무 춥고 길이 미끄러워서 당신은 봄까지 기다려야 해."

어느 날 조씨가 말했다. "교인들은 모두 책을 읽는데 나는 읽을 줄을 몰라. 그러니 글을 배워야겠소." 그는 겨울 내내 글 읽는 법을 공부했다.

한편 조 씨가 교회에 다닌다는 소문을 듣고 마을 사람들이 수군대기 시작했다. "그 예수인지 뭔지 하는 것의 이야기를 믿다니 조 씨 머리가 돌았네. 봉사한테 더 이상 병자들이 가지 않게 되면 돈도 떨어질 거야. 안 그래도 가난한 집구석인데 너무 어리석어."

어느 날, 이웃 마을에 사는 정 씨 부인의 남편이 병에 걸리자 사람들이 봉사 여인에게 가보라고 했다. "악귀를 쫓아내는 그녀의 솜씨가 얼마나 좋은지 알고 있지 않은가! 바로 조치를 취하지 않으면 당신 남편은 곧 죽을 것이네."

"하지만 봉사는 더 이상 그 일을 하지 않는다는데요? 지금은 예수를 믿으니 악귀를 쫓아내주지 않을 겁니다."

"그 집이 예수 종교를 몇 달째 믿으면서 지금은 쌀이 바닥났을 거요. 쌀을 주겠다고 하면 당장 달려올 테니 염려 말고 불러보시오."

정 씨 부인은 쌀 3말을 큰 자루에 담아 이웃과 함께 봉사 여인을 찾아갔다. "당신이 우리 집에 온다고 하면 주려고 쌀 3말을 가지고 왔소. 내 남편을 괴롭히는 악귀를 몰아내러 지금 당장 갑시다."

봉사 여인이 대답했다. "저는 더 이상 그런 일을 하지 않아요. 예수님을 믿고 나서 전에 했던 무당 일이 옳지 않다는 것을 알게 됐어요."

“하지만 자네가 꼭 와야만 하네. 안 그러면 병자가 위험해질 수 있으니, 그 땐 자네가 책임져야 할 거야.” 정 씨 부인과 함께 온 사람들이 은근한 위협으로 재촉했다.

“저는 가지 않겠습니다.” 그녀가 단호하게 말했다.

“이번 일로 우리가 그리스도인을 다 죽여도 이렇게 고집을 부릴 텐가?” 사람들의 목소리가 거칠어졌다. “자네의 그 되도 않는 고집이 우리 모두를 힘들게 하고 있어.”

“그러지 마세요. 이번 일에 아무 관련 없는 사람들을 끌어들이지 말고, 차라리 나를 죽이세요.”

“자네가 오지 않겠다면 자네뿐만 아니라 남편도 무사하지 못할 거네!”

“남편은 내버려두세요. 제발, 저를 죽이세요.”

“어서 결정해. 안 그러면 이 집의 모든 사람이 위험해져!”

여리고 약한 봉사 여인은 흔들리지 않았다. 계속되는 위협에도 가기를 거부했다. 결국 사람들이 포기했다. 그들은 돌아가는 와중에도 그녀가 오지 않으면 다시 찾아와서 남편과 그녀를 해치겠다는 협박을 남겼다. 봉사 여인은 하나님께 자신을 도와달라고 기도했다.

교회에 다니기 시작한 조 씨는 부담감이 생겼다. 무릇 그리스도인은 가족이 함께 기도를 해야 하며 가족들을 가르쳐야 한다고 배웠기 때문이다. 그는 조금씩 돈을 모아 신약 성경과 찬송가를 구해 아내에게 선물하고 함께 기도하기 시작했다. 1909년 봄, 마침내 그녀가 고대하던 그날이 왔다. 날이 푸근해지면서, 조 씨가 돌아오는 주일에 그녀를 교회에 데려가겠다고 선언했다. 그녀는 너무 신이 났다. 교회 가기 전날, 그녀는 꿈을 꾸었다. 사람들이 한결같이 그녀의 걸음을 말렸다. "가지마. 무슨 좋은 일이 생긴다고 그러나?" 그녀는 사람들의 반대를 뿌리치고 계속 나아갔다.

그녀가 처음으로 교회에 갔을 때 아무것도 볼 수 없었지만 설교와 교인들이 힘차게 부르는 찬송 소리를 들었다. 예배를 마치고 선교사가 다가와 말을 건넸다. 그녀가 어디에서 왔는지, 어떻게 왔는지 물었다. 그날의 모든 것이 그녀에게 소중했다.

그날 오후 5킬로미터를 걸어 돌아오는 길은 힘들었다. 그날 밤 그녀는 심하게 앓기 시작했다. 남편은 불안했다. 이웃들은 그녀가 교회에 갔기 때문에 귀신이 노해서 그렇게 됐다고 책망했다. 하나같이 그녀가 귀신을 거스렀으므로 죽을 게 뻔하다고 혀를 찼다. 그러면서 한마디씩 거들었다. "예수 따위 믿는 것을 포기하는 게 좋을 걸세."

사람들의 얘기를 들은 그녀는 믿음을 버릴 생각이 없었다. "아니에요. 설령 죽더라도 예수님을 포기하지 않겠어요." 부부는 함께 기도했다.

다음날 그녀는 몰라보게 회복되었다. 그 다음주에 그녀는 자기 발로 교회에 갈 수 있게 되었다. 물론 남편 조 씨와 함께. 이후에도 그녀는 작은 대나무 지팡이를 짚고 조 씨를 따라 5킬로미터 떨어진 교회에 갔다가 돌아왔다. 날이 궂어 미끄럽거나 거친 길을 만나면 조 씨가 그녀를 업고 걸었다. 한 주도 빠짐없이 두 사람은 교회에 갔다. 그녀는 눈이 보이지 않지만 건강한 귀로 성경 말씀을 주의 깊게 듣고 배웠다. 그녀는 입문자 반에 들어가 교리문답을 공부했고 교회에 다닌 지 채 2년이 안 되어 세례를 받았다. 아내와 함께 세례 받기를 원했던 조 씨는 부족한 부분이 있어 다음을 기약해야 했다. 이 글을 쓰는 지금도 그는 세례를 받지 못했다.

몇 달 전 그들은 큰 어려움을 겪었다. 돈을 주고 빌린 논의 주인이 알리지도 않고 논을 팔아버린 것이다. 보증금도 돌려주지 않았다. 더 이상 농사를 지을 수 없게 된 두 사람은 얼마 전 다른 논을 구하기 위해 작은 마을로 이사했다. 교회에서 1.6킬로미터 떨어진 곳이라 교회 다니기가 좀더 수월해졌다. 그럼에도 두 사람은 결국 보증금을 돌려받지 못해 농사 지을 땅을 마련할 약간의 돈도 갖고 있지 못하다.

얼마 전에 그들의 작고 초라한 집을 방문한 적이 있다. 표정과 마음은 밝지만 삶은 슬픔과 고난으로 가득찬 작고 여린 여성의 기구한 인생 역정을 들으며, 우리 같은 선교사들과 고국의 여성들이 복음에 얼마나 큰 빚을 지고 있는지 새삼 느끼게 되었다.

옮긴이의 글

서세동점의 시대 제국 열강이 몰려든 은둔의 땅은 한 치 앞을 알 수 없는 풍전등화와 같았다. 그러나 절체절명의 순간에도 절대 승리하시는 위대한 그분의 섭리가 있었다.

108일의 긴 여정 끝에 첫 사랑을 시작하게 될 미지의 땅에 홀로 첫발을 내딛은 여의사 마티 잉골드는 1년 후 1898년 11월 3일에 초가 진료소에서 진료를 시작했다. 예수 그리스도가 이 땅에 밝히신 촛불은 어둠을 밝히고 결국 선한 능력을 비추게 될 것이지만 아직은 너무 작고 여렸다.

잉골드의 사역을 따라가 보면 가난한 곳에서 긍휼로 환자를 감싸 안은 위대한 의사 예수가 자연스럽게 떠오르고 아테네 사람들에게 둘러싸여 홀로 예수를 전하는 전도자 바울의 모습이 겹쳐 보인다. 여기에는 주의 사명을 좇아 모든 안락을 버리고 고난과 희생을 선택해 참혹한 민중의 삶과 함께한 벽안의 처녀 의사의 삶이 오롯이 담겨 있다.

그녀는 복음을 전하기 위해 헌신한 호남 최초 개신교 선교 이야기를 남겼다. 하지만 그녀의 글은 단순한 호남 최초의 개신교 선교 이야기뿐만 아니라 박애를 실천한 사도행전이자 행동하는 청년 지성의 힘찬 기도문이며 28년 젊음을 바쳐 밝게 타오른 모성이며 95년 전 생애로 완성한 진가의 사랑이다.

한강 이남 최초의 근대 병원을 탄생시킨 마티 잉골드는 우리나라 서남부의 의료사역을 이끈 선구자였다. 그녀에 의해 외국인에 대한 편견은 점점 사라져 갔고 그녀가 가는 곳마다 복음이 전파되어 믿음의 열매를 축복으로 받았다. 호남 최초의 의사, 복음전도자, 근대적 교사, 문서선교사 등 일인다역을 감당한 마티 잉골드는 개신교 개척 선교 역사뿐만 아니라 우리나라 근대사에서 중요한 위치를 차지하고 있다. 그녀의 불꽃같은 사랑과 헌신은 큰 발자국으로 남았고 예수병원은 세계 최고의 선교병원으로 자리매김하고 있다.

역사를 잊은 민족에게 미래가 없는 것처럼 정체성을 잃어버린다면 그 또한 온전할 수가 없을 것이다. 잉골드가 몽매한 미신에서 우리를 깨웠다면 초가 진료소를 세운 지 120년이 되는 이 시점에서 물신에 매몰된 현재를 바로하기 위해 그녀를 다시 호명하고 신발 끈을 고쳐 매는 것도 의미가 있을 것이다. 이제 잉골드의 사랑의 서사시는 독자의 몫이다.

바라는 것들의 실상과 보이지 않는 증거를 향해 뒤돌아보지 않는 확신이 그리 쉬운가? 아무도 시도하지 못한 첫사랑이 어찌 가벼울까? '당신은 무엇을 하러 여기에 왔나요?'라는 질문에 '나는 무엇을 하러 여기에 왔을까?'라고 자문했던 마티 잉골드가 다시 우리에게 그 물음을 묻는다.

마티 잉골드 연표

1867년	미국 노스캐롤라이나 르누아에서 출생(5월 31일)
1896년	볼티모어 여자의과대학 수석 졸업 및 두 개의 금메달 수상
1897년	캘리포니아 록힐 출발(7월 23일). 샌프란시스코에서 증기선 차이나 호 탑승(8월 5일). 일본 요코하마 도착(8월 24일). 한국 부산 도착(9월 14일). 제물포 도착(9월 15일). 서울과 군산을 거쳐 전주 도착(11월 3일)
1898년	전주 완산 언덕 초가집 진료소(예수병원 전신) 개소 및 의료 활동 시작(11월 3일). 첫 날 6명 진료.
1900년경	말을 타고 다니며 왕진, 의료 선교 및 성경학교 사역을 활발히 전개
1902년	기와지붕의 새 진료소 이전(10월 11일). 콜레라 창궐 시기에도 환자를 돌봄
1904년	첫 번째 안식년을 맞아 미국으로 귀환
1905년	안식년을 마치고 부산 도착(8월 15일). 루이스 테이스 선교사와 서울에서 결혼해 테이트 부인이 됨(9월 2일).
1905년 이후	의료 사역 외에 남편과 함께 복음 전도 사역에 집중하며 신흥학교, 기전학교, 예수병원, 서문교회 등 전주 선교부 활동에 참여함.
1925년	부부 모두 건강 악화로 28년간의 한국 사역을 마무리하고 영구 귀국(6월 17일). 플로리다 프로스트프루프의 무디 호숫가에 정착
1929년	남편 루이스 B. 테이트 선교사 별세(2월 19일)
1962년	95세를 일기로 별세(10월 29일)

우리의 선언

예수병원은 **하나님의 병원**입니다.

우리는 **성경의 진리**를 따라 결정합니다.
우리는 **예배**하며 **일**하고, 일하며 **예배**합니다.
우리는 **예수문화**를 창조하며 확장시켜 갑니다.

예수병원은 사람을 세우고 **리더**를 길러내며 세계로 파송합니다.

예수병원은 **의료의 탁월함**과 **선교적 정체성**을 균형있게 발전시켜 갑니다.
예수병원은 **소외되고 약한** 이들을 돌보고 섬깁니다.
예수병원에서 **교육받은 모든 의료인**들은 각자의 자리에서 **세상을 변화**시킬 것입니다.
의료선교를 꿈꾸는 사람들은 누구나 예수병원을 제일 먼저 떠올리게 될 것입니다.

예수병원은 누구나 오고 싶어하는
선교허브병원입니다

예수병원
Presbyterian Medical Center

예수병원 설립자

잉골드 다이어리

초판 1쇄 발행 | 2025년 12월 20일

편집 | 예수병원
옮긴이 | 고근
펴낸이 | 신은철
펴낸곳 | 도서출판 좋은씨앗 + 예수병원
출판등록 | 제4-385호(1999.12.21)
주소 | (06753) 서울시 서초구 바우뫼로 156(양재동, 엠제이빌딩) 402호
주문전화 | (02) 2057-3041 주문팩스 | (02) 2057-3042
페이스북 | www.facebook.com/goodseedbook
이메일 | good-seed21@hanmail.net

ISBN 978-89-5874-425-2 03230